U0071108

# 跨世紀的海外聯合招生

編　著●蘇玉龍、李信
策劃主編●財團法人興華文化交流發展基金會
世界華語文教育學會

# 百年華教的回顧與前瞻
## ——出版華教叢書序言

　　華文教育是華人移民過程中建立起來的一個特殊的族裔語言文化教育體系，華文教育的發展過程也是華人社會一個具有廣泛文化意義的歷史進程。因此，研究華文教育是深入認識華人歷史文化的重要途徑。

　　華人在海外辦學的歷史很早，最早有文獻記載的是清康熙二十九年（一六九〇年）印尼巴城（巴達維亞，今之雅加達）的明誠書院，距今已有三百多年的歷史，但它與國內的私塾無異。

　　真正具有特殊歷史意義的華文教育體系，是在十九世紀末和二十世紀初華僑社會已融入西方教育理念，在一些規模較大的華埠建立了新式學堂，開啟了華文教育的新時代。這些學堂和私塾有明顯的不同，除了傳統的儒學，加入了大量的地理、物理、生物等科學新知，甚至有英語課程。可以日本橫濱的大同學校（一八九八年）、印尼中華會館學堂（一九〇一年）、馬來西亞檳城的中華學堂（一九〇四年）為代表。我們一般稱的華僑學校，都是現代華文教育的產物。一九〇五年清廷廢科舉、興學堂、派留學生，一連串的教育改革，已然落後華僑學校的發展。

　　清王朝的最後十年（一九〇一年－一九一一年）是現代華僑學校發展的第一波熱潮。東南亞的馬來亞有十餘所，而荷屬東印度各地中華學堂則發展到六十五所；北美的三藩市（大埠）、沙加緬度（二埠）、紐約、芝加哥、波特蘭、西雅圖及加拿大的溫哥華、

維多利亞等地先後興建了大清僑民學堂；菲律賓、日本、朝鮮、安南、暹羅、緬甸等國也出現了一批以「中華」冠名的新式學堂。這些華僑學堂大都是在各地華僑會館（或單一族群僑團）的主持下創辦的，是一種有組織的自覺興學。學堂在民國成立後，大都改稱為學校，教學內容上，雖然也注重傳統倫理道德和尊孔思想，但更注重培養子弟適應社會生活所需的各種技能。各地中華學校開設的課程有國文、經濟、歷史、地理、修身、體操等科目，遠遠超出了傳統學塾的教學範圍。

辛亥革命後的十五年（一九一二年－一九二七年），雖然國內政治不安，但華僑社會仍充滿了迎接新時代的熱忱，展開第二波興學的熱潮。華僑學校逐漸普及於僑胞聚集的各個地區，包括城市和鄉村。北京的北洋政府也協助僑社興學，這段時期部分地區僑社組成了僑教組織，有系統的籌募經費、改善僑校的基礎設施，協調共同的課程等，是華文教育系統化發展時期。

民國十六年南京國民政府成立後到日本發動太平洋戰爭期間（一九二七年－一九四〇年），是第三波興學的熱潮，也是華僑學校僑教化的重要時期。這段時間，僑社普設華僑小學，更重要的是華僑中學日漸增多，僑教組織更加制度化。南京國民政府非常重視僑務，加強對華僑教育的管理。民國十七年（一九二八年）六月在大學院特設「華僑教育委員會」專門管理華僑教育事宜，制定《華僑學校立案條例》、《華僑小學暫行條例》、《華僑補習學校暫行條例》、《駐外華僑勸學員章程》、《華僑視學員章程》等法令，進一步規範了華僑教育的管理。次年（一九二九年）十一月，國民黨中央訓練部在國立暨南大學組織召開了第一次南洋華僑教育會議，通過了《華僑教育會議宣言》和二十五項決議案，各地僑校的管理者在會議中交流了華僑教育經驗，針對華僑教育發展中存在的問題和改進意見。[1]教育部

---

1　國立暨南大學南洋文化事業部編《南洋華僑教育會議報告》一九三〇年，第二十二頁。

成立了「華僑教育設計委員會」，作為辦理華僑教育的諮詢機構，負責擬定改進華僑教育方案、調查華僑教育情況、計畫華僑教育經費及其它有關事項。民國二十年（一九三一年）秋，僑務委員會成立，下設僑民教育處，主管華僑教育的調查、立案、監督、指導等工作。在教育部和僑務委員會的聯合指導，以及各地僑教組織配合的共同努力下，華僑教育日趨完善，成為獨步全球的「僑民教育體系」。

　　華僑教育在母國政府的輔導下發展成僑民教育體系，有幾個重要規範：一、華僑學校使用國內統一的教材；二、課程標準化；三、國語教學的普及；四、校長從母國派任。從文化意義上而言，強化了海外華人的「華人性」（Chineseness），具體而言是：促成了各地華僑社會的橫向聯繫與一體化，提升了華人認同祖國的民族主義。伴隨著日本侵華日亟，也為動員華僑抗日打下了基礎。但也引發了一些負面效應，使得僑居地政府的警惕和不安，除了頒佈各種法令限制華僑學校教學以外，或開設學校，吸引華僑子弟入學；或以津貼華僑學校控制辦學方向，同化、分化雙管齊下。也為戰後居住國獨立後全面限制華教的政策埋下了伏筆。

　　日本發動太平洋戰爭後，東南亞的華僑學校一度停擺了三年多（一九四二年－一九四五年），許多僑校被日本軍隊刻意佔用和破壞。日本戰敗投降，退出東南亞各國，中國國際地位提升，華僑社會展開了大規模的復校運動，並籌辦新學校。戰後二十年（一九四五年－一九六五年）是華僑教育的第四波熱潮，也是最高峰時期。然而，好景不長，由於國際冷戰，東南亞各國獨立，中國內戰以至分裂，僑社也分裂。一九六五年之後東南亞的僑民教育盛極而衰，只有馬來亞華社在馬來西亞獨立後因華人人口比例較高，幾位華教領袖如林連玉、沈慕羽等人的努力下，爭取華族的族裔語言受教權，保存了華校的體系，為了避免族群衝突，刻意自稱華族教育，不再以僑教自居。

在東南亞排華四起，華僑經濟和華僑教育遭受全面打擊之時，一九六七年中國大陸陷入文化大革命的混亂，視僑胞為外國人，把海外關係界定為「反動的政治關係」，僑務全面停頓，僑胞陷入內外交侵的困境。在這個艱困時期，在臺灣的僑務委員會仍努力協助尚存的華校，與大量招收華僑回國升學配合下，為「僑教」保留了出路。也因為戰後的國共內戰，東南亞還發展出兩個特殊的華教體系：一是泰北孤軍子弟的華僑學校，二是緬北臘戍地區的果文學校。此外，北美地區開放移民，大量從臺灣去的留學生為其子弟創造出一種週末上課的中文學校模式，可謂東邊關了一扇門，西邊打開另扇窗。馬來西亞、泰北、緬北的華校，北美的中文學校，僑生回國升學，為一九六〇年代之後的華文教育保存了命脈。

　　為了適應戰後的政局變化，華僑身份的改變，母語教學為主的僑校體系逐漸轉化為族裔語言教學的華教體系，華校逐漸轉型為開設華語課程的私立（民辦）學校，以華語為教學語言的全日制華校走入歷史。華教體系多元化發展，半日制、混合制、週末制、補習班等紛紛出現，華文教育的三教問題也因此變得複雜。難能可貴也令人欽佩的是，僑社之中仍然有為保持族裔語言文化而努力不懈的華教奮鬥者。

　　一九八〇年代大陸新移民遍佈全球，華僑社會有了結構性的轉變。中國大陸經濟崛起和全球化的發展，華語熱甚囂塵上，兩岸政府積極投入資源，在高等教育中成立專業，培養華語教學人才。不論是大陸發展的「漢語國際教育」[2]，或臺灣推動的「對外華語教學」，都發現發展了百年的華文教育是中文國際化最重要的基礎。

　　華文教育是隨著華人移民發展的，一九九〇年代以後華文學校的模式和華文教育的內容，是以週末制中文學校為主流。二十

---

[2]　中國大陸最初稱為「對外漢語教學」，後改稱「漢語國際教育」，二〇二〇年再改稱「全球中文教育」。

一世紀華文教育的發展，則取決於華人新移民與居住國的主流教育體系互動下，將採取什麼樣的家庭語言政策（family language policy）為主。大陸和臺灣也都可以發揮影響力，大陸的整體國力將影響華語的國際地位、其對外關係會影響中華文化的國際傳播；臺灣的僑生升學制度（包括海青班）、海外臺灣學校的經營，也會為華文教育的永續經營提供寶貴的經驗。近年東南亞的華語成人補習班、三語學校和（有華語部的）國際學校發展；美國華人經營的課後班（after school），主流學校從二〇〇六年快速增加的沉浸式中文學校，是幾個重要的新趨勢。他們透露的訊息是：華文教育國際化、在地化勢所必然；華語的工具性增加，文化性淡出。

興華文教基金會在董鵬程先生主持時，就計畫出版系列研究華文教育的書籍，可惜壯志未酬。新董事會為完成其心願，邀集多位長期從事僑教的學者參與撰寫各地僑校的發展，期能保存華文教育的歷史，彰顯華人在海外傳承中華文化的偉大情懷。並鼓勵對華文教育深入研究，對華文教育的未來能有所啟發。

僑教向為僑務的核心工作，本人從臺北市政府到僑委會服務的期間，就全力投入第二處的僑教工作，足跡踏遍海外僑區，也推動包括緬甸、泰北的師培專案，臺商子弟教育即臺北學校的籌建，全球華文網路教育中心的建構，為九〇年代僑教數位化鋪設人才培育、學術研究及電腦軟硬體設備的基礎工程，期間本人廣泛接觸第一線以復興中華為己任的僑教領袖和僑校教師，深感僑教工程的重要和所有投注心力的參與者的偉大，這也是後來有機會回會擔任委員長後，特別延攬華語文專家擔任副委員長以及在最短時間內編印《學華語向前走》這套教材，希望為僑教奠定更紮穩基礎的努力。

凡走過必留下痕跡，是希望把所有僑教經驗都能順利完整的傳承，也期盼能鑑記僑教發展的全球軌跡。本人也要藉此套叢書

# 目次

# 圖表目次

# 壹
# 招收僑生的歷史沿革[1]

　　我國僑教政策之目的在於培養海外華裔人才，基於憲法精神、歷史淵源、文化傳承、國家長遠發展及整體利益，秉持「凡中華兒女均應有就學的機會」、「華僑為革命之母」、「無僑教即無僑務」之理念，跨越兩個世紀以來，已培育出近20萬名僑生畢業返回僑居地服務，並在當地產經文教等各行各界嶄露頭角，具卓越成就；成為我國在海外的無形資產，對我國外交經貿，均有極為顯著的貢獻。因此，持續鼓勵僑生來臺升學，具有社會文化、政治外交及經濟三種政策層面意義，亦奠定了今日我國處於國際競爭地位深遠而有力的根基。

　　回顧自40學年度（1951年）起至109學年度（2020年）為止，海外華裔子弟來臺升學人數已近20萬人次，遍布5大洲，約70個國家地區。根據教育部統計處（2019）資料顯示，108學年度在臺就讀大專校院的僑生有12,565人、港澳生則有10,677人、中小學以下各級學校僑生及港澳生也有5,377人，總數達28,619人，其中就讀於大專校院者有23,242人。面對如此龐大複雜的學生來源，近70年來，已逐步建構了一套因應各地僑情需要或配合時勢發展的重要制度及招生經驗，無論在招生宣導、招生管道、海外測驗、成績採計及分發方式等等，均有具體的因應措施與做法。

---

[1] 本文更新改寫自：蘇玉龍、李信（2006）招收海外僑生回國升讀大學之回顧與展望，教育資料集刊，31期，P.181-206。

# 第一章、僑生定義

本書所指之「僑生」，含「港澳生」。

我國所稱之僑生，郁漢良教授（2001）曾為僑生資格提出簡單易懂的定義：「旅居海外僑居他國，不論是否已取得當地國籍，甚或在海外出生之華裔子弟，統稱為『僑生』」。又依據《僑生回國就學及輔導辦法》第2條規定，僑生係「在海外出生連續居留迄今，或最近連續居留海外6年以上（但就讀大學醫學、牙醫及中醫學系者，其連續居留年限為8年以上），並取得當地永久或長期居留證件及能獲得當地政府發給回程簽證者」；而僑生身分之認定，由僑務主管機關為之；且僑生回國就學期間，除其他法令另有規定外，不得任意變更身分。也就是所謂的「一日僑生，終生僑生」。

香港、澳門來臺就學學生早年也是僑生，但自1997及1999年分別回歸中國大陸後，情況特殊，另訂有《香港澳門居民來臺就學辦法》，其內容大體皆比照僑生既有之權益。如同第2條明訂：「香港或澳門（以下簡稱港澳）居民，取得港澳永久居留資格證件，且最近連續居留境外6年以上者，得申請來臺灣地區就學。但申請就讀大學醫學、牙醫及中醫學系者，其最近連續居留年限為8年以上。」在此所稱之「境外」，指臺灣地區以外之國家或地區。

至於僑居年限之規定，曾有多次的變革與修正。最早出現於教育部在民國39年（1950）公布的《僑生投考臺省專科以上學校優待辦法》，訂有得予從寬錄取對象之一為：「畢業於國外僑民中學，持有僑生身分證明（國外出生證或僑居國外3年以上之居留證）者」。民國50年（1961），僑務委員會修訂《華僑學生申請保送回國升入大專學校肄業辦法》，加入僑居最近5年的規定。但到了民國60～70年間，海外僑生回臺升學者眾多，國內高等教育價值亦廣受重視，部分國人誤以為僑生侵佔了有限的教育資源，又有

所謂「假僑生」一說，屢屢引起社會關注爭議的焦點，民國76年（1987）立法委員曾建議將原居留年限由5年增為10年，案經協商後於隔年12月修正為8年。後因政府南向政策之推動，臺商子弟日益增加，海外僑民頻頻建議修正縮短居留年限，87年（1998）教育部邀集相關單位再度研商，但基於維護聯考之公平性，仍維持原規定8年。僑務委員會曾於91年（2002）提出因臺商子弟大多未能符合僑生8年之資格，程度又無法與國內學生競爭，基於海外各地區僑生教育均衡發展的原則，建議調整僑居年限，以鼓勵僑生人數較少之中南美、非洲等地區僑生回國升學；教育部亦於94年（2005）6月及11月先後召開會議研商，修正縮短為6年，惟申請醫學、牙醫系組者，仍需符合8年之規定。

　　至於僑生資格認定的主管機關，民國35年（1946）《華僑教育權責管理劃分辦法》規定：「僑教屬於海外者由僑務委員會主管；屬國內者由教育部主管。」民國47年（1958），僑務委員會組織「保送僑生聯合審查小組」，會同相關單位審查僑生申請表件。民國62年（1973）行政院對《回國僑生教育及生活輔導等業務權責劃分》復規定：「僑務委員會主管海外招生簡章之訂定、收受並審查報名表件，……」沿襲至今，僑生身分之認定仍屬僑務委員會之權責，用以審定僑生身分資格。

# 第二章、招收僑生的歷史沿革

　　翻開我國僑民教育史，鼓勵僑生回國升學，肇始[2]於清光緒33年（1907），兩江總督端方自歐洲考察歸來，奏請在南京成立「暨南學堂」，專收南洋各地回國升學僑生。民國成立以後，政府對於海外華僑益加重視，僑生回國升學者漸多。民國3年

---

[2]　若溯及更早，《華僑志・總志》曾引述《隋書》有關隋唐時期旅日僑生回國就學的紀錄。

（1914）教育部即頒布第9號部令，公布《僑民子弟回國就學規程》，是為辦理僑生回國就學準則之發軔。民國7年（1918）暨南復校（民國16年1927正式更名為國立暨南大學），仍以專收海外華僑子弟為主；民國9年（1920）鑑於僑生程度參差，教育部遂指示北京大學設置收容僑生班課程，給予僑生學業特別輔導，同時每年又分發僑生到中山等大學就讀，此皆為僑生回國升讀大學之濫觴。

政府完成北伐統一全國後，為獎勵及倡導華僑教育起見，於民國17年（1928）特設華僑教育委員會，專司其事，並公布《華僑子弟回國就學辦法》。至民國20年（1931），中央政府正式設僑務委員會，專責輔導僑務工作，同時訂頒《指導僑生回國升學章程》，以為辦理僑生回國升學之法源依據。

民國30年（1941）冬，太平洋戰事爆發，東南亞各國僑校大都停辦，教育部遂於31年（1942）分別在中山大學等校開設「華僑先修班」，同時通令國立各大學分設保送名額，從寬錄取回國升學僑生，並提供僑生膳食貸金，當時獲此救濟者，高達12,811人。僑務委員會為回國僑生辦理升學介紹、考選升學、分發升學及學歷證明等工作，並商請有關學校予以優待，從寬錄取，就各校名額內儘量分發，再由校方甄試編級。爰此，教育部與僑務委員會共同會商訂定《回國升學僑生獎學金辦法》（民35年，1946）及《華僑學生優待辦法》（民36年，1947）等輔導僑生回國升學及從寬錄取的法規。綜此，自民國31年（1942）至36年（1947）底，依前述法規回國升學的僑生共達14,685名。

政府遷臺後，為發揚中華文化，培養僑社人才起見，開始在臺恢復招收海外僑生。首先，教育部於民國39年（1950）公佈了《僑生投考臺省專科以上學校優待辦法》，從寬錄取在國外出生或僑居國外3年以上之海外僑生，規定各校對錄取僑生之國文國語程度較差者，應設法另予補習。民國40年（1951）僑務委員會制訂《華僑

學生申請保送來臺升學辦法》，海外華僑高中畢業生得依規定申請保送，分發各大專院校就讀。

前美國副總統尼克森（Richard M. Nixon）於民國42年（1953）訪臺，對我僑教計畫極為讚佩，為阻止中共滲透僑社進行統戰活動，建議予我美援資助。亞洲基金會（The Asia Foundation）先行捐贈回國僑生生活補助費6年，共計20萬美金。僑務委員會就在美援的經費支持下，設置了「僑生助學金」，用以補助清寒僑生生活費。又為了爭取更多僑生回國升學，保送回國升讀大專院校僑生之入學資格、成績標準及名額限制，遂酌予放寬。

民國46年（1957），為照顧北越、印尼、緬甸等地區撤僑難僑子弟回國升學，奉准比照師範生公費待遇項目給予救助。民51年（1962）起僑務委員會訂定《海外回國升學大專院校優良僑生獎學金》，獎勵清寒優秀僑生，給予來往旅費，並補助其生活費。至民國54年（1965）美援停止，12年間美援僑教經費共計新臺幣3億餘元，招收僑生之各大專院校，藉以新建教室、宿舍，並大量擴充圖書儀器等教學設備、設置僑生助學金及醫藥補助費等。當時，各大學為能獲得美援補助，競相爭取僑生分配名額，且均為額外增列，不佔本地生名額。而東南亞地區僑生只要有忠貞僑團保送，加以測驗合格之高中畢業生，便可來臺入學。

至於港澳地區情況特殊。民國43年（1954）曾公布《港澳學生來臺就學須知》（民57年修正為《港澳學生來臺就學辦法》，93年9月1日廢止），規定港澳地區學生來臺升學者，應在香港參加中文專科以上學校入學考試，其成績及格者，如志願來臺，國內各專科以上學校均准予認可，作為審查學生入學之標準。民國45年（1956），又訂頒《港澳高中畢業生成績優良學生保送辦法》，鼓勵港澳應屆畢業生申請保送，以成績最優者依次第保送分發，並規定香港珠海書院等校已立案之先修班保送學生回國升學，比照本辦法辦理。

教育部於44年（1955）增設國立僑大先修班及國立華僑實驗中學，以擴大輔導僑生回國升學，46年（1957）為安置越南撤運來臺僑生，於臺北蘆洲特設國立道南中學（至51年結束）。民國47年（1958）依據當時輔導僑生回國升學情況，教育部、僑務委員會會銜公布了《僑生回國就學及輔導辦法》。美援中止後，政府基於培育海外僑生責無旁貸，毅然決然繼續招收僑生回國升學，並單獨訂定招收僑生總名額及各大專校院（含各科系）招收僑生名額分配表，分送各有關機關學校辦理，以分散分發各公私立大專校院就學為原則，而僑生回國升學在學期間生活費用、旅費等均須自理。民國65年（1976），教育部訂頒《教育部清寒僑生公費待遇核發要點》，擴大補助清寒僑生。民國68年（1979），訂定《當前僑生教育改進措施》，加強僑生課業輔導，編列經費輔助各校辦理僑生輔導工作，協助僑生順利完成學業。民國69年（1980）教育部訂頒《僑生輔導綱要》，規定僑生輔導工作項目包括僑生入出境、居留、戶籍、在學社團活動輔導、參觀訪問及畢業僑生聯繫等。

直至民國79年（1990），教育部完成《僑生（港澳生）回國升學優待改進方案》，一改過去三、四十年來由教育部各相關司處人員組成分發小組來決定僑生分發，而成立了「僑生及港澳生甄選委員會」，由國內公私立7所大學[3]校長、教育部及僑務委員會等共同組成，共同辦理僑生考選及分發工作，提高僑生教育素質，保障僑生權益。

民國84年（1995）7月1日國立暨南國際大學在各方期盼下成立，肩負著僑教任務與歷史使命。85學年度開始招收學士班學生，初期以招收30%僑生為原則，於新學系設立第一年即開始招收僑生入學。又根據大學法精神，民國84年（1995）起由各大學組成「大

---

[3]　7所大學包括國立臺灣大學、國立政治大學、國立臺灣師範大學、國立成功大學、國立中興大學、淡江大學、東吳大學等。

學（僑大先修班）海外僑生（港澳生）聯合招生委員會」。除第一年由臺灣大學擔任主任委員學校（總會）外，自85學年度（1996）迄今，皆由國立暨南國際大學校長擔任主任委員，統籌辦理海外僑生招生事宜。海外聯招會於89年（2000）訂定《招生辦法》及《組織要點》報請教育部核定，並更名為「大學暨僑大先修班海外聯合招生委員會」，據以辦理海外僑生各項招生工作。

教育部僑民教育委員會體察僑生人數遞減，曾於86年（1997）擬定了《積極拓展僑教領域開創僑教新境界擴大招收海外華裔子弟來臺升學因應方案》，包括「擴大辦理海外招生宣導」、「擴大開放各大學、研究所僑生名額」、「試辦開放科技大學（含技術學院）僑生名額」等等。同時，為獎勵優秀僑生來臺升學，91年（2002）訂定了《教育部獎勵海外優秀華裔學生回國就讀大學校院獎學金核發要點》，試辦期間針對申請海外聯招會之馬來西亞、港澳、僑大先修班等三梯次分發僑生，其分發成績為各類組之前三名，且符合優異條件者，第一學年註冊入學即核發新臺幣12萬元整，在學期間學業總成績在全班最高10%以前，每學年核發新臺幣10萬元整。該辦法於94年（2005年）6月正式修正，除提高入學獎勵金額為15萬元，在學期間獎金12萬元外，亦擴大適用對象至所有分發梯次僑生。

自95年（2006）起，部分技職校院正式納入海外聯招會組織，共同招收海外僑生，除能提供僑生更多系組選擇之外，藉以符應僑居地之發展需求，並擴大國內大學校院的招生層面，期能擴充生源，廣收來自世界各地的華裔子弟來臺升讀大學。此外，為擴大招生層面，提高僑生教育層級，符應海外僑生需求，教育部修正《僑生回國就學及輔導辦法》有關招收研究生之部分條文，予以放寬規定。

招收僑生的歷史沿革▼

| 僑生教育萌芽期 | 僑生教育發展期 | 大學招生自主期 |
|---|---|---|
| · 1907<br>暨南學堂<br>· 1914<br>僑民子弟回國就學規程<br>· 1928<br>華僑子弟回國就學辦法<br>· 1931<br>設僑務委員會<br>· 1942<br>華僑先修班 | · 1948<br>僑生獎學金、升學優待<br>· 1953<br>亞洲基金提供僑生助學金<br>及大學建設<br>· 1957<br>僑生公費待遇<br>· 1958<br>僑生回國就學及輔導辦法<br>· 1976<br>清寒僑生公費待遇<br>· 1979<br>當前僑生教育改進措施<br>· 1980<br>僑生輔導綱要<br>· 1991<br>僑生及港澳生甄選委員會 | · 1994<br>大學法修正<br>· 1995<br>國立暨南國際大學成立<br>大學組成海外聯招會<br>· 1997<br>教育部擴大招收海外華裔<br>子弟方案：加強海外宣導<br>· 2002<br>績優僑生獎學金<br>· 2006<br>技職校院加入聯招會<br>· 2007<br>研究所招生納入聯招會<br>· 2012<br>多元招生管道：聯招個人<br>申請及各大學單招<br>· 2014<br>逾1萬3千人報名<br>· 2018<br>在臺僑生逾2萬5千人<br>累計畢業僑生近20萬人 |

圖表1　招收僑生的歷史沿革

# 第三章、海外聯招會成立以前的僑生回國升學方式

　　基於歷史的傳承與演變，在海外聯招會尚未成立以前，海外僑生回國升學途徑、考選及採計科目、分發錄取方式等，說明如下。

## 一、早年海外僑生回國升學的途徑

　　民國20年（1931）僑務委員會成立訂頒之《指導僑生回國升學規程》，即有「經介紹報考」及「回國自行報考」兩種途徑。民國

40年（1951）《華僑學生申請保送來臺升學辦法》訂有「受理申請審查」及「保送核准分發」的規定。民國54年（1965）僑務委員會訂頒《海外學生回國升學保送小組工作要點》，訂定在未設置使領館之地區，分別委託當地熱心僑教人士組織保送小組，受理申請並負責保送事宜，僑生報名申請表件經保送小組簽註意見後，送交僑務委員會召開聯審會審查後，將申請表件轉送教育部，再依僑生志願及各校系名額，統一辦理分發。

這樣的作法精神沿用迄今，可謂是現行海外聯招會「聯合分發制」的前身。

## 二、僑生考選方式及採計科目

「採計」及「測驗」為目前海外聯招會的主要選才方式。這兩種方式並非聯招會自創，可循線回溯自民國40年（1951）起一般僑生的免試「保送制」、港澳的「考選制」及亞洲地區各國的「測驗制」開始。

「保送制」肇始於民國40年（1951）的《僑生申請保送來臺升學大專辦法》，海外僑生高中畢業得依規定申請保送，分發至各大學就讀。民43年（1954）因美援而更擴大辦理，至民國70年（1981）之間，海外保送地區以歐洲、美洲、非洲、大洋洲等人數較少的地區為主。值此同時，僑生回國就學成為社會爭議的焦點，導致逐步修正源自美援時期過度優待僑生的種種措施，「保送制」成為當時高等教育資源匱乏年代的一大箭靶。

海外聯招會成立以後，將備受爭議而早無實質作法的「保送」二字更改為「保薦」，原保送單位即為「保薦單位」。若不在當地舉行測驗，則以採計僑生高中三年成績作為分發的依據，其中馬來西亞採計華文獨立中學統一考試證書（簡稱獨中統考）成績為主，美、歐、非、大洋洲等地採計其中學最後三年成績或SATII等標準化

成績，而僑大先修班、馬來西亞春季班及印尼輔訓班則採計其在臺結業成績。此皆沿用為現今「聯合分發——採計制」的適用對象。

「考選制」則特別是指參加港九私立中文專科以上學校聯合招生考試成績及格者，如志願來臺升學，各大專院校得認可其成績，作為審查分發之標準。試題由我教育部洽聘大專教授命題，密封寄港，試卷彌封考生號碼，試後送交當地考試委員所聘之閱卷人員評閱，拆彌封後登記成績寄臺，由臺灣組成之分發小組選錄分發。考試科目與臺灣舉行之大專聯考相同，考試過程及手續嚴謹縝密，與當時國內大專聯考一樣達到絕對的公正。此類考選制可視為現今海外「聯合分發——測驗制」的前身。

至於早期的「測驗制」，乃為因應各地僑校之不同，即使同一地區之僑校，亦有課程教材未盡相當、辦理績效不同、給分標準不一的狀況。民國53年（1964）由僑務委員會訂定《學生來臺升學學科測驗辦法》，委託駐外使領館或當地僑民團體組織學科測驗委員會辦理。參加學科測驗者，以辦理保送手續而合於規定者為限。學科測驗除考國文、英文、數學三科外，甲組（理工農醫等）及乙組（文法商教育等）分別考中外歷史及地理、物理化學等，各組均考5科。彼時，在日本、韓國、泰國、菲律賓、越南5地區共分11個地點考試，並於指定之時間內同時舉行。試題由國內命題，密封寄發，試卷則由各地區依照規定格式自行印製，考生姓名條經密封，試後由當地組成之學科測驗委員會聘請適當人員評閱，成績密封寄回（或因防弊，隨後已改為試卷密封航寄回國內集中評閱），以作為分發學校之依據。此後每年陸續增加，至58年（1969）高峰期，測驗廣佈8國9地區20餘點。但自59年（1970）起東南亞地區各國先後與中共建交，因與我國中斷外交關係而全面停辦。

目前海外聯招會的「聯合分發——測驗制」即沿襲此一做法，為顧及海外部分華校（如緬北）或僑校（如日、韓）仍使用國內教材、或海外臺灣學校（吉隆坡臺灣學校、雅加達臺灣學校、泗水臺灣學校

及胡志明臺灣學校）之學制課程均與國內同步，故而維持少數國家地區的僑生，仍可選擇「測驗制」，參加考試後依其成績高低分發。

# 第四章、跨世紀以來僑生招生的特性

溯及過往歷史沿革，招收海外僑生不論以「免試」或「測驗」，其分發成績採計科目或成績換算標準之系統相當繁複且完整，絕非一般統一命題考試或一次聯合分發即可比擬辦理。因應不同地區沿革之歷史背景及僑教需求，各地區成績採計或測驗科目發展至今，必須不斷修正與改進，期能評定出不同地區的僑生相對程度，保障各地區僑生熱門校系組的錄取機會。

跨世紀以來招收海外僑生回國升讀大學政策、或重大措施的演進及現況，可大致歸納出幾個特色：

## 一、是長期投入一脈相傳的

歷經時代的演變及整體大環境的轉移，政府招收僑生回國升學的投入精神，從未改變；對僑生多元輔導、全面照顧的原則與方法，延續傳承。

## 二、是及時彈性訂修規章的

因應僑情需要及時勢變遷，相關法規之制定及修正皆能及時反應，以符應不同時期與不同需求。

## 三、是鼓勵兼具輔導性質的

提供多元的校系組選擇，除獎勵優秀華裔子弟來臺升學之外，

亦針對來自落後地區或學習成效不佳的僑生，予以加強輔導，並鼓勵畢業後返回僑居地服務。

## 四、是採用因地制宜原則的

因應不同僑居地區之學制、僑情反應及其歷史因素之特殊情況，海外僑生來臺升學方式、考試科目、成績採計等，皆能允許有所不同，採取分梯次方式，辦理分發。

## 五、是跨部會機關學校合作的

以僑務委員會、教育部為主體，尚需仰賴其他部會相關業務之銜接合作，並跨越國內外各級學校，適用招收海外僑生入學。

## 六、是一優惠保障的入學方式

學校招生名額以外加方式提供，完全不必與本地生相互競爭；成績採計、考選方式，僅與僑生相同來源國家地區彼此比較，以選填志願方式分發，至名額用罄為止，對僑生是一種優惠而有保障的升學方式。

回顧民國83年（1994）大學法未大幅修正前，招收海外僑生回國升讀大學校院係由「僑生及港澳生甄選委員會」辦理，該委員會成員為國內公私立7所大學校長、教育部及僑務委員會共同組成，以辦理僑生考選及分發工作。因應僑居地學制變革及僑情反應，傳承並歷經近70年來的經驗累積，締造了一套僑生分發的制度，亦成為現今海外聯招會作業的依準。

# 貳
# 海外聯合招生的法規與制度

　　本篇將以海外聯招會成立以來，有關重要法規依據的修正及其影響，聯招會組織與制度的更迭，招生管道、簡章制定、採計及考選方式、分發結果的演變歷程，以及招生宣導、資訊系統等等的變革，加以說明。

## 第一章、僑生來臺升學的重要法規修正歷程與影響[1]

　　《大學法》、《僑生回國就學及輔導辦法》、《香港澳門居民來臺就學辦法》及《入學大學同等學力認定標準》可謂與僑生來臺升學最為相關的法規。從修法過程中，可窺見我政府對僑生招生的政策、做法的演變及其脈絡。

## 一、大學法及其施行細則

　　民國83年（1994）1月5日修正公布《大學法》全文32條及同年8月26日訂定發布《大學法施行細則》中授權由學校擬定公開招生辦法，明定大學招生，應組織招生委員會辦理招生作業，並得視其需要辦理聯合招生。於是辦理海外僑生招生工作的海外聯招會於焉成立。

---

[1]　本章由海外聯招會分發組幹事徐瑋勵撰寫。

民國94年（2005）12月28日修正公布的《大學法》中，更進一步明訂「為使大學聯合招生法制化，明定大學為辦理招生或聯合招生，得組成大學招生委員會或聯合會。」是以，招生為大學的自主事項，各大學亦得聯合辦理招生。故依大學法及其施行細則，自民國84年起，由各大學組成聯合招生委員會，辦理海外僑生含港澳生各項招生工作迄今。

## 二、僑生回國就學及輔導辦法

《僑生回國就學及輔導辦法》（以下簡稱僑輔法）係為招收及輔導僑生來臺升學的重要法規，其主要內容涵蓋僑生身分資格認定、回國就學條件、申請就學方式、優待、分發、在學及畢業輔導等各項措施。自民國47年（1958）由教育部及僑務委員會共同管理、會銜發布，92年（2003）因應行政執法要求法源依據，而大學法等與招生相關之主管機關為教育部，故自92年（2003）起改統由教育部主管，相關業務仍由教育部及僑委會分別執掌、分工合作，且皆明訂於僑輔法條文內。回顧歷來法規修正重點有：

（一）僑生海外連續居留年限，由8年修正縮短為6年，惟申請醫學、牙醫、中醫學系仍維持8年。（民國95年10月12日修正）

（二）明定申請就讀大學（含研究所）者，送海外聯合招生委員會辦理，明確分發權責。並增訂海外聯合招生委員會之成立、功能及任務。（民國95年10月12日修正）

（三）在國內大學取得學士學位之僑生向海外聯合招生委員會申請入學大學碩士班，取消「須離開國內連續二年以上」之限制。（民國98年1月13日修正）

（四）連續居留規定，每曆年在臺停留期間由不得逾90日放寬

至120日。（民國100年1月31日修正）

（五）增列僑生得向經核准自行招收僑生之大學校院申請，並明訂大學自行招收僑生入學各年級之應行辦理事項及成立僑生專班。（民國100年1月31日修正）

（六）開放在國內大學取得碩士學位者，得申請入學博士班。（民國101年10月31日修正）

（七）放寬須為因故「自願」退學返回僑居地，始得重新申請回國就學，並以一次為限之規定。非肇因於就讀學校以學業或操行成績不及格、違反校規情節嚴重或因刑事案件經判刑確定等原因，依學生獎懲規定予以退學或喪失學籍者，均得重新申請回國就學，仍以一次為限。（民國105年8月16日修正）

（八）使具外國國籍，兼具香港或澳門永久居留資格，未曾在臺設有戶籍，且最近連續居留香港、澳門或海外6年以上之華裔學生，於香港澳門關係條例、大學法等相關法律修正施行前，得透過現行僑生（港澳學生）申請入學大學校院方式來臺就學。（民國105年11月25日修正）

## 三、香港澳門居民來臺就學辦法

隨著1997及1999年香港及澳門主權回歸大陸，原廣義「僑生」之港澳生，其適用之來臺就學規範勢必因應調整。民國86年（1997）政府制定公布《香港澳門關係條例》，用以規範及促進與香港及澳門之經貿、文化及其他關係。依據該條例第19條，教育部於同年訂定發布《香港澳門居民來臺就學辦法》，取代民國43年（1954）訂定之《港澳學生來臺就學辦法》（於民國93年正式廢止），其規範內容涵蓋港澳學生身分資格認定、回國就學條件、申請就學方式、分發、在學及畢業輔導等各項措施。歷經幾番修正，

其中多項係與僑生同步修訂，如連續居留年限、在臺停留時間放寬至120天、續升研究所、各校自行招生（單招）等規定。另與香港及澳門招生產生影響關係之重要修訂重點尚有：

（一）放寬港澳學生連續居留地區得為港澳或海外，海外係指大陸地區、香港及澳門以外之國家或地區。（民國101年2月1日）又為利因港澳與大陸地區同城化而往返大陸地區之港澳居民得以港澳學生身分申請來臺就讀大學校院，將最近連續居留「港澳或海外」放寬為「境外」，境外係指臺灣地區以外之國家或地區。（民國106年7月7日）

（二）明定港澳學生持大陸地區學歷申請來臺灣地區就讀大學以上學校或國立臺灣師範大學僑生先修部，準用大陸地區學歷採認辦法規定辦理。（民國102年10月9日）

## 四、入學大學同等學力認定標準

民國95年（2006）12月28日教育部修正發布《報考大學同等學力認定標準》（民國100年7月15日始改稱《入學大學同等學力認定標準》），依其第5條規定：「修業年限少於國內高級中等學校及專科學校之國外同等學校畢業生，得以同等學力報考大學學士班。但大學得增加其畢業應修學分，或延長其修業年限。」開放招收國外中五學制應屆畢業學生，故海外聯合招生委員會自96學年度起，接受是類學生以同等學力申請入學。

其後，於民國100年（2011）7月15日教育部再次修訂該條文，規範各大學「應」增加是類學生之畢業應修學分或延長修業年限。惟因條文未再就增修學分數及課程內容具體規範，致使各大學作法不一，引發海外僑界，尤其是馬來西亞僑界對國內高教品質之疑

慮。故教育部於民國102年（2013）9月23日責成海外聯合招生委員會召集全體委員學校代表，就增修學分數下限及課程內容凝聚共識。同年11月8日，海外聯合招生委員會103學年度臨時委員會議通過以「註冊入學後補修」、「至少12學分」、「修習科目別由各校自訂」為中五學制入學大學之修讀規範，並專案成立「中五學制修讀規範推動委員會」，敦促有意招收中五學制應屆畢業學生之學校將修讀規範納入學則，未納入學則者則自103學年度起不予分發是類學生。

# 第二章、海外聯招會組成任務及其組織沿革[2]

　　海外聯合招生委員會組成迄今已跨越25年的歲月，為有效因應在不同時空背景下的各項海外招生工作，海外聯招會的整體組織架構，亦隨當時任務進行調整修改。從最初只有38所委員學校，一直發展到至多統籌辦理148所大學院校的聯合招生，期間的組織沿革，大致可分為以下三個時期：

## 一、組織草創期（84-88學年度）

　　民國83年（1994）《大學法》修正公布，依據新修《大學法》賦予大學招生自主的精神，各大學自84學年度起組成「大學（僑大先修班）海外僑生（港澳生）聯合招生委員會」（簡稱海外聯招會），辦理海外僑生各項招生工作。海外聯招會成立的第一年，由國立臺灣大學擔任總會，並負責試務、命題相關工作，另設常務委員7校及總幹事2人，由國立臺灣師範大學統籌閱卷工作，淡江大學處理分發作業。

---

[2]　本章由海外聯招會分發組幹事徐瑋勵撰寫。

鑒於返國升學僑生人數持續增加，教育部為分散公立大學培育僑生負擔，並滿足僑民子弟升學需要，教育部於南投埔里設立的國立暨南國際大學（以下簡稱暨大）於85年（1996）開始招收學士班學生，因此教育部責成暨大擔任海外聯招會之統籌聯繫窗口，並與7個常務委員學校共同負責海外僑生招生工作，亦即由暨大開始擔任海外聯招會的總會。

此時期海外聯招會之主辦學校校長，為當學年度委員會主任委員，負責召集委員會議。起初委員會議成員包含4位副主任委員，及3位常務委員（至88學年度已增加為8位）。副主任委員由承擔命題、閱卷、分發業務之3所學校校長及國立僑大先修班主任擔任，常務委員則由常務委員學校校長擔任，共同決定當學年度組織分工、作業日程、簡章等各項招生原則事宜。

當時海外聯招會下設置2名總幹事及祕書組、試務組、命題組、閱卷組、分發組等5個業務分組，執行相關實務工作。並於每梯次分發前，由分發組承辦學校副主任委員召開分發委員會議，決定分發原則及錄取標準。此一組織草創期之組織架構及歷年承辦學校時期組織圖如圖表2。

# 二、組織發展期（89-100學年度）

民國88年（1999）11月22日，經邀集全體委員學校代表召開89學年度第一次委員會議，正式制訂通過聯合招生委員會組織辦法，明文規範組織任務及架構，並更名為「大學暨僑大先修班海外聯合招生委員會」（簡稱海外聯招會）。由肩負僑教使命的國立暨南國際大學擔任主任委員，負責召集委員會議、常務委員會議及其他重要會議，討論海外聯合招生重要事項，對外代表海外聯招會。常務委員學校由主任委員於全體委員學校中協商指派6校擔任。常務委員會議主要任務為：（1）審定招生簡章、（2）決定工作計畫、

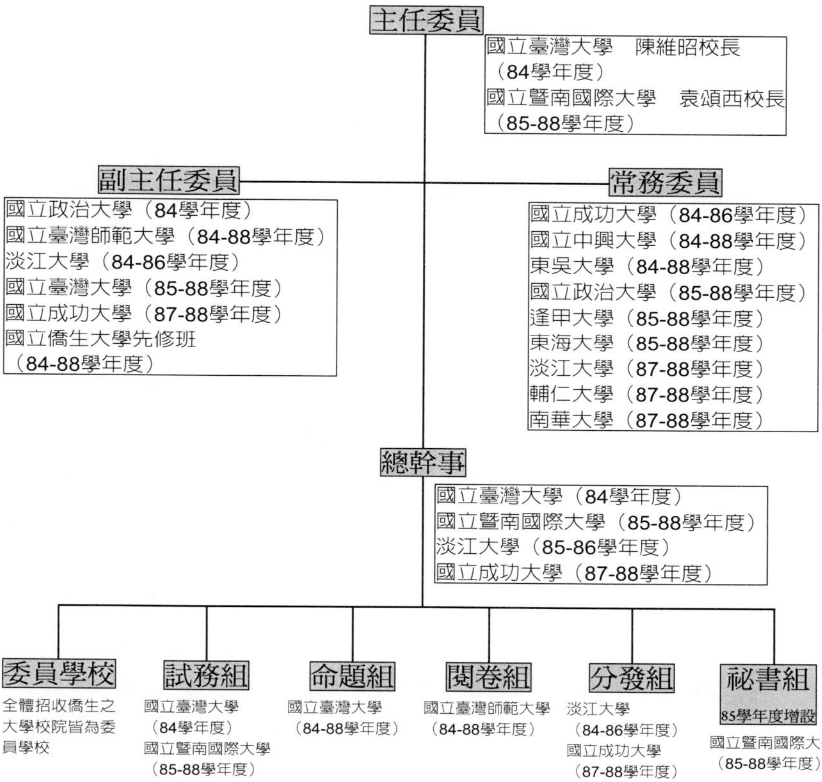

主任委員
國立臺灣大學　陳維昭校長
（84學年度）
國立暨南國際大學　袁頌西校長
（85-88學年度）

副主任委員
國立政治大學（84學年度）
國立臺灣師範大學（84-88學年度）
淡江大學（84-86學年度）
國立臺灣大學（85-88學年度）
國立成功大學（87-88學年度）
國立僑生大學先修班
（84-88學年度）

常務委員
國立成功大學（84-86學年度）
國立中興大學（84-88學年度）
東吳大學（84-88學年度）
國立政治大學（85-88學年度）
逢甲大學（85-88學年度）
東海大學（85-88學年度）
淡江大學（87-88學年度）
輔仁大學（87-88學年度）
南華大學（87-88學年度）

總幹事
國立臺灣大學（84學年度）
國立暨南國際大學（85-88學年度）
淡江大學（85-86學年度）
國立成功大學（87-88學年度）

委員學校
全體招收僑生之大學校院皆為委員學校

試務組
國立臺灣大學（84學年度）
國立暨南國際大學（85-88學年度）

命題組
國立臺灣大學（84-88學年度）

閱卷組
國立臺灣師範大學（84-88學年度）

分發組
淡江大學（84-86學年度）
國立成功大學（87-88學年度）

祕書組
85學年度增設
國立暨南國際大學（85-88學年度）

圖表2　海外聯招會組織草創期組織架構及歷年承辦學校

預算及決算、（3）決定工作分配及委辦事項、（4）決定分發基本
原則。海外聯招會置總幹事2人（後經93學年度第一次委員會議通
過依實際情況修改為1人），由主任委員聘任。下設祕書組、試務
組、命題組、閱卷組、分發組等5個業務分組，由常務委員學校相
互推選，分別辦理有關海外招生各項工作。

　　90學年度（2001），為使更多學校參與海外聯招實務工作，全

體委員學校代表於第一次委員會議通過增加常務委員學校為14校，第二次委員會議再次通過修改常務委員學校為若干校，使主任委員有依實際需要彈性協商指派之空間。此外，為使各地區成績採計及分發工作更加嚴謹，避免受外界誤解相關分發工作是承辦分發組業務學校之一言堂，90學年度第二次委員會議亦通過自91學年度起增設查核組，另選與分發組承辦學校相異之常委學校擔任，辦理學生申請資料、成績採計、分發分數、志願、錄取結果等資料之查核工作。

民國94年（2005），教育部召開「協調技職院校設立海外聯合招生委員會會議」及「技職院校納入僑生海外聯招會招生作業會議」，初步開放27所技職院校自95學年度起納入海外聯招會，並由國立臺灣科技大學、弘光科技大學及國立雲林科技大學等三校分別代表北、中、南區技職院校擔任常務委員。

民國95年（2006）3月22日，國立僑生大學先修班正式與國立臺灣師範大學整合，易名為「國立臺灣師範大學僑生先修部」。故原有會名「大學暨僑大先修班海外聯合招生委員會」在教育部建議下，於96學年度（2007）第一次委員會議經全體委員學校代表通過配合修正為「海外聯合招生委員會」，沿用迄今。同年，27所技職校院申請加入海外聯招會共同辦理招生，其後，納入海外聯招會的技職院校逐年增加，至100學年度（2011）已達75校，超越一般大學校數。

98學年度全體委員學校代表於第二次委員會議通過，自99學年度起得由主任委員增聘副總幹事若干人，協助推動相關業務。

民國100年（2011），為因應教育部「擴大招收境外學生行動計畫」，全體委員學校代表於100學年度第二次委員會議通過自101學年度（2012）起增設宣導組，專責海外招生宣導規劃及執行等工作。

同年開始邀請具僑生招生策略發展經驗人士擔任海外聯招會顧問，提供相關業務諮詢及意見。

# 三、組織穩定期（101學年度迄今）

　　海外聯招會的組織架構歷經了草創期及發展期的經驗累積，並因應各項變動進行調整後，進入相對穩定的時期，在102學年度（2013）迎來委員學校數量的高峰。

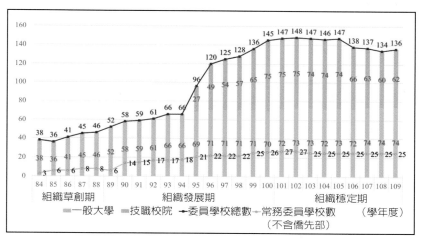

圖表3　海外聯招會歷年委員學校數量統計表

　　而此時期龐大的委員學校數量衍生而來的簡章調查等業務，以及全面開放學生進行線上填報作業的工作目標，對於相關網路系統平臺的依賴及需求大幅增加。加上為因應推動個人申請校系備審資料數位化，全體委員學校於104學年度第二次委員會議通過自105學年度（2016）起增設「資訊服務組」，專責處理相關網路系統平臺、官方網站、資訊資料庫之規劃、建置、管理及維護工作，為海外聯招會組織架構再添上了一塊與時俱進的重要拼圖。

雖然海外聯招會的規模及招生人數無法與國內考招及多元入學方案相較，但僑生聯合招生制度及工作項目之複雜、相關程序之繁瑣、影響地區之廣大以及配合單位之眾多，亦非國內各項招生所能比擬。期許在8個工作組的分工合作及全體委員學校的支持下，海外聯招會能持續穩定的發展運作，積極迎向未來的各項挑戰。現行海外聯招會組織架構如下。

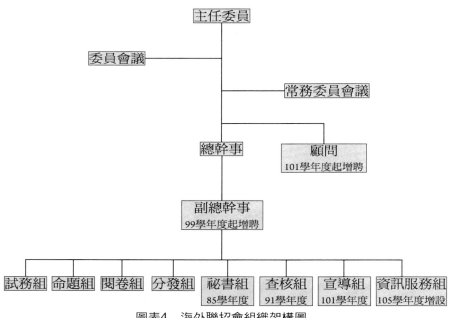

圖表4　海外聯招會組織架構圖

# 第三章、海外招生管道、方式及簡章等重大變革[3]

　　海外聯合招生係承襲70年來「因地制宜、優惠保障」等僑教政策辦理。鑑於海外各僑居地之僑情、學制、學習環境及升學條件不同,海外聯招會依各僑居地之特性分別訂定適用簡章、分梯次辦理分發作業、預先分配熱門校系名額等措施皆有其必要性。

　　至民國100年(2011),教育部推動「高等教育輸出──擴大招生境外學生行動計畫」,與僑委會協同研議增訂僑生招生多元管道,以提高各大學校院招收僑生之意願,增加僑生來臺升學之選擇;加之國內招生少子之壓力,故各大學紛紛向外拓展招生來源,形成現今多元化的僑生招生管道。在此將僑生各種招生管道、聯招作業期程、歷來各國地區招生簡章種類的演變、個人申請及聯合分發考選方式等重大變革加以陳述。

## 一、多元化僑生招生管道

　　民國100年(2011)以前,海外僑生赴臺升讀大學,計有「自行回國參加考試分發入學」及「海外聯招會」二大途徑。其中,自行回國參加考試分發入學佔極少數外,多數係以「海外聯招會」途徑申請。民國98年(2009)教育部與僑委會為擴大招收海外華裔學生,曾多次召開學者專家諮詢會議,用以規劃僑生多元入學管道,並提出「於海外聯招會平臺下增設申請入學管道(即後來的「個人申請制」)」、「開放由大學辦理單獨招生(含僑生專班)」等,並於民國100年(2011)1月31日修正發布《僑生回國就學及輔

---

[3]　本章由海外聯招會執行幹事兼試務組組長林珍妤撰寫。

導辦法》（簡稱僑輔法）。故現行僑生除原「自行回國參加考試分發入學」方式外，得另依據僑輔法第6條、第6-1條、第7條規定，向「海外聯招會」或「經核准單獨招收僑生之大學（簡稱單招學校）」二類途徑，申請分發入學。是以，形成現今僑生多元招生管道如圖表5。

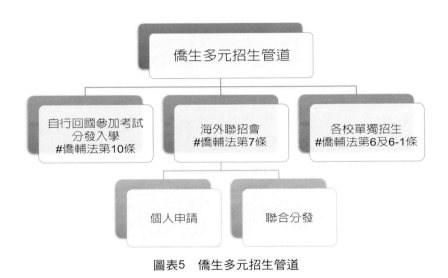

圖表5　僑生多元招生管道

## （一）自行報考

　　依據僑輔法第10條規定，僑生得自行回國參加考試分發入學，依其採計考試科目成績，以加原始總分百分之25%計算；未達各學系最低標準者，得進入臺師大僑生先修部就讀，錄取標準由臺師大僑先部定之。亦得以考試分發入學以外之方式入學，由各校考量優待。

## （二）聯合招生

依據僑輔法第7條規定，申請就讀大學（包括研究所）或國立臺灣師範大學僑生先修部，除向學校報名單招由學校發給入學許可外，送海外聯合招生委員會辦理。同條並敘明，所稱海外聯合招生委員會，指各大學為聯合辦理僑生招生及分發等事宜，所成立之組織。復依《海外聯招會招生規定》第4條規定，依海外地區學制、學習狀況及升學條件之不同，採個人申請或聯合分發（免試或測驗方式），並辦理分發。

## （三）各大學單獨招生

教育部為協助大學校院辦理單獨招收僑生及港澳學生事務（簡稱單招），另訂定「大學校院辦理單獨招收僑生作業注意事項」及「大學校院辦理單獨招收港澳學生作業注意事項」。單招學校招收僑生及港澳學生入學各年級，需先擬訂招生規定報經中央主管教育行政機關核准，並訂定招生簡章，詳列招生學系、修業年限、招生名額、報考資格、考試項目、考試日期、報名手續、評分標準、錄取方式、同分參酌比序、報到程序、遞補規定、成績複查、招生紛爭處理程序及其他相關規定。為避免各校單招與海外聯招之名額互相牽動，單招學系當學年度提供至海外聯招之名額，不得低於前一學年度已透過海外聯招分發至該系之名額，並應另行提撥招生名額辦理。招收對象限當年度自海外或香港、澳門來臺者為限，不得招收已在臺就讀高級中等學校、國內大學一年級肄業及國立臺灣師範大學僑生先修部結業者。

## （四）單獨招生與聯合招生之關係

為避免招生生源因多元招生管道競爭拉扯，現行「單招」與「聯招」以不重複錄取原則。教育部為落實前開原則，限定單招放

榜時程（不包括僑生專班）於每年2月28日前或8月1日後辦理，與「聯招」作業期程錯開。於2月28日前放榜之單招學校應將公告錄取名單函送海外聯招會，海外聯招會不再就單招已錄取者進行分發；經海外聯招分發在案者，不得再參加8月1日後放榜之單招，單招學校亦不得錄取是類學生。其兩者之間的關係圖如下。

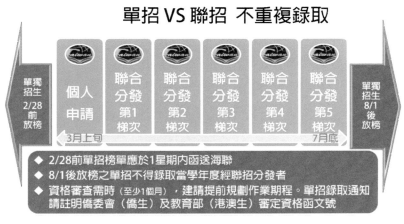

圖表6　單招vs.聯招不重複錄取關係圖

基於招生對象，分為僑生、港澳生、以及港澳具外國國籍之華裔學生等，其招生學程有學士班、研究所（碩士班及博士班）、科技大學二年制學士班（限港二技）、臺師大僑先部等，招生管道分為各校單獨招生、以及透過海外聯招會的個人申請及聯合分發等兩大管道，綜整海外僑生赴臺升學之路徑如圖示。

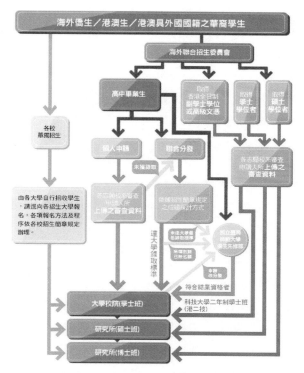

圖表7　海外僑生赴臺升學路徑圖

## 二、聯合招生作業方式及流程

　　海外聯招會自84學年度（1995）成立以來，在教育部、僑務委員會等相關單位指導，並承各常務委員學校、各工作分組大力協助下，經過初期3、4年的因循摸索後，總算對於沿襲40年來龐雜繁複的海外招生工作稍識端倪。其後20多年來，為因應各地區來臺升學僑生人數消長、僑居地學制變革、高等教育市場的開放、世界潮流發展趨勢，及國內招生需求改變等，已累積相當經驗，

透過與相關單位的協調合作，已建立一套標準化的招生作業制度與流程。

　　每年8、9月間，新學年度的海外聯招會成立，依招生規定修訂該學年度之招生簡章及相關工作計畫。教育部於7、8月間核定翌年各公、私立大學校院之全校日間學制各班別（含學士班、碩士班及博士班）招收僑生及港澳學生之外加名額總量（含醫學系招生名額）後，復由各校自行分配至各管道招生學系及名額。海外聯招會按各校提供予聯招之系組名額分析僑生熱門校系組，據以預先分配至各分發梯次，於開始受理報名前（約每年10月間），公告於海外聯招會官網（https://www.overseas.ncnu.edu.tw），俾供有意報名僑生及港澳學生查詢。

　　海外僑生及港澳學生於每年招生報名期間，檢附入學申請表、學歷證明文件及成績單、僑居地永久或長期居留證件、志願序及簡章規定之文件等，向我國駐外機構或僑務委員會指定之保薦單位或海外聯招會指定之機構申請。受理報名單位進行初審後，將申請表件函送僑務委員會（港澳生資料送教育部）核辦，符合僑生或港澳生資格者，轉送海外聯合招生委員會憑辦。

　　若報名「個人申請制」（含研究所、港二技）者，依聯合招生簡章內校系分則規定，繳交備審資料，至多可選填四個校系志願（港二技至多五個志願），由海外聯招會轉送各志願校系審查。經各校系審查合格者，海外聯招會依校系合格排名序、學生選填志願序及該校系名額分發。未獲錄取者，依學生志願直接轉入「聯合分發」，依其僑居地適用簡章規定辦理分發。

　　「聯合分發制」概分為兩種方式，一是「測驗」，一是「免試」。測驗制係由命題組先完成之各科測驗題目，交由試務人員赴海外測驗地區施測，測驗完畢後立即攜回閱卷組閱卷，俟成績評定並造冊統計後送回聯招會續辦；另以「免試」方式入學者，則由查核組依常務委員會制定之「成績採計與分發作業細則」查核換算並

採計分發成績。

　　海外聯招會分發組依據常務委員會議決定之分發錄取標準，按申請學生之分發分數由高而低暨其選填志願、教育部核定校系名額依序分發，擇優錄取。錄取名單經主任委員核定後，由試務組於海外聯招會網頁公告，並轉請各校通知錄取學生入學，所製發之分發通知書函請僑務委員會轉送受理報名單位通知各生（港澳生係轉請行政院大陸委員會香港辦事處或澳門辦事處轉發錄取學生），僑生於接獲分發通知書及各校發給之入學通知書後，即可向我駐外機構辦理入境手續，來臺註冊入學。對報名者而言，海外聯招會招生作業流程與期程如下圖。

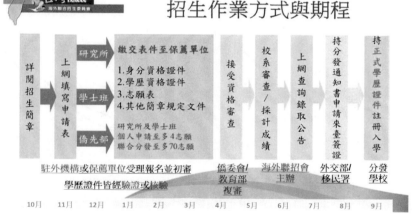

圖表8　海外聯招會招生作業方式與期程

## 三、招生簡章種類之演變

　　溯自海外聯招會於民國84年（1995）成立時，承襲教育部、僑委會等單位辦理之僑生考選及分發制度，84學年度僅制定「馬來西亞」、「一般地區（歐洲、美洲、非洲、澳洲及其他免試地區）」、「韓國、日本地區」、「泰國、菲律賓、新加坡、印尼」及「緬甸」等計5式簡章。其餘如香港及澳門，則沿襲前制與香港珠海書院簡章併用，並另訂「大學招收港澳地區學生來臺升學要點」及「辦理港澳地區中學畢業生來臺升學注意事項」憑辦招生作業。另僑大先修班結業生則依據「僑生回國就學及輔導辦法」及該校學則規定憑辦分發。

　　其後，各地區歷年簡章種類及演變歷程，或配合相關法規章程之修訂，或因各僑居地政治情勢、僑情反映或試務變革等隨之修訂。以下分別就各地區簡章種類演變情形概述說明。

## （一）馬來西亞

　　馬來西亞的中等教育學制多元並存，主要分為國民中學（Sekolah Menengah Kebangsaan）、國民型中學（Sekolah Menengah Jenis Kebangsaan）及私立華文獨立中學（Sekolah Tinggi Persendirian）等三大類。其中，國民中學係以馬來語作為主要教學語言；國民型中學則以馬來語為主、華語為輔。國民中學及國民型中學之學制皆為5年制，學生完成中五學業即可參加馬來西亞教育文憑考試（Sijil Pelajaran Malaysia；SPM）。該SPM文憑考試係由馬來西亞考試局主辦，受馬來西亞教育部監督的全國統一考試，具國際GCE O-Level同等水平。中五畢業再升學者，可選擇就讀私立學院或修讀公立大學預科公共考試預備課程，完成「中六」（Form 6）或「大學先修班」（Pre-university）課程，再參加馬來西亞高等教育文憑考試

（Sijil Tinggi Persekolahan Malaysia；STPM）。該STPM是由「馬來西亞考試委員會」自1982年開始獨立舉辦，受馬來西亞教育部與「劍橋大學考試委員會」共同監督的全國統一考試，具國際GCE A-Level同等水平，備受國內外大學認可。至於私立華文獨立中學學制為六年制，以華文作為主要教學語言，並具特有的統一考試機制。第一屆華文獨立中學統一考試（Unified Examination Certificate；UEC）自1975年由「馬來西亞華校董事聯合會總會（董總）」舉辦迄今，雖未受馬國政府承認，惟受我國及世界多國政府承認，故華文獨中高三畢業生可完全銜接來臺升讀大學。

聯招會於民國84年（1995）成立時，其馬來西亞招生簡章沿襲教育部、僑委會等單位辦理之僑生考選及分發制度，採用「馬來西亞華文獨立中學統一考試文憑成績（UEC）」、「STPM或A-Level」、「SPM或O-Level」等文憑成績據以分發。初期因SPM或O-Level文憑僅為中五成績，故僅限分發來臺就讀國立臺灣師範大學僑生先修部（原國立僑生大學先修班）。其後因教育部於95年（2006年）12月28日修正「報考大學同等學力認定標準」第5條，以SPM或O-Level文憑申請者，始得以同等學力報考大學學士班。但大學應增加其畢業應修學分，或延長其修業年限。又，簡章各類組採計科目，亦隨時配合馬國各類會考之考試科目變動做相應調整。例如：87學年度（1998）丁組（法商）採計科目加列商業學、會計學或經濟學等科目組合；87學年度（1998）乙組（文學院）之美術相關科系採計科目歷史、地理得以美工、美術實習代替之；91學年度（2002）「華文」改為「中文」，第一類組「普通數學」改為「高級數學」，第二、三類組「高級數學」分別改為「高級數學II」及「高級數學I」；94學年度（2005）申請第二類組，優先採計物理、化學，如有缺科，得以電學原理、電子學、電機學、數位邏輯擇優替代之。

民國87年（1998）外交部駐馬來西亞代表處於87年2月10日函

致僑務委員會，轉達馬來西亞留臺校友會聯合總會建議請國立僑生大學先修班改於每年元月春季開課。此係緣於馬國來臺僑生申請人數流失（1992年計1,118人，遞減至1997年計661人），分析原因為：（1）升學管道增加。（2）馬國雙聯學程深受歡迎。（3）臺灣生活費提高。（4）馬國推動教改，鼓勵留在馬國升學。（5）新加坡與大陸積極招生（費用少，錄取率高）。（6）華文獨中每年10月課程結束，12月公布統考成績，如欲來臺升學須等至次年秋，空檔期間達9個月，故建議僑大開辦春季班，以免學生繼續流失。案經僑務委員會87年8月28日專案報請行政院同意，由僑大先修班開辦馬國僑生春季班（簡稱馬春班），馬春班招生簡章亦由僑大先修班自行訂定之。直至99學年度（2010）配合教育部於98年（2009）1月13日修正發布《僑生回國就學及輔導辦法》第7條（略以）申請就讀大學（含研究所）或國立臺灣師範大學僑生先修部（以下簡稱臺師大僑生先修部）者，送海外聯合招生委員會辦理；復依教育部同年5月15日函示，臺師大僑先部之馬來西亞春季班招生事宜改由海外聯招會辦理，爰於99學年度（2010）增訂「國立臺灣師範大學僑生先修部馬來西亞春季班適用」簡章1式。

民國89年（2000）經僑務委員會調查計有35名馬來西亞地區就讀工業高職科畢業僑生欲申請來臺就讀技術學院或科技大學。而其時因聯招會尚未有技職校院加入委員學校，經教育部函請各技術學院、科技大學提供名額，惠請海外聯招會比照招生辦法等各項規定，代為辦理招生及分發事宜，待次（90）年（2001）再回歸由技職司自行辦理，故曾於89學年度（2000）增訂「科技大學暨技術學院四年制技術系海外僑生聯合招生簡章（馬來西亞地區適用）」簡章1式。

## （二）一般地區（歐洲、美洲、非洲、澳洲及其他免試地區）

民國84年（1995）聯招會成立之初，考量一般地區簡章適用之國家地區眾多，為兼顧各地區學制、僑情、學習狀況及升學條件不同，招生簡章之僑生考選及分發制度沿襲前制，採用「中學最後三年學業成績（宗教、體育二科成績除外）」，分發標準為各學年各科成績俱須及格，且總平均分數依各地區標準及格。

民國90年（2001）簡章名稱之「澳洲」改為「大洋洲」。各類組採計科目為與國內大學聯考科目相當，故招生簡章增訂並詳列「中學最後三年成績」係採計【中學最後三年學業成績總平均或GPA；佔分發分數20％】及【學科成績；佔分發分數80％】。至於【學科成績】之第一類組採計科目含中文、英文、數學、歷史、地理計5科；第二類組採計科目含中文、英文、數學、物理、化學計5科；第三類組採計科目含中文、英文、數學、物理、化學、生物計6科。如無中文成績者，得以SAT中文（CL）成績替代之；如無歷史或地理任一科成績，得以社會成績替代一科；如無物理或化學或生物任一科成績，得以科學成績替代一科）。【學科成績】如有缺科時，每缺一科，則自所佔分發分數之75％、70％、65％遞減一級換算。

民國92年（2003）招生簡章首度新增採計科目（全科）以SAT II測驗成績分發。此係鑒於SAT測驗是由美國大約三千所大學共同組成的文教組織，美國大學委員會委託教育測驗服務社定期舉辦的世界性測驗，在美國以外的許多國家和地區亦設有考點，其優點有：（1）不影響現行海外聯招招生方式。（2）增加考生選擇性，考生可自行評估，選擇以其最佳之成績表現分發。（3）可藉此了解各地區採SAT測驗成績學生之比例及普及率，做為日後全面採SAT測驗成績作為分發依據可行性之評估。（4）改善多年來海外聯招命題科目數繁複、題目難易程度差異、分發成績認定標準困難及人力、經

費重複浪費等情形。案經聯招會於90學年度第二次委員會議決議，新增以SAT成績申請入學方式，並自92學年度（2003）開始實施。其第一類組採計科目含中文（Chinese with Listening）、英文（Writing、Literature二擇一）、數學（Math Level IC、Math Level IIC二擇一）、歷史（World History）計4科；第二類組採計科目含中文（Chinese with Listening）、英文（Writing、Literature二擇一）、數學（Math Level IC、Math Level IIC二擇一）、物理（Physics）、化學（Chemistry）計5科；第三類組採計科目含中文（Chinese with Listening）、英文（Writing、Literature二擇一）、數學（Math Level IC、Math Level IIC二擇一）、化學（Chemistry）、生物（Biology E/M二擇一）計5科。其中數學科以「Math Level IIC」申請，該科「加權20% 」計算。民國94年（2005）起，第三類組採計科目新增「物理」1科，共採計6科。民國96年（2007）起，配合SAT II更名為SAT Subject Test。

民國95年（2006）教育部於95年11月7日函請聯招會，鑒於歐洲英語系國家，如英國、紐西蘭等多採用劍橋測驗成績而非SAT II測驗成績，建議於一般地區簡章新增採計「劍橋測驗成績」。復依據我駐英國代表處文化組回復A Level文憑成績係符合回國申請大學資格，並提供劍橋國際測驗（CIE）之測驗考評參考資料，案經聯招會於96學年度第1次常務委員會議決議，自民國97年（2008）起新增採計「A Level文憑成績」。其第一類組採計科目含中文（Chinese）、英文（English（Language & Literature））、數學（Mathematics）、歷史（History）或地理（Geography）二擇一，合計4科；第二類組採計科目含中文（Chinese）、英文（English（Language & Literature））、數學（Mathematics）、物理（Physics）、化學（Chemistry）計5科；第三類組採計科目含中文（Chinese）、英文（English（Language & Literature））、數學（Mathematics）、物理（Physics）、化學（Chemistry）、生物（Biology）計6科。

其後，聯招會因應海外僑情變化或僑界建議，歷年來就「中學最後三年成績」或「SAT Subject Test測驗成績」或「A Level文憑成績」等文憑成績之採計方式略有調整，說明如后：（1）民國97年（2008）起，新增一般地區簡章各類組中文科目如有缺科，得採計華語測驗中心之華語文能力測驗（TOCFL）成績替代。（2）民國98年（2009）起，除「SAT Subject Test」之第一類組維持採計4科外，餘採計科目皆一律統整為5科，即第三類組不採計物理科；A Level第一類組採計中文、英文、數學、歷史及地理5科。（3）民國104年（2015）起，中文科取消缺科替代，改以SAT Subject Test中文成績或「國家華語測驗推動工作委員會」舉辦之華語文能力測驗成績（TOCFL）或A- Level文憑成績等擇優採計。

鑒於2012年香港學制改革後，學生家長迭有反映，在港就讀國際學校且考獲「國際文憑預科課程考試（IB）」學生，若未參加香港中學文憑考試，即無法參加本會「聯合分發」管道，爰建議增採「國際文憑預科課程考試（IB）成績」。案經聯招會通盤考量，增採「國際文憑預科課程考試（IB）成績」不僅限於香港，應推及至海外各地區，爰於103年11月14日函請僑務委員會轉各駐外館處協助調查各僑居地開辦「國際文憑預科課程考試（IB）」情形，復參考國際文憑組織（IBO）之官方網頁課程與測驗資訊後，自民國106年（2017）起，一般地區簡章新增採計「國際文憑預科課程考試（IB）成績」，併同「中學最後三年成績」或「SAT Subject Test測驗成績」或「A Level文憑成績」等現有採計方式，於「聯合分發」第2梯次辦理分發作業。

## （三）海外臺灣學校高中畢業生

民國87年（1998）僑務委員會鑒於我旅馬投資臺商子女現已有部分取得僑居身份加簽，在馬國連續居留滿8年以上，能符合《僑生回國就學及輔導辦法》第2條規定，得以僑生身份回國升學，建

議於簡章加列臺商子弟以僑生身分申請回國升學之相關規定。凡在馬來西亞臺校高中畢業取得畢業證書或國際學校畢業取得A LEVEL文憑之臺商子弟，應在當地參加學科測驗，測驗科目係比照日、韓地區辦理；以O LEVEL文憑報考者，限分發國立僑生大學先修班。而部份就讀馬國華文獨中者，應自行參加華文獨中統考。至於泰國臺商子弟取得僑生身分者，併當地保薦單位申請，參加當地學科測驗，不另增訂條文。故海外聯招會於87學年度（1998）增訂「馬來西亞地區臺校高中畢業之臺商子女適用簡章」一種，專供臺商子弟以僑生身分申請；88學年度（1999）為應印尼臺校畢業生申請，簡章名稱修改為「馬來西亞及印尼地區臺校高中畢業之臺商子女適用」；89學年度（2000），為適用於當時之海外四國六所臺北學校（含雅加達臺北學校、泗水臺北學校、吉隆坡中華臺北學校、檳城臺灣僑校、越南胡志明市臺北學校、泰國中華國際學校）僑生申請，簡章更名為「海外臺北學校畢業生適用」；94學年度（2005）配合教育部廢止「海外臺北學校輔導要點」，於94年（2005）3月7日修正發布「海外臺灣學校設立及輔導辦法」，簡章更名為「海外臺灣學校畢業生適用」迄今。

　　「泰國中華國際學校」原為受教育部輔導之海外臺北學校之一，各海外臺北學校高中畢業生參加海外聯招之測驗方式，向以同科目、同試題、同時間舉行。惟該校因受泰國政府國際學校教育法規限制，僅得以「國際學校」形態設立，課程架構係以英文為主要教學語言，亦須教授泰文，故中文課程只能列為「語言學科」授課，除了國文、英文、數學三科外，無法比照其他海外臺北學校安排上述考試科目有關課程。爰此，「泰國中華國際學校」曾於91年（2002）致函海外聯招會，建請其高中畢業生回國升讀大學校院測驗科目比照一般僑生，改為綜合學科測驗（即中文、英文、數學合為一）方式舉行。惟鑑於該校所請涉及僑教政策，經轉教育部函示提第4屆海外臺北學校董事長暨校長聯席會議討論後，以不影響其他

海外臺北學校權益為原則，決議給予三年緩衝期。故海外聯招會配合於92學年度另增訂「泰國中華國際學校適用」簡章，並僅適用至94學年度止。嗣後，泰國中華國際學校於95學年度（2006）脫離海外臺北學校之列，回歸海外僑校，改依「一般地區適用」簡章規定辦理。

## （四）泰國、菲律賓、新加坡、印尼

海外僑生聯招係配合政府僑教政策辦理，歷年來測驗地區之招生方式及測驗科目皆沿用辦理。其中，新加坡、菲律賓、泰國（不含泰國中華國際學校及泰北華校）係採綜合學科測驗（含中文、英文、數學三科綜合命題，所佔比例各為40％、30％、30％）成績分發；印尼地區學生須回臺參加輔訓，以結業成績分發。聯招會成立之初亦沿襲前制，合併訂定「泰國、菲律賓、新加坡、印尼地區適用」計1式簡章。

鑒於教育部於民國89年（2000）初核定聯招會辦理測驗試務工作計畫時，曾指示聯招會通盤檢討測驗地區是否改為免試地區。又，「泰國中華國際學校」曾於民國91年（2002）建請其高中畢業生回國升讀大學校院測驗科目（各類組均採計5科），比照泰國一般僑生改為綜合學科測驗（即中文、英文、數學合為一科）方式舉行，續於2006年脫離海外四國六所臺校之列，回歸海外僑校，故自95學年度（2006）起，泰國併入一般免試地區申請，以相當於國內高中最後三年成績或SAT II測驗成績採計分發分數，不另舉行測驗。爰此，招生簡章名稱配合修訂為「菲律賓、新加坡、印尼地區適用」。

印尼政府因早年排華政策，使當地華文教育受到嚴重打壓。為推動華文教育，僑務委員會委請當時的僑大先修班辦理「印尼僑生來臺升學輔訓班（簡稱印尼輔訓班）」，直至97學年度（2008）基於經費因素停辦印尼輔訓班，致印尼僑生回國升學之分發方式改由海外聯招會赴印尼辦理學科測驗，測驗科目比照印尼輔訓測

驗科目辦理（即中文、英文、數學三科，滿分300分），測驗地點經駐印尼代表處評估後，訂於雅加達臺灣國際學校舉辦。爰此，98學年度起原「菲律賓、新加坡、印尼地區適用」簡章拆分，另獨立訂定「印尼地區適用」簡章。其後，因印尼申請人數逐年減少，整體印尼僑生來臺升學人數大幅滑落近半，教育部為暢通僑生升學管道、擴大招收國際學生，於「擴大招收僑生具體策略」會議決議，請國立暨南國際大學（海外聯招會主任委員學校）於101學年度（2012）恢復試辦印尼輔訓班，印尼僑生得以「個人申請制」、「自願免試申請國立臺灣師範大學僑生先修部」及「參加印尼輔訓班」等方式申請入學。

　　菲律賓於2013年通過「進階基礎教育法」，使該國之義務教育階段由原來的10年延長為13年，包含：1年幼稚園（新增）；6年小學教育；4年國中（7-10年級）；2年高中（11與12年級；新增）。其學制改革前，菲國之中學畢業資格（10年級）僅相當於國內學制之高中一年級程度，尚未符合入學大學同等學力，故以分發國立臺灣師範大學僑生先修部為限，至少修業2年。直至2017年起，即有首屆落實6年中學教育之菲國高中畢業生，與國內學制接軌。為掌握菲律賓學制改變契機，適時爭取菲國僑生來臺升學，106學年度起（2017）菲律賓「聯合分發」增列「中學三年成績」、「A Level文憑」等免試申請，與現行測驗方式併行，原「菲律賓、新加坡」簡章拆分為「菲律賓」、「新加坡」2式。

## （五）韓國、日本

　　聯招會設立之初，考量韓國及日本皆設有海外僑民學校，分發採計方式皆由聯招會派員赴當地辦理學科測驗依測驗成績分發，故日韓採合併訂定1種簡章。86學年度（1997）鑒於日本醫科考科為物理、化學，而國內丙組（第三類組）係考生物、化學，為利日本僑生投考醫科，丙組考科不考生物改考物理。惟前開變革引起僑界

不同意見，部份認為應維持原有生物科目，部份認為應由生物、物理，任擇一科考試，亦有部分以日本地區應考人數少，主張比照歐美地區改為免試分發。經僑務委員會洽請駐日代表處協調僑界提出統一意見，於87學年度（1998）採生物或物理（任擇一科）辦理。92學年度（2003）為增加僑生採計文憑之選擇性，首度受理採計科目（全科）以SAT II測驗成績分發。其後，因僑社人口及僑校結構發生改變或轉型，致日本申請人數漸少，為撙節海外試務及人員出國經費，提高招生效益，自95學年度（2006）起，日本除學科測驗及SAT II測驗成績申請方式外，另開放以中學最後三年成績免試申請，供學生自行選擇，故該學年度原「韓國、日本地區」計1式簡章改以各自獨立簡章辦理，拆分為「日本」、「韓國」2式。

## （六）緬甸、泰北

　　民國85年（1996）教育部為解決緬甸及泰北之華文中學不符《華僑學校規程》之規定而無法立案，致其畢業生回國升學衍生學歷資格問題，建議僑委會比照越、棉、寮難僑子弟學力鑑別測驗方式辦理，以協助其取得相當國內初、高中畢業資格，得以依規定申請回國升學。考量舉辦學力鑑別測驗科目與招生學科測驗相同，為節省舉辦兩次測驗之人力、物力及經費；且緬甸政治敏感，為避免引起當地政府疑慮，緬甸地區舉辦之兩項測驗擬予簡併，以學力鑑別測驗代替學科測驗。學力鑑別測驗命題及成績評定由聯招會辦理，其及格標準由教育部及僑委會訂定，及格者由僑務委員會發給學力鑑別及格證書（僅供升學，不作其他用途）。學力鑑別及格者有資格參加分發，由聯招會以學力鑑別測驗成績訂定分發學校之錄取標準，泰北地區亦比照辦理，故海外聯招會自85學年度起，於簡章取消「保送」文字；原「限緬甸地區適用」簡章改為「限緬甸及泰北地區適用」，直至2001年因緬甸政府禁止該國華裔子弟來臺升學並拒發護照，致緬甸招生方式改變，原緬甸及泰北共用簡章，於

93學年度（2004）起拆分為「緬甸」、「泰北」2式。

　　1996年起，因緬甸當地軍政府陸續關閉大學，為免華僑子弟失學，海外聯招會遂自87學年度（1998）起，將緬甸地區在停課期間之僑生入學資格，由緬甸地區大學二年級結業或華文學校高中部畢業，放寬為停課期間緬校高中畢業資格亦准予報名，惟考量緬校高中畢業僅10年級（相當於國內學制之高中一年級程度），故以分發國立僑大先修班為限，至少修業2年，且參加學科測驗試題與升讀大學相同。直至2000年緬甸大學全面復課後，考量招收緬十之初衷，實為因應緬甸地區大學停課為避免華裔子弟失學之權宜措施，當地緬校既已復課，自不宜繼續實施。且緬甸當時有7所華校設有高中（分別為仰光華僑中正中學、瓦城孔教學校、臘戌果文學校、密支那育成中學、眉苗佛經學校、眉苗年多學校、東枝興華中學），許多持緬校學歷者亦多在華校學習華語文，如爾後大學再遭停課，緬校高中畢業僑生亦可轉讀華校，以高中畢業學歷資格申請赴臺升學，故於90學年度停止招收緬十。直至105學年度（2016），教育部同意放寬緬校高中畢業生申請就讀國立臺灣師範大學僑生先修部特別輔導班，修業2年後，以臺師大僑先部結業資格申請分發就讀大學，故增訂「緬甸緬校高中畢業生申請就讀國立臺灣師範大學僑生先修部特別輔導班適用簡章」。

　　又，教育部為培育緬甸華校師資，107學年度（2018）責成海外聯招會於現有「個人申請」管道下，新增辦理「緬甸華校師資培育專案計畫（簡稱緬甸師培專案）」，另增訂「緬甸華校高中畢業生來臺就讀大學校院學士班師資培育專案」簡章1式。

## （七）香港、澳門

　　94學年度（2005）以前，港澳地區招生工作係沿襲前制，依海外聯招會招生辦法委託香港珠海大學辦理試務工作，且與香港珠海書院簡章併用。惟考量珠海大學業以「珠海書院」向香港政府註冊

登記，該校招生來源恐與海外聯招會有重疊之處，為提升香港地區赴臺升學人數，海外聯招會自95學年度（2006）起，分別增訂「香港」、「澳門」計2式簡章。香港考區改請行政院大陸委員會香港事務局（海華服務基金）辦理；原澳門附屬考區獨立組成澳門試務委員會。自此，香港、澳門分別獨立考區辦理招生試務工作。

行政院大陸委員會香港事務局（海華服務基金）接辦試務首年，為積極辦理香港招生工作，於95學年度（2006）另辦理香港中五生第二階段招生，故於當年度配合增訂「香港地區中五生適用簡章」，次年則併入「香港」適用簡章辦理。

香港自2009年起實施新高中學制（即國中三年、高中三年、大學四年）。海外聯招會為因應香港新、舊學制轉變，自101學年度（2012）起，取消在香港辦理學科測驗，改以香港當地會考文憑考試免試申請。又，考量2012年係首屆香港中學文憑考試，及末屆高級程度會考二制會合情形，教育部為補救未及報名者，指示海外聯招會於102學年度（2013）辦理僑先部「港春班」招生事宜，試辦一年。故於當年度配合增訂「僑先部港春班」簡章。

## （八）港二技

教育部於民國101年（2012）曾召開「研議招收香港地區學生來臺就讀二技事宜」會議，為秉持60年來一貫招收香港居民來臺就學的僑教精神，以海外聯合招生委員會既有的招生方式為基礎，指示於102學年度（2013）新增來臺升學管道，用以招收香港地區副學士學位及高級文憑畢業生來臺銜接就讀技職校院之二年制學士班（簡稱港二技），其招生方式比照「個人申請」，按招生名額、各校審查結果及學生選填志願序進行統一分發，爰配合增訂「香港副學士（或高級文憑）學生來臺升讀學士班適用」簡章，續於108學年度（2019）修正簡章名稱為「香港副學士（或高級文憑）學生來臺升讀技術校院二年制學士班適用」簡章。

## （九）國立臺灣師範大學僑生先修部

國立臺灣師範大學僑生先修部（原國立僑生大學先修班）創設於民國44年（1955），是國內唯一辦理僑生大學先修教育之學府。84學年度（1995）海外聯招會成立以來，係由海外聯招會依據《僑生回國就學及輔導辦法》及該校學則規定憑辦僑生先修部結業生分發至國內各公私立大學校院就讀，未訂定專屬適用簡章。其後，該校奉行政院同意自民國95年（2006）3月22日起，與國立臺灣師範大學合併，合併後新校名仍為「國立臺灣師範大學」，原國立僑生大學先修班改制成為「國立臺灣師範大學僑生先修部」，並維持原有僑生大學先修教育功能，輔導僑生完成大學先修教育，結業後分發至各公私立大學校院就讀。爰此，海外聯招會始於96學年度（2007）新增訂定「國立臺灣師範大學僑生先修部結業生適用」簡章1式，採計臺師大僑先部提列之結業成績為分發成績。

## （十）研究所

海外聯招會成立之初，並未辦理海外僑生申請研究所招生工作。當時研究所招生簡章係由教育部彙整後由聯招會代為印製，再請僑務委員會轉送至海外各地區。至於研究所碩士班申請案件由僑委會審查僑生資格後逕轉各校審查（不透過海外聯招會），合格者由學校通知入學並報部備查。惟迭有申請案件轉送學系申請時，接獲學系函覆該校未接受僑生申請之情況。直至《僑生回國就學及輔導辦法》於95年（2006）10月12日修正發布，依第5條第2項第3款規定：「申請就讀大學（含研究所）者，送海外聯合招生委員會辦理」；另依教育部同年12月5日函示，考量港澳學生升讀大學及研究所之整體性，請海外聯招會自96學年度（2007）起辦理港澳學生申請來臺就讀研究所事宜。至此，海外聯招會始有法源依據辦理研究所招生工作，爰於96學年度（2007）增訂「海外僑生回國就讀大

學校院碩、博士班適用簡章」、「港澳地區來臺就讀大學校院碩、博士班適用簡章」計2式簡章，供海外僑生及港澳生申請回國升讀碩、博士班。其分發方式係由申請人至多填寫5個志願學系（99學年度志願數縮減為3個志願；106學年度再調增為4個志願），海外聯招會依據申請人所填志願校系，將申請表件分轉各校進行審查，復按教育部核定各校系招生名額、審查結果及志願序進行分發。

為鼓勵已在臺就讀僑生續升讀下一學程，暢通研究所升學管道，教育部於98年（2009）1月13日修正《僑生回國就學及輔導辦法》，取消國內大學畢業僑生須「離開國內連續2年以上」方得申請入學大學研究所之限制，故海外聯招會再配合增訂「國內大學學士畢業之僑生申請就讀碩士班簡章」1式。103學年度（2014）再依102年10月9日修正發布《香港澳門居民來臺就學辦法》第12條，放寬在國內大學校院取得碩士學位之港澳學生亦得申請入學博士班，原「國內大學學士畢業之僑生申請就讀碩士班簡章」更名為「國內大學畢業之僑生及港澳學生申請碩、博士班簡章」。

綜上，現行簡章種類依各地海外學制、升學條件及採計方式之不同，109學年度（2020）共訂定有以下20種招生簡章。

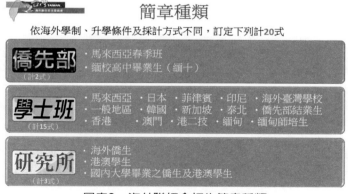

圖表9　海外聯招會招生簡章種類

# 四、聯合分發的考選制度、類組及梯次劃分

溯自海外聯招會尚未成立前，教育部會同相關單位辦理僑生升讀大學之分發作業，即考量各僑居地學習狀況、升學條件等不同，配合僑教政策之推動，各自訂有不同的招生簡章，分別受理申請，以不同梯次辦理分發。例如：馬來西亞具獨中統考、STPM等文憑者，採計其會考成績分發，不另舉辦測驗；又如日本、韓國當地設有僑校、或海外臺灣學校，因其教學及課程內容與國內高中同步，測驗科目與國內相同；而泰國、新加坡、菲律賓等地因無僑校，學習環境較為困難，則舉辦綜合學科測驗；一般地區（如歐洲、美洲、非洲、大洋洲等地）則因幅員遼闊且學制迥異，無法舉行統一測驗，故視為免試申請地區，採計其中學最後三年學業成績。至於僑大先修班僑生及印尼輔訓生則依其結業或輔訓成績分發。

84學年度海外聯招會成立後，承襲半世紀以來「因地制宜、優惠保障」等僑教政策辦理，兼之考量各地區特性，制定海外聯合招生規定。考量海外各僑居地之僑情、學制、學習環境及升學條件不同，主要採「測驗」及「免試」二大方式，分別訂定各地區適用簡章。

招收僑生採聯合分發申請就讀大學校院學士班之各校系組之學群歸屬，主要係參考國內分類及各校自行認定為準。在88學年度以前，招生類組原分為甲組（理工學院）、乙組（文學院）、丙組（醫系）、丁組（法商學院）四個類組。

自89學年度（2000）起，比照國內大考分組，區分為「第一類組」文、法、商、管理、教育類學系組，如中文系、企業管理系等；「第二類組」理、工、科技類學系組，如物理系、資工系、土木系等；「第三類組」農、醫類學系組，如醫學系、獸醫系、生命科學系等。另自100學年度（2011）起，開放第二、三類組申請者得互跨類組選填志願。

聯合分發制成績採計方式▼

| 測驗制<br>(參加測驗) | ● 臺校(越南、馬來西亞、印尼)、日本、韓國<br>● 新加坡、菲律賓<br>● 泰北、緬甸<br>● 澳門 |
|---|---|
| 申請制<br>（提列成績） | ● 一般免試(美加歐非紐澳)：SAT / A Level /<br>　IBDP /中學成績<br>● 馬來西亞獨中統考 / STPM / A Level / O<br>　Level<br>● 香港：DSE<br>● 臺師大僑先部、印輔班：結業 / 輔訓成績 |

**圖表10　海外聯招會聯合分發制成績採計方式**

　　至於各地區各類組成績採計或測驗科目錯綜複雜且不盡相同，採「免試」方式招生地區之各類組成績採計科目，悉依海外聯合招生規定第7條辦理：

（一）曾代表僑居國獲得國際數學、物理、化學、生物、地球科學與資訊奧林匹亞競賽金牌獎、銀牌獎、銅牌獎或獲得美國國際科技展覽會大會一等獎、二等獎、三等獎、四等獎者，審查通過後，名額另案核定並優先錄取，如未獲錄取，再依申請人所持文憑及申請類組別採計成績。

（二）馬來西亞地區：持馬來西亞華文獨立中學統一考試證書或STPM或A-Level或SPM、Pernyataan（或SAP）或O-Level文憑含成績單者。

第一類組：中文、英文、高級數學、歷史、地理。

第二類組：中文、英文、高級數學II、物理、化學。

第三類組：中文、英文、高級數學I、生物、化學。

（三）國立臺灣師範大學僑生先修部結業生：採計國立臺灣師範大學僑生先修部提列之結業成績為分發成績。

（四）歐洲、美洲、非洲、大洋洲地區及其他免試地區：申請人得選擇以「甲、中學最後三年成績」或「乙、SAT Subject Test測驗成績」或「丙、A Level文憑成績」或「丁、國際文憑預科課程（IBDP）考試成績」四擇一方式。

（五）印尼輔訓生：採計輔訓成績為分發成績。

（六）香港：

1. 在當地華文中學、外文中學（含國際學校）畢業者，得以「甲、香港中學文憑考試」、「乙、香港高級程度會考」、「丙、香港中學會考」、「丁、SAT Subject Test測驗成績」、「戊、海外A Level文憑成績」或「己、國際文憑預科課程（IBDP）考試成績」六擇一方式：

2. 在外國或大陸地區華文中學、外文中學畢業者，比照歐洲、美洲、非洲、大洋洲地區及其他免試地區規定辦理。

（七）澳門：在外國或大陸地區華文中學、外文中學畢業或相當於國內高級中學畢業取得畢業證書者，比照歐洲、美洲、非洲、大洋洲地區及其他免試地區規定辦理。


採「免試」方式招生地區包含來自5大洲、50餘國，幅員遼闊，申請人數眾多且分散，兼之各地學制迥異，評分方式及基準不一（如採等第制、4分制、5分制、6分制、7分制、9分制、10分

制、15分制、20分制、百分制等等），復因海外屢有提早放榜要求，為提升學歷（力）資料查核、成績採計及分數核算作業效益，海外聯招會於民國91年（2002）另增設查核組（逢甲大學），負責辦理成績查核及採計工作。

每年海外聯招會皆惠請僑務委員會函轉各駐外機構協助檢視，以提供僑居地採計科目及成績換算對照建議，經提常務委員會議通過後，按常務委員會制定之「成績採計與分發作業細則」來查核採計各生分發成績。經過多年來的調查、分析、試算、比對及經驗累積，已研發一套不同國家學制之成績等第及分數換算對照標準，將不同成績等第換算成百分制分數，以作為換算分發成績的重要依據。

至於採「測驗」方式招生地區及其各類組測驗科目，係依據招生規定第8條辦理，若有第二、三類組互跨類組選填志願者，應依各該類組考科規定加考物理或生物科。鑑於各地教育水平及華文教育之情況差異大，如以同一試題考試，則錄取之學生可能集中於某些地區，不符僑教政策區域均衡之原則，故命題範圍、科目、題型及難易度等，除各地之臺灣學校係採同一考題外，其餘地區則依各自區域特性而有所不同。各地區之測驗題目，係由命題組——國立臺灣大學負責召開命題會議，依據僑委會及教育部每年調查各僑居地使用教材版本、範圍及建議內容分別命題，以110學年度（2021）為例，共命題55種試題。

海外招生試務工作為求公平嚴謹，各地區之測驗工作皆由海外聯招會派員攜卷赴各測驗地區辦理監考（擔任主試），襄試人員及試場工作人員則由各地區之我駐外機構聘請當地中等華僑學校校長及熱心教育人士若干人為委員，所組成之試務委員會事先派定。海外聯招會派赴之試務人員工作內容包括：攜帶試題赴測驗地區、安排並辦理各項試務工作（如試場布置、人員分工等）、監考並維持考場秩序、訪察該地區測驗情形、聆聽考生或相關人員對招生制度

意見以作為招生改進之參考、試畢後將彌封之試卷攜回閱卷組——國立臺灣師範大學集中評閱。2003年因應SARS疫情，部分考區係以外交郵袋寄送試題，海外聯招會未派員監考，改委請駐外機構人員或當地試務委員會派定人員協助監考。

閱卷組原則上係以各科試卷之命題委員，優先洽聘為各科試卷之閱卷委員。在評閱作業展開前，先就試務人員攜回各地區對於考題或參考答案疑義部分，轉請命題委員先行確認處理方式，再請閱卷委員針對評分標準進行溝通確認，始進行評閱作業。對於中文作文佔分比影響程度較大之地區（如日本、新加坡等），其中文科之評閱係以初、複閱方式辦理。閱卷組於初閱委員完成評閱後，由襄卷同仁辦理分數彌封作業，方提供複閱委員評閱。若是初、複閱委員分數差距在作文總分30％以內（含）者，以初、複閱委員平均分數作為最終成績；若初、複閱委員分數差距達作文總分之30％，需再進行三閱作業。三閱委員成績如介於初、複閱委員成績之間，以三閱委員成績為最終成績；若否，則以較靠近之兩個委員成績平均值作為最終成績。歷來，因評閱前置作業嚴謹及評分標準溝通得宜，尚無啟動三閱機制。

近年來，海外移民減少或少子化因素，使得海外僑社人口及僑校結構發生改變或轉型（例如日本、泰北），或僑居地學制變革致升學管道增加（例如菲律賓）等等因素，致部分地區申請人數漸少。為撙節海外試務及人員出國經費，提高招生效益，已朝向開放免試方式，逐步減少測驗；同時鼓勵參加個人申請。

為爭取僑生來臺升學，配合海外學制銜接，當地會考成績公布期程，因應不同地區於不同時間辦理測驗、或依中學成績核算結果、或採計會考成績、或俟取得結業或輔訓成績等各種時序之不同，難以於同一時間辦理統一分發，故「聯合分發」係分多個梯次辦理分發。92學年度（2013）最高曾辦理8個梯次的分發作業，94學年度（2015）則減併為5個梯次迄今，歷年來梯次變革如下。

| 分5梯次 | 84學年度 | ①馬來西亞；②日、新、泰、菲及美、加、歐、非、緬甸不測驗地區；③香港、澳門及韓國；④僑大先修班結業生；⑤印尼 |
|---|---|---|
| 分6梯次 | 85至88學年度 | ①馬來西亞；②一般免試（美、加、歐、非、蒙藏等地區）；③日、韓、新、泰、菲、緬；④香港、澳門；⑤僑大先修班結業生；⑥印尼（88學年度起加入馬春班結業生） |
| 分7梯次 | 89至91學年度 | ①馬來西亞；②一般地區（歐、美、非、澳及免試）；③測驗地區（日、韓、新、泰、菲、緬及臺校）；④僑大先修班結業生；⑤港澳；⑥印尼及蒙藏生（89年蒙藏生分發末屆）；⑦馬春班結業生 |
| 分8梯次 | 92至93學年度 | ①馬來西亞；②測驗地區（日、韓、新、泰、菲及臺校）；③一般地區（歐、美、非、澳及免試）；④港澳；⑤僑大先修班結業生；⑥印尼；⑦馬春班結業生⑧緬甸 |
| 分5梯次 | 94學年度迄今 | **94至96學年度：**①馬來西亞；②一般地區（歐、美、非、澳及免試）；③測驗地區（日、韓、新、菲、泰北、臺校及港澳）；④僑大先修班結業生；⑤在臺結業或測驗（印輔班、馬春班、緬甸）<br><br>**97至100學年度：**①馬來西亞獨中生及一般地區；②馬來西亞（非獨中）、一般地區及印尼；③測驗地區（日、韓、新、菲、泰北、臺校及港澳）；④僑先部結業生；⑤在臺結業或測驗（馬春班及緬甸）<br><br>**101學年度：**①馬來西亞獨中生；②馬來西亞（非獨中）及一般地區；③測驗地區（日、韓、新、菲、緬甸、泰北、臺校及澳門）；④僑先部結業生；⑤印輔班、馬春班及香港<br><br>**102學年度迄今：**①馬來西亞獨中生；②馬來西亞（非獨中）及一般地區；③測驗地區（日、韓、新、菲、緬甸、泰北、臺校及澳門）；④僑先部結業生（含春、秋季班）；⑤印輔班及香港 |

圖表11　海外聯招會分發梯次之變革

## 五、個人申請制之內涵與精進

　　教育部及僑委會為擴大招收海外華裔學生，提供僑生多元入學管道，自101學年度（2012）起，責成海外聯招會在既有「聯合分發制」外，另增設「個人申請制」。

## （一）個人申請制與聯合分發之差異

　　「個人申請制」不分類組別招生，旨在強調學生的學習潛力、提供適性學習的機會、讓學生透過多元管道得以進入理想科系就讀。適合在學期間有特殊表現（幹部、社團、競賽）或術科成績（如音樂、美術、體育）優秀或具有師長推薦（推薦函、獎狀）之學生申請，讓各大學依其發展特色招生，自由選才。報名學生依志願校系分則規定，繳交審查資料或個人學習歷程相關證明，由海外聯招會依據申請人所填志願校系，將申請表件分轉各校審查，按各校系審查結果、招生名額及志願序辦理分發。惟以緬甸學歷申請者須另參加學科測驗，且測驗成績應符合常務委員會議決議之最低錄取標準。如個人申請未獲錄取，則進入聯合分發，依申請人所持文憑及申請類組別採計聯合分發成績。個人申請與聯合分發之比較圖如圖表12。

## （二）藝能性質校系招生變革

　　依據《僑生回國就學及輔導辦法》第8條規定：「僑生分發就讀音樂、美術、體育或其他藝能性質之系科，各校得視實際需要加考術科；其術科成績未達標準者，由中央主管教育行政機關或海外聯合招生委員會另行分發至其他系科或學校就讀。」故歷來招生簡章規定，獲分發至音樂、美術、體育等藝能性質系組者，須依簡章之各校規定，於期限內繳交相關作品備審或參加術科考試。如經學校鑑定術科不合標準者，再由聯招會另行分發至其他科系或學校就讀。

個人申請與聯合分發之比較 ▼

| 管道<br>項目 | 海外聯合招生委員會 (聯招) | | 各校單獨招生 (單招) |
|---|---|---|---|
| | 個人申請 | 聯合分發 | |
| 立意原則 | ● 強調學生學習潛力<br>● 提供適性學習機會<br>● 多元入學管道 | ● 著重智育成績表現<br>● 採計具指標性統一成績<br>● 公平公正公開分發標準 | ● 增加大學招生自主與彈性<br>● 報名放榜時程與聯招錯開<br>● 提供多元入學機會 |
| 適用對象 | ● 有特殊表現或得獎紀錄、術科 (美術/音樂/體育) 成績優異、或受師長推薦 (有師長推薦信) | ● 無特殊表現等佐證資料<br>● 學習成果以統一考試成績呈現 | ● 已有明確志願校<br>● 受結盟中學師長的推薦<br>● 有特殊表現者 |
| 受理報名/主辦單位 | 臺灣駐外機構或保薦單位<br>(例：各留台同學會、各獨中) | | 各校自辦 |

圖表12　個人申請制與聯合分發制之比較圖


　　鑒於術科改分發係於所有梯次分發完竣後辦理，熱門校系名額可能用罄，為降低術科不合格機會，僑先部於93學年度（2004）起，曾函請藝能性質校系為該校學生辦理術科檢定考試，通過者始輔導選填該校系志願。香港及澳門考區於95學年度（2006）以前，曾為報考藝能性質校系學生舉辦術科測驗，惟因該成績僅供參考，分發各生仍須依簡章之各校規定辦理。澳門試務委員會為避免分發學生錯誤期待，復考量來臺參加術科考試時，除非持有葡萄牙護照得以短期停留方式入臺，俟考完術科後再出境，否則以申辦入境證（單次）之考生須在臺停留至開學，期間之住宿、保險等相關事宜無法獲得解決，造成極大困擾，遂於95年提出建議：（1）取消港澳考區之術科考試；（2）檢討藝能性質系組辦理術科考試之必要性。案經海外聯招會多次會議討論後，自96學年度（2017）起香港及澳門考區取消術科測驗；藝能性質校系分發方式改以書面審查為主，校系得輔助以電話訪談或視訊面試方式，取代在臺辦理術科考試。申請僑生須依簡章

「藝能性質（需書面審查）學校及系組」規定備齊審查資料（最多可繳交3套）。如獲分發至「需加考術科」校系者，應依該校系規定期限參加術科考試，通過術科審查標準者始予入學；未符合標準者，改分發至其他校系就讀。未依規定參加術科考試者，不辦理改分發。

其後，教育部及僑委會為擴大招收海外華裔學生，提供僑生多元入學管道，責成海外聯招會自101學年度（2012）起，在既有「聯合分發」外另增設「個人申請」管道，且為維護既有「聯合分發」體制之公平性及公信力，保障僑生的公平分發機會，考量藝能性質校系之招生涉及術科專業，故規範除藝能性質學系名額得全數提供聯招之「個人申請」由各校系自行審查及選才外，其餘各學系提供給聯招之「聯合分發」名額，不得低於前一學年度已透過聯合分發至該系的名額。學校如欲辦理個人申請，應另行提撥新增名額。「個人申請」未獲錄取者，得進入「聯合分發」，復依申請人所持文憑及申請類組別採計聯合分發成績，改善原術科不合格改分發而熱門校系名額已用罄之弊，增加僑生分發至理想校系機會。

## （三）個人申請備審資料數位化變革

101學年度（2012）起，海外聯招會首度辦理「個人申請制」，至多選填3個「個人申請」校系志願。報名「個人申請制」僑生需依簡章志願校系規定繳交書面備審資料，繳交套數依校系志願數而定（即每申請1個「個人申請校系」，須依該系招生規定準備1套書面審查資料，最多可繳交3套），隨同其他報名文件向受理申請單位提出申請。個人申請校系書面備審資料經海外聯招會分轉各校系審查後，依據教育部核定各校系招生名額、各校審查結果及各生選填志願序辦理分發。

104年（2015）因發生釜山華僑中學6名學生參加「個人申

# 備審資料數位化流程優化

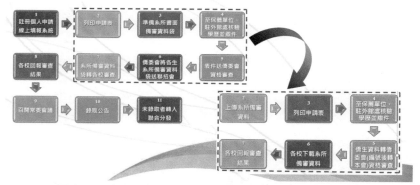

圖表13　海外聯招個人申請備審資料數位化流程優化圖

「請」，渠等書面備審資料集體遺漏於層層轉遞之某個環節，致渠等因「審查資料不全」而未獲「個人申請」錄取。嗣經僑務委員會查告相關單位均業依規定將相關表件層轉各該權責單位，惟文件集體遺漏似難據此歸責於申請學生，基於考量僑生權益，讓案內6人重新補繳「個人申請備審資料」，由海外聯招會惠轉志願校系重行審查並補辦分發，始讓事件圓滿落幕。

海外聯招會鑒於前案經驗，避免再發生類似事件，兼因個人申請制招生系組及名額數逐年成長，需適度調增志願數，惟考量報名人數及書面備審資料件數逐年倍增，為減輕受理報名單位、僑務委員會及海外聯招會在收件、核對、彙整與寄送之作業負荷，縮短作業期程並提升工作效率，海外聯招會於104年（2015）2月4日召開臨時常務委員會議討論「個人申請制系所備審資料數位化」事宜，初步朝全面採行網路填寫報名表之方向努力，至於推薦函、作品檔案上傳格式、容量限制等問題則於同年5月8日邀集藝能性質校系申請人數較多之大學（20校）先就相關規劃蒐集意

見並彙整後，於該年7月24日召開會議向委員學校說明相關規劃及配套如圖表13，並自105學年度（2016）起實施「個人申請制備審資料數位化」迄今。

# 第四章、僑生名額及分發制度的演變[4]

僑生名額係外加，不占本地生之名額。依據《僑生回國就學及輔導辦法》第11條規定，大學及專科學校二年制，係以該學年度核定招生名額外加10%為原則；申請招收僑生名額超過該學年度核定招生名額外加10%者，應提出增量計畫（包括品質控管策略及配套措施）報中央主管教育行政機關核定。又，經教育行政機關專案核准招收僑生為主之學校，或國內大學與國外大學合作並經中央主管教育行政機關專案核定之學位專班，其招收僑生之名額，不受前項規定之限制。且大專校院於當學年度核定招生總名額內，有本國學生未招足之情形者，得以僑生名額補足。

僑生招生名額備受海內外關注，本節將就各大學提出僑生招生名額如何分配、及其分發制度之演變加以說明。

## 一、歷年招生名額

僑生名額係由教育部核定，統計歷年來的招生名額，從89年（2000）的6千名，隨著招生學程增加（98學年度增加研究所碩博班、102學年度二技開始對港招生）、招生學校的擴增，直至105學年度（2016）達到2萬7千900名之多。

---

4　本章由海外聯招會祕書組幹事高嘉偵及吳旻燁撰寫。

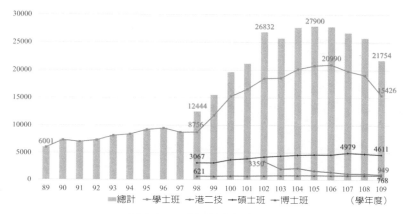

圖表14　歷年僑生招生名額

## 二、招生名額預先分配

　　鑑於各僑居學制僑情不同，海外聯招會分發作業係分梯次辦理，由於不同梯次按時間先後辦理分發，預先分配各梯次名額有其必要性。

　　海外聯招會成立之初即將熱門校系固定名額分配至固定地區，若當該年度校系名額變動時，始針對名額有所增減之校系，分配至申請人數增減的地區。惟此，往往導致某些地區所分配之核定名額，均為固定校系，且早已大於當年度申請人數，除無法充分運用核定名額外，亦無法顧及每一地區不同年度僑生之實際志願意向。

　　因此自89學年度（2000）起，海外聯招會開始採用「核定率」（即核定名額與申請人數之比率）作為分配名額的基準（95學年度起更名為「預配率」），參照歷年核定配置情形，將核定率高於1者（即核定名額多於申請人數）調配至其他申請人數增加之梯次或

類組，合理調整其核定率；並參考僑生熱門興趣志願，劃分類別等第，以各梯次分發成績分佈情形，重新分配各梯次各類組之核定名額。至於非核定系組名額，不另配置各梯次名額，而依僑生所填志願分發，至額滿為止。

當核定率愈高時，可分發至熱門校系相關名額的機會愈高；反之則愈低。將名額預先分配至各梯次，用以維護各梯次僑生分發校系之公平原則，以避免前一梯次將熱門校系名額用罄，影響後梯次者的錄取機會。因此，調整預先分配名額之原則有：

（一）研發預配名額（原核定名額）分配至各梯次之演算法：
     1. 根據各梯次組別之預配名額（原核定名額）、申請人數及預配率（原核定率），自動分配各系名額。
     2. 各系之名額應盡量依比例平均分至各梯次，以利僑生選填志願。
     3. 需考慮各梯次僑生之程度，據以分配核定名額。
（二）預配率＝預配名額／預估申請人數（核定率＝核定名額／申請人數）。

# 三、分發作業

自89學年度（2000）起，海外聯招會訂定組織辦法及招生辦法，依據招生辦法第11條訂分發作業細則，以處理各梯次之成績核計及分發原則。

分發作業細則主要依據各地區適用簡章規定成績採計方式，採計僑居地會考成績、測驗成績或在臺結業成績。並對僑居地、梯次或校系特殊性加以規範，例如：馬來西亞獨中統考成績中的美藝總分，只限分發美術相關系組；港澳地區缺考一科（含）以上者一律不予分發（自100學年度取消）；日本、韓國、臺校畢業生考5科，

成績加總即得分發總分等。

　　針對符合僑生資格者，於常務委員會議訂定錄取標準後，將達大學最低錄取標準者，依其成績高低排序，按其所填選填志願順序及校系名額進行分發。若成績已達大學錄取標準而已無名額可供分發者，將按僑生志願分發至臺師大僑先部；若填滿70個志願皆無名額可供分發者，將進行二次分發。

## 四、僑生選填志願之趨勢

　　僑生選填志願，係僑生分發的重要依據。早年填寫志願校系，係填寫在申請表上，受限於紙本版面，至多可填14個校系志願。自89學年度（2000）至93學年度（2004），改為填劃電腦卡片，以電腦判讀所填之校系志願代碼，當時至多可選填35個志願，惟不時發生校系名稱與代碼不符等校系代碼誤植的情況。自94學年度（2005）起，改以網路填寫志願，選填志願時，由系統帶出校系名稱，且過濾無名額的校系，同時整併「聯合分發制」為五梯次分發，故至多可選填70個志願，迄今。

　　至於「個人申請制」自101學年度（2012）開辦，至多可選填3個志願，分別繳送備審資料，為提高學生錄取率，同時因應已改為網路上傳備審資料，故自106學年度（2017）起，改為至多可選填4個志願。

### （一）個人申請志願數及落點

　　從歷年統計資料觀之，學生報名個人申請制，無論可選填多少志願，絕大多數都會盡量填滿，錄取志願序平均仍在前2個志願內就會達成，以第1志願錄取者約達60%。

圖表15　個人申請選填志願及錄取情形

| 學年度 | 至多可選填志願數 | 平均選填志願數 | 平均錄取志願序 | 以第1志願錄取之比例 |
|---|---|---|---|---|
| 102 | 3 | 2.74 | 1.53 | 61.13% |
| 103 | 3 | 2.75 | 1.52 | 62.58% |
| 104 | 3 | 2.79 | 1.56 | 59.85% |
| 105 | 3 | 2.75 | 1.52 | 61.58% |
| 106 | 4 | 3.40 | 1.62 | 60.63% |
| 107 | 4 | 3.47 | 1.63 | 61.16% |
| 108 | 4 | 3.53 | 1.68 | 57.50% |
| 109 | 4 | 3.63 | 1.72 | 54.86% |

## （二）聯合分發選填志願數及落點

　　依據聯合分發制歷年僑生選填校系數量來看，第1梯次馬來西亞獨中生及第2梯次一般免試地區學生選填志願數量較少，第4梯次僑先部結業生選填志願數量較多，可顯示出僑先部結業生對爭取錄取機會的強度頗高；對比於馬來西亞及其他歐美非澳等地僑生，或許對國內校系較不熟悉，以致選填的校系志願數量偏低。但整體來說，各梯次選填校系志願數量皆有逐年下降的趨勢，或可解釋為資訊較為暢通，且學生有鎖定特定校系目標的趨勢。

　　進一步探討僑生平均錄取志願序，即所謂的志願落點，發現從過往幾年，志願落點曾為10幾志願、甚至近20志願才被錄取，尤其第3梯次測驗地區及第4梯次最為明顯。但近年來，平均錄取志願序皆已提高到5個志願數以內錄取，換句話說，被填到第5志願以後的校系，收到聯合分發制的僑生機率不高。

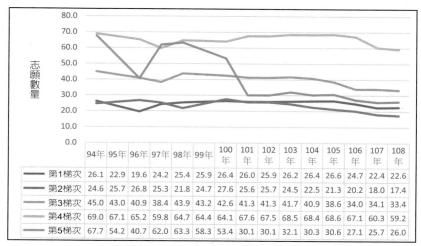

| | 94年 | 95年 | 96年 | 97年 | 98年 | 99年 | 100年 | 101年 | 102年 | 103年 | 104年 | 105年 | 106年 | 107年 | 108年 |
|---|---|---|---|---|---|---|---|---|---|---|---|---|---|---|---|
| 第1梯次 | 26.1 | 22.9 | 19.6 | 24.2 | 25.4 | 25.9 | 26.4 | 26.0 | 25.9 | 26.2 | 26.4 | 26.6 | 24.7 | 22.4 | 22.6 |
| 第2梯次 | 24.6 | 25.7 | 26.8 | 25.3 | 21.8 | 24.7 | 27.6 | 25.6 | 25.7 | 24.5 | 22.5 | 21.3 | 20.2 | 18.0 | 17.4 |
| 第3梯次 | 45.0 | 43.0 | 40.9 | 38.4 | 43.9 | 43.2 | 42.6 | 41.3 | 41.3 | 41.7 | 40.9 | 38.6 | 34.0 | 34.1 | 33.4 |
| 第4梯次 | 69.0 | 67.1 | 65.2 | 59.8 | 64.7 | 64.4 | 64.1 | 67.6 | 67.5 | 68.5 | 68.4 | 68.6 | 67.1 | 60.3 | 59.2 |
| 第5梯次 | 67.7 | 54.2 | 40.7 | 62.0 | 63.3 | 58.3 | 53.4 | 30.1 | 30.1 | 32.1 | 30.3 | 30.6 | 27.1 | 25.7 | 26.0 |

圖表16 歷年僑生選填校系志願數量

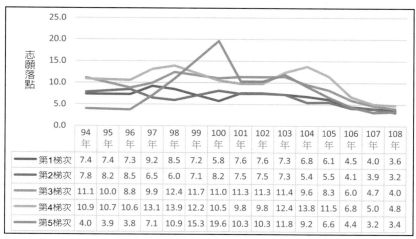

| | 94年 | 95年 | 96年 | 97年 | 98年 | 99年 | 100年 | 101年 | 102年 | 103年 | 104年 | 105年 | 106年 | 107年 | 108年 |
|---|---|---|---|---|---|---|---|---|---|---|---|---|---|---|---|
| 第1梯次 | 7.4 | 7.4 | 7.3 | 9.2 | 8.5 | 7.2 | 5.8 | 7.6 | 7.6 | 7.3 | 6.8 | 6.1 | 4.5 | 4.0 | 3.6 |
| 第2梯次 | 7.8 | 8.2 | 8.5 | 6.5 | 6.0 | 7.1 | 8.2 | 7.5 | 7.5 | 7.3 | 5.4 | 5.5 | 4.1 | 3.9 | 3.2 |
| 第3梯次 | 11.1 | 10.0 | 8.8 | 9.9 | 12.4 | 11.7 | 11.0 | 11.3 | 11.3 | 11.4 | 9.6 | 8.3 | 6.0 | 4.7 | 4.0 |
| 第4梯次 | 10.9 | 10.7 | 10.6 | 13.1 | 13.9 | 12.2 | 10.5 | 9.8 | 9.8 | 12.4 | 13.8 | 11.5 | 6.8 | 5.0 | 4.8 |
| 第5梯次 | 4.0 | 3.9 | 3.8 | 7.1 | 10.9 | 15.3 | 19.6 | 10.3 | 10.3 | 11.8 | 9.2 | 6.6 | 4.4 | 3.2 | 3.4 |

圖表17 歷年僑生聯合分發制平均錄取志願序

## （三）選填志願之熱門校系

### 1.歷年個人申請之熱門學群

　　早年開辦個人申請制，係為使藝能性質表現特殊的學生，得以用獎項、作品等資料送審查評比，故如建築設計、藝術等，皆是學生的熱門學群；後來因各校系選才需求，紛紛提供個人申請名額，其中又以管理相關科系名額最多，故而帶動管理學群躍居為第1熱門學群，醫藥衛生學群經常緊追在後。

圖表18　歷年僑生個人申請制熱門學群（選填人數及志願順序加權值）

| 學年度 | 第1名 | 第2名 | 第3名 |
|---|---|---|---|
| 101學年度 | 建築與設計學群 | 藝術學群 | 體育休閒學群 |
| 102學年度 | 建築與設計學群 | 體育休閒學群 | 藝術學群 |
| 103學年度 | 體育休閒學群 | 建築與設計學群 | 管理學群 |
| 104學年度 | 管理學群 | 藝術學群 | 醫藥衛生學群 |
| 105學年度 | 管理學群 | 藝術學群 | 醫藥衛生學群 |
| 106學年度 | 管理學群 | 醫藥衛生學群 | 藝術學群 |
| 107學年度 | 管理學群 | 醫藥衛生學群 | 藝術學群 |
| 108學年度 | 管理學群 | 藝術學群 | 醫藥衛生學群 |
| 109學年度 | 管理學群 | 醫藥衛生學群 | 藝術學群 |

　　若以競爭值來看，將申請人次除以招生名額，數值愈大，表示越多人競爭同一名額，發現農林漁牧學群申請人數頗多，但校系名額提供較少，所以經常站上熱門學群的第1名、其次為文史哲學群；但109學年度以大眾傳播、社會心理及教育等文科學群分居前3名，可能受香港報名人數較多所致。

圖表19　歷年僑生個人申請制熱門學群（校系名額的競爭值）

| 學年度 | 第1名 | 第2名 | 第3名 |
|---|---|---|---|
| 101學年度 | 教育學群 | 地球與環境學群 | 醫藥衛生學群 |
| 102學年度 | 文史哲學群 | 醫藥衛生學群 | 藝術學群 |
| 103學年度 | 農林漁牧學群 | 文史哲學群 | 藝術學群 |
| 104學年度 | 農林漁牧學群 | 藝術學群 | 社會與心理學群 |
| 105學年度 | 農林漁牧學群 | 文史哲學群 | 藝術學群 |
| 106學年度 | 文史哲學群 | 農林漁牧學群 | 醫藥衛生學群 |
| 107學年度 | 農林漁牧學群 | 大眾傳播學群 | 教育學群 |
| 108學年度 | 農林漁牧學群 | 藝術學群 | 醫藥衛生學群 |
| 109學年度 | 大眾傳播學群 | 社會與心理學群 | 教育學群 |

## 2.歷年聯合分發之熱門校系

　　聯合分發分為三大類組，每人至多可選填70個校系志願。經統計，歷年來各類組被選填之熱門校系（選填為第1志願之校系以得70分計，選填為第2志願得分69分，依此類推，累計該類組各校系之得分，即得熱門校系排名），第一類組皆是企管系；第二類組則曾有資工、電機、機械、土木等系，近年資工系再度崛起；第三類組最熱門的以醫學系優先，但也曾出現藥學系及物理治療系為最熱門之校系。

圖表20　歷年僑生聯合分發制熱門校系（選填人數及志願順序加權值）

| 學年度 | 第一類組 | 第二類組 | 第三類組 |
|---|---|---|---|
| 89學年度 | 企業管理學系 | 資訊工程學系 | 醫學系 |
| 90學年度 | 企業管理學系 | 資訊工程學系 | 醫學系 |
| 91學年度 | 企業管理學系 | 資訊工程學系 | 醫學系 |
| 92學年度 | 企業管理學系 | 資訊工程學系 | 醫學系 |
| 93學年度 | 企業管理學系 | 資訊工程學系 | 醫學系 |
| 94學年度 | 企業管理學系 | 電機工程學系 | 醫學系 |

| 學年度 | 第一類組 | 第二類組 | 第三類組 |
|---|---|---|---|
| 95學年度 | 企業管理學系 | 資訊工程學系 | 醫學系 |
| 96學年度 | 企業管理學系 | 電機工程學系 | 藥學系 |
| 97學年度 | 企業管理學系 | 機械工程學系 | 藥學系 |
| 98學年度 | 企業管理學系 | 機械工程學系 | 醫學系 |
| 99學年度 | 企業管理學系 | 機械工程學系 | 醫學系 |
| 100學年度 | 企業管理學系 | 機械工程學系 | 藥學系 |
| 101學年度 | 企業管理學系 | 機械工程學系 | 物理治療學系 |
| 102學年度 | 企業管理學系 | 土木工程學系 | 物理治療學系 |
| 103學年度 | 企業管理學系 | 土木工程學系 | 物理治療學系 |
| 104學年度 | 企業管理學系 | 土木工程學系 | 物理治療學系 |
| 105學年度 | 企業管理學系 | 土木工程學系 | 醫學系 |
| 106學年度 | 企業管理學系 | 土木工程學系 | 醫學系 |
| 107學年度 | 企業管理學系 | 資訊工程學系 | 醫學系 |
| 108學年度 | 工商管理學系企業管理組 | 資訊工程學系 | 醫學系 |
| 109學年度 | 工商管理學系企業管理組 | 資訊工程學系 | 醫學系 |

## 五、僑生報名及在學人數

綜觀僑生報名人數，86學年度（1997）全球報名僅3,223人，當時全臺在學僑生有7,595人；103學年度（2014）全球報名人數激增為13,186人，該學年度在學人數突破2萬人；亦使得106學年（2017）在學僑生人數高達25,182人，為歷史新高。

# 第五章、資訊系統的建置與改革[5]

海外聯招會成立之初，適逢我國政府實行「電子化政府」推動方案（1998-2004年），著重於建置基礎資通環境及線上服務普及。

---

[5] 本章由海外聯招會分發組資訊技師古孟蓁及資訊服務組資訊技師兼組長陳荷文撰寫。

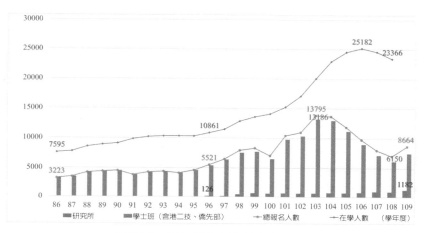

圖表21　歷年僑生報名及在學人數

回應政府此項政策，海外聯招會積極重視並建置一系列數位化服務內容。

　　隨著赴臺升學僑生（含港澳生）逐年增加，無論是縱向或橫向之業務相關單位（如：教育部、僑務委員會、行政院大陸委員會、移民署、大學校院、各地區保薦單位等），舉凡僑生名冊、查核結果清單、簡章名額調查、宣導活動登記等，數位資訊交換平臺的建置，以及資訊平臺持續優化，已成為海外聯招會重要工作項目之一。然而海外聯招會的資訊平臺隨著世代及科技演變，持續不斷拓展與精進各項數位化服務，以下分別介紹各項數位化服務內容：

## 一、官方網站

　　受理報名及分發，原是海外聯招會最核心的工作。為擴大招生成效及發揮整合平臺之功能，海外招生宣導及研擬招生策略，亦成

為近年的重點項目。尤其，面對全球數位化快速進展的時代，配合海外僑居地電腦等相關設備的普及，以及網路的佈建與發達，海外聯招會官方網站及資訊系統的功能強化及創新，係近年來海外聯招會工作之重點。

## （一）官網功能之演進

官網的進展可區分為四代，第一代首重保障服務對象「知」的權益，以訊息傳達為主體；第二代則強化分眾服務，導入使用者情境的功能；第三代開始進行資訊整合及多元應用，並發展出延伸性功能及附加價值，進而優化之；接著第四代則朝多國語言發展，並開發手機版網頁，更貼近使用者介面，進行各國特色專區之優化。惟受covid-19疫情肆虐全球的影響，為提供更加整合性的完整資訊，推出臺灣高等教育展線上博覽會，結合YouTube頻道、講座直播、BLOG等多元形式，並規劃建置全新的形象網站。

圖表22　海外聯招會官方網站的功能演進

| 歷代 | 上線時間 | 主要／新增內容 | 建置／改版意義 |
|---|---|---|---|
| 第一代 | 2002年 | 1. 簡章公告<br>2. 名額查詢<br>3. 法規查詢<br>4. 榜單查詢 | ● 保障服務對象知的權益 |
| 第二代 | 2009年 | 1. 學生及委員學校入口<br>2. 各國專區<br>3. 多媒體及數位內容上架<br>4. 建置功能性查詢系統 | ● 分眾服務<br>● 導入使用者情境<br>● 外部網站連結 |
| 第三代 | 2014年 | 1. 強化學校端線上服務系統<br>2. 新增委員學校介紹板面<br>3. 多媒體及數位內容精緻化<br>4. 宣導活動推廣多元運用 | ● 資訊整合<br>● 多元應用<br>● 延伸性功能<br>● 附加價值 |
| 第三代優化 | 2016年 | 1. 委員學校介面改版<br>2. 關鍵字查詢系統優化 | ● 增加官網功能性<br>● 奠基多國語言官網建置 |

| 歷代 | 上線時間 | 主要／新增內容 | 建置／改版意義 |
|---|---|---|---|
| 第四代 | 2017年 | 1. 網站系統介面全面更新<br>2. 建置多國語言版網頁<br>3. 開發響應式網頁設計<br>4. SEO搜尋引擎最佳化 | ● 拓展非華語通用僑居地之生源<br>● 開發手機版網頁<br>● 海聯官網行銷及推廣 |
| 第四代優化 | 2018年 | 1. 拓增多國語言版網頁<br>2. 訪客身分引導及分流<br>3. 新增重點僑居地SEO<br>4. 各國專區特色化<br>5. 單招專區頁面優化 | ● 強化官網功能及近用性<br>● 擴增多國語言版本<br>● 境外生招生資訊整合 |
| 第五代 | 2020年 | 1. 架設全新海聯行銷網頁<br>2. 建置臺灣高等教育線上博覽會網站<br>3. 全面性導入網路行銷，提升目標對象觸及率<br>4. 由被動提供資訊轉為主動推廣招生訊息 | ● 數位轉型<br>● 虛實整合<br>● 使用者探索及分析<br>● 行銷工具開發與拓展 |

　　歷代網站從陽春畫面，到充滿現代感的網站配置，其各代示意圖如圖表23。

　　考量服務僑生遍及全球，在時空距離的限制下，為即時、機動滿足及回應學生需求，資訊的流通需仰賴網際網路之傳遞，2002年建置海外聯招會官方網站，設立的初衷係提供赴臺升學學生查詢各國簡章、相關法規規定、招生名額及分發榜單等資訊，保障僑生知的權利。

　　隨著數位媒體與科技的發展，時下年輕學子日常生活中得以接觸大量媒體資訊，現有之海外聯招會官方網站提供的各項服務內容較為單一，無法提供學生、家長多元選擇的升學招生資訊，同樣也無法提供委員學校招生宣導資訊的整合平臺，展現各校教學特色及臺灣高等教育之優勢。

　　為整合與拓展現有的資訊平臺，於2009年海外聯招會官網新增了幾項功能：

1. 各國專區：新增各國家專屬頁面，提供適用不同簡章之僑生能更清楚明瞭所屬身分之報名期程、相關規定及注意事項。
2. 導入使用者情境：為使學生、委員學校等不同屬性之使用者能更直覺的使用海外聯招會官網，特開設不同入口供其使用。
3. 多媒體數位內容：將臺灣高等教育及赴臺升學之招生資訊以影音的方式呈現，利用影像輔助文字，方便僑生進一步了解資訊。

依據教育部2016年3月29日召開「研商積極招收馬來西亞及緬甸策略會議」決議事項，惠請海外聯招會思考未來定位，是繼續只招收僑生，或是所有國際學生。復依教育部2016年8月15日電子郵件，惠請海外聯招會協助將香港招生觸角從中文中學延伸至英文中學，並配合招收外國學生之需求，將網站改版，進行中、英文雙語化。另外，自105學年度（2016）起，海外聯招會於各梯次放榜後均寄發升學宣導問卷予各梯次錄取學生，其中「請問您是否曾經瀏覽海聯的網站」填答「有」之份數，平均達有效問卷之9成以上，且以「招生簡章」、「各國專區」、「系所名額查詢」為使用功能之前三名，顯示海外聯招會網頁的高度使用率，爰網站資訊的完整度及功能性係學生完成報名之關鍵因素。

再者，經查香港共計有168所中學係屬英文教學（俗稱英文中學），為使臺灣高等教育招生觸角得以延伸至香港英文中學及其他非華語通用之僑居地，以利是類學生知悉赴臺升學之系所資料、報名方式等重要資訊，故皆採中、英雙語化方式呈現。

刻正規劃之全新形象網站，將結合數位整合，朝向虛實整合，並利用使用者探索及分析，進行行銷工具開發與拓展，因應covid-19疫情，建置臺灣高等教育線上博覽會網站，全面性導入網

路行銷，提升目標對象觸及率，也就是由被動提供資訊轉為主動推廣招生訊息。

　　綜上所述，為擴大生源及整合並建立僑外生招生宣導資訊平臺，海外聯招會係分階段進行網站改版，期許藉由更完善的招生平臺建置，有助於提升海外招生的質與量。

（左上）第一代官網（2002）
（右上）第二代官網（2009）

（左）第三代官網（2014）
（右）第四代官網（2017）

圖表23　海外聯招會官方網站歷代官網示意

圖表24　海外聯招會官方網站架構

## （二）官網架構

現行官網架構區分為六大區塊，如下。

此官網運用了以下技術，藉以充實網站功能，並顧及使用者的直觀及便利性，分述如下：

### 1. 響應式網頁設計

海聯官網使用響應式網頁設計Responsive Web Design（RWD），可隨使用者裝置（手機、平板、電腦）自動排版成相對應的瀏覽畫面，符合招生目標族群對行動裝置（手機及平板）高黏著度之特性。以2018年10月至11月，海外聯招會多國語言官網使用者裝置分

析，行動裝置如手機、平板等，使用率逐年增加中，其變化情形
如下。

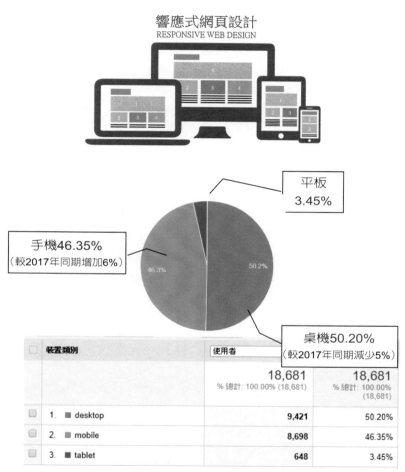

| 裝置類別 | | 使用者 | |
|---|---|---|---|
| | | 18,681<br>% 總計: 100.00% (18,681) | 18,681<br>% 總計: 100.00%<br>(18,681) |
| 1. ■ desktop | | 9,421 | 50.20% |
| 2. ■ mobile | | 8,698 | 46.35% |
| 3. ■ tablet | | 648 | 3.45% |

圖表25　響應式網頁設計的使用者黏著度變化情形

## 2.搜尋演算友善架構

　　為使海外的學生及家長更容易及精準地在網頁上搜尋到海聯網頁，針對官方網站進行搜尋引擎優化（Search engine optimization, SEO），學生於僑居地使用Google或Yahoo奇摩等各地區常用搜尋引擎搜尋「臺灣升學」、「大學」、「升學」等中英文關鍵字時，將使「海外聯招會」網站相關的搜尋結果置放於靠前的位置，提高以英語或其他語言搜尋時出現海聯網站的機會。

　　為導入SEO搜尋引擎優化功能，本網站於建置時即盡力提高各個關鍵字與各個網頁頁面的關聯度，並留意網頁設計中各個會影響網頁搜尋最佳化的環節設計，如地區語言設定、網頁原始碼中的標題標籤、內容與關鍵字關聯性以及行動版網頁體驗等影響SEO分數的設計。

## 3.後端管理系統模組

　　海外聯招會為使網頁內容能容易地由各國專案負責人專職專任地編輯維護，並能隨時將招生及宣導資訊上架及調整，多國語言網站已導入後端模組化管理系統，設置具直覺性、容易操作的編輯平臺，方便專案人員管理網站內容，並提高圖文上架之即時性。

## 4.安全防護機制

　　海外聯招會為使多國語言網站能夠持續地防禦大多數的網路安全性威脅，英文網站乃採用以網路社群為基礎的Drupal CMS架設，Drupal的安全性更新週期為每兩週一次，更新的程式碼皆有經過許多人與檢測工具的檢驗。其中包含許多防禦機制如Brute Force, XSS, CSRF等，能用於防禦絕大多數常被駭客工具使用的攻擊手法。

### 5. 多國語言架構

採用的Drupal CMS內建i18n多國語言模組，可於一個codebase建置多國語言內容，以利未來繼續擴增他國語言。

為擴大招生對象，多國語言網站係以開發重點僑居地語言為中、遠程目標，配合政府新南向政策，海外聯招會積極拓展東南亞地區之僑生生源，2019年起除既有的英文版網頁內容外，陸續建置及維護包含以印尼文、越南文、緬甸文等外語網站內容，將網站重要訊息同步更新於各國專區，以期使更廣大的目標群組能夠透過友善的網頁介面，接觸到更深廣的赴臺升學資訊。

## 二、名額查詢系統

2003-2008年政府推動「數位臺灣e化政府計畫」，重點在於「整合互通、服務互動」，而海外聯招會為強化報名僑生選填志願之權益，乃自2005年起正式啟用「名額查詢系統」，即學生在選填志願前，可於網站上查詢專屬各梯次之招生名額配額、各校系介紹資料，藉此亦增進每一梯次之錄取率。

2016年，名額查詢系統之關鍵字查詢優化及使用介面改版，使用者可以依據想要查找的範圍下關鍵字，尋找到有興趣的系所，並進一步了解系所的介紹。

## 三、線上填報系統

隨著海外來臺升學僑生及港澳生報名人數的大幅增加，為降低因申請表數量多、內容繁雜及外部因素導致內容難以辨識，2008年回應澳門試務委員會來函建議，首先導入線上填報系統，僑生於網

路完成填報基本資料、選填志願、上傳身分證件等流程，提供報名僑生申報之便利性，亦有效降低手填表單之文字判讀錯誤、志願選填失誤等關鍵問題。該年澳門首採線上填報之報名人數全數透過網路完成填報作業。

2011年，正式開放全球僑生線上填報系統，除少數網路基礎建設尚未全面普及或當地有特殊因素之國家，如印尼及緬甸等，仍採雙軌報名方式外，其他大宗報名地區，如香港、澳門均已全面使用網路填報，協助同學更快速的、正確的完成報名手續。各地區僑生完成線上填報後，採單一窗口原則，至指定之保薦單位繳件。其後仰賴各部會與海外聯招會跨機關合作，學生完成報名後，於所屬梯次放榜時間，至海聯官網查詢榜單即可，享有全程及關連性的申報服務。2018年起除了官網優化作業外，線上填報系統亦改版優化，界面及流程更清楚，讓使用者能順利完成報名。

## 四、個人申請備審資料數位化平臺及下載系統

2015年鑑於個人申請制招生系組及名額數逐年成長，報名人數及系所書面備審資料件數倍增，為減輕受理報名單位、僑務委員會及海外聯招會在收件、核對、彙整與寄送之作業負荷，縮短作業期程並提升工作效率，積極推動個人申請制備審資料數位化，整合既有線上填報系統，提供備審資料上傳功能、申請進度查詢功能，並將學生上傳之各校系備審資料建置系統資料夾，供後續學校審查備審資料下載用。

因應個人申請制參與之校系愈來愈多，報名學生亦日益增加，經過與多方溝通、取得共識，並竭力克服海外保薦單位收件之軟硬體支援的困難，終於達成備審資料數位化的結果，提供正確性、縮短時效，亦簡化不少作業程序及能量。

圖表26　海外聯招會整理各保薦單位寄來之備審資料袋實景

圖表27　個人申請備審資料數位化各式會議溝通歷程

| 時間 | 會議名稱 | 數位化議題與決議 |
|------|----------|------------------|
| 2015年1月30日 | 拜會香港事務局研討「個人申請校系備審資料數位化」議題 | 概念傳達，取得數位化共識。 |
| 2015年2月4日 | 臨時常務委員會議 | 首次常委會議中討論「個人申請制系所備審資料數位化」議題，全體常委學校肯定。 |
| 2015年2月7日 | 澳門學生個人申請校系備審資料數位化會議 | 概念傳達，取得數位化共識。 |
| 2015年5月8日 | 個人申請藝能性質校系備審資料數位化會議 | 常委學校共同決議藝能類科作品檔案上傳相關細節。 |
| 2015年7月17日 | 研商香港受理報名作業配合事項會議 | 與香港事務局研商數位化受理報名作業流程。 |

| 時間 | 會議名稱 | 數位化議題與決議 |
|---|---|---|
| 2015年7月24日 | 個人申請備審資料數位化會議 | 向全體委員學校簡報「105學年度簡章分則填報系統配合數位化之功能操作說明」。 |
| 2015年10月16-17日 | 澳門赴臺升學說明會 | 向澳門保薦單位（臺灣大專澳門校友會）及中學團報老師簡報數位化後學生報名方式與收件作業流程 |
| 2015年10月23-25日 | 香港赴臺升學說明會 | 向香港保薦單位（海華服務基金）簡報數位化後學生報名方式 |
| 2015年11月13日 | 赴僑務委員會簡報 | 向僑委會各僑居地受理報名表件承辦人簡報數位化後作業流程 |

　　為確保個人申請數位化系統可於海外地區順利推行，海外聯招會借助海外臺灣學校輔導老師、當地僑生的協助，利用赴海外宣導時，測試各海外重點招生地區的網路傳輸情形。經實地測試結果，僅有印尼及部分馬來西亞地區傳輸情形較差。為因應網路傳輸不佳或報名資料爆量等情形，兼採人工處理雙軌制。近年科技蓬勃發展，各國網路傳輸漸趨穩定，幾無傳輸不佳之案例發生。

首次與澳門保薦單位研商「個人申請備審資料數位化」變革及執行方向。（2015. 2.7）

赴香港辦理「赴臺升學說明會」，向中學老師簡報數位化後學生報名方式。（2015. 10.23）

圖表28　海外硬體設備盤點檢視與支援

2015年8月13日海外聯招會至霹靂州怡保市辦理保薦單位報名實務工作坊，此行的主要成效為增進霹靂州保薦單位對於海外聯招會報名流程的了解、提高其收件品質，並提供完整的報名資訊。由於霹靂留臺同學會為海外聯招會受理報名之保薦單位，礙於該會會所之電腦設備老舊，在推動報名資料數位化的工作上面臨困難，海外聯招會於是當場承諾提供筆記型電腦及掃描器兩套。經返國後與友校聯繫，獲得弘光科技大學慷慨捐贈相關設備，傳為佳話一則。

霹靂留臺同學會張觀嬌會長（右3）帶領新生來臺報到，親臨弘光科技大學參訪及接受校方捐贈電腦設備。（2015.9.14）

**圖表29　海外保薦單位為推動數位化受贈筆記型電腦及印表機**

　　同年11月初，海外聯招會「個人申請」備審資料上傳系統測試工作，特邀請馬來西亞獨中老師及留臺同學會學長姐協助，進行網路報名測試工作，針對師長的回饋意見進行改進。

　　又鑑於印尼當地學生並不適應使用網路報名，2015年「個人申請備審資料」採行數位化，海外聯招會於網路報名系統正式開放

前，特請印尼蘇北地區保薦單位（蘇北留臺同學會）協助系統測試。除給予系統格式建議外，亦建議印輔班學生報名個人申請時預先填寫聯合分發志願。

## 五、各校下載系統（錄取名冊下載系統）

早年手寫報名資料的時期，大量資料須以人工方式入檔，耗時又易誤植，線上填報系統開放後，學生於報名時所填之資料直接存進資料庫，節省不少人工與時間。又，為利委員學校更有效率的取用分發放榜後的學生資料，民國98年（2009）海外聯招會啟用錄取僑生名冊下載系統，學校端只需輸入帳密登入，即可下載當年度分發該校之學生詳細資料，以利處理後續入學相關作業。

## 六、線上簡章調查系統

新年度的簡章及系所分則隨著數位化科技的發展及環保意識的抬頭而採行線上調查，學校在系統上可以看到各學制各系所的頁籤，分別為各系填寫簡介、提供名額及勾選備審資料繳交項目，此舉不但減少紙張的使用，亦大幅降低人工核對的時間。

## 七、重榜查詢系統（海外聯招會歷年錄取學生資料）

由於教育部推行多元管道入學，學生得同時報名各種管道，為有效使用名額且避免重複錄取學生，海外聯招會於2011年開放查詢歷年錄取學生資料，輸入中英文姓名關鍵字、出生日期、僑居地身分證或僑居國家，即可查詢不同年度之錄取學生資料，也可依規定欄位上傳Excel檔查詢批量資料。

# 第六章、海外招生宣導的創新與更迭[6]

　　民國85年（2016）國立暨南國際大學接掌海外聯合招生委員會，奉教育部指示，開始組團赴日、韓、港、澳召開僑生回國升學說明會；同年，依據教育部11月22日臺僑85065993號函示，為提升中南美洲僑生回國升學，補助海外聯招會隔年前往華僑較多的阿根廷、巴拉圭及巴西辦理招生宣導活動，因此奠定了往後在教育部補助及僑委會的協助之下，海外聯招會每年均肩負組團赴海外辦理招生宣導活動的重責大任。

圖表30　早年海外招生宣導

| 日本(1996)  | 阿根廷(1997)  | 巴拉圭(1997)  |
| --- | --- | --- |
| 美國(1998)  | 加拿大(2004)  | 韓國(2005)  |

---

[6]　本章由海外聯招會宣導組執行幹事劉凱婷撰寫。

# 一、海外聯招會的世界足跡

彙整海外聯招會招生宣導的世界足跡，時間起源於1996年組團，國家地區遍及東南亞的馬來西亞、印尼、泰國、緬甸、越南、菲律賓及新加坡；還有報名人數較多的香港及澳門；以及東北亞的日本及韓國；甚而遠及南非、北美的美國及加拿大、南美的阿根廷、巴拉圭及巴西等約17個國家地區。到訪的地點將近達80個城市。

圖表31　歷年海外聯招會招生宣導的國家地區及城市

| 地區 | 宣導年度 | 宣導城市 | | |
|---|---|---|---|---|
| 馬來西亞 | 1997、1998、2000、2001、2002、2003、2004、2005、2006、2007、2008、2009、2010、2011、2012、2013、2014、2015、2016、2017、2018、2019 | 亞庇<br>詩巫<br>檳城<br>吉隆坡<br>巴株巴轄<br>永平<br>亞羅士打<br>怡保 | 民都魯<br>斗湖<br>拿篤<br>山打根<br>大山腳<br>古晉<br>森美蘭<br>吉蘭丹 | 居鑾<br>笨珍<br>巴魯<br>麻坡<br>美里<br>納閩<br>馬六甲<br>新山 |
| 印尼 | 2001、2003、2005、2008、2009、2010、2011、2012、2013、2014、2015、2016、2017、2018、2019 | 泗水、瑪浪、峇厘島、雅加達、棉蘭、三寶瓏、亞齊、日惹、巨港、萬隆 | | |
| 泰國 | 2003、2006、2008、2011、2016、2017、2018 | 曼谷、清邁、清萊 | | |
| 緬甸 | 1998、1999、2000、2001、2005、2013、2014、2015、2016、2017、2018、2019 | 仰光、曼德勒（瓦城）、臘戌、密支那、東枝、眉苗（並烏倫） | | |
| 越南 | 2006、2007、2009、2017 | 胡志明、平陽、蜆港、惠安、順化 | | |
| 菲律賓 | 2006、2015、2016、2017、2018 | 馬尼拉、都馬庫特、三寶顏、那牙、宿霧、納卯 | | |
| 新加坡 | 2006 | 新加坡 | | |

| 地區 | 宣導年度 | 宣導城市 |
|---|---|---|
| 香港 | 1996、1997、1998、1999、2003、2004、2005、2006、2007、2008、2009、2010、2011、2012、2013、2014、2015、2016、2017、2018、2019 | 香港 |
| 澳門 | 1996、1997、1998、1999、2003、2004、2005、2006、2007、2008、2009、2010、2011、2012、2013、2014、2015、2016、2017、2018、2019 | 澳門 |
| 韓國 | 1996、1998、1999、2002、2005、2010 | 首爾（漢城）、釜山、仁川 |
| 日本 | 1996、2002、2012 | 東京、橫濱、大阪 |
| 南非 | 1999 | 開普敦、約堡、斐京、布魯方登、新堡、德班 |
| 阿根廷 | 1997 | 布宜諾斯艾利斯 |
| 巴拉圭 | 1997 | 亞松森、東方市 |
| 巴西 | 1997 | 聖保羅 |
| 加拿大 | 1998、2004、2010、2011 | 溫哥華、多倫多、蒙特婁 |
| 美國 | 1998 | 洛杉磯 |

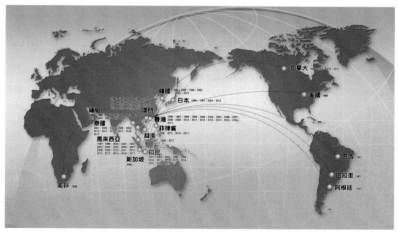

圖表32　海外聯招會招生宣導的世界足跡示意圖

茲列舉幾個重要宣導地點，其宣導方式及內容臚陳如下：

## （一）香港及澳門招生宣導

　　港澳生佔全臺在學僑生（含港澳生）超過5成。歷年香港及澳門報名赴臺升學人數約佔全體僑生約近三分之二，與馬來西亞併列三大僑居地，海外聯招會赴港澳兩地辦理宣導團次、頻率及力道均為各僑居地之首。亦因地緣關係，為有效運用宣導經費及時間成本，兩地經常合併宣導團次，前後辦理教育展或招生宣導說明會，而多以船泊做為移動兩地之交通，力求宣導效益最大化。海外聯招會早期赴港澳宣傳多以召開升學輔導說明會的形式辦理，2010年起，港澳先後辦理首屆「臺灣高等教育展」，由海外聯招會率領臺灣各大學校院分別至香港及澳門，辦理為期兩天的教育展，期間近距離與當地應屆畢業生、家長及老師詳介臺灣高等教育及校系特色，且因地制宜，推展其不同之招生宣導模式，例如在港推出臺港學校合作協議簽署、赴臺升學講座時段；澳門則建置留臺學長姐經驗分享諮詢專區等。

　　除了教育展活動，兩地亦有針對當年度錄取新生所辦理之「新生入學輔導會」，結合留臺校友輔導學弟妹，提升新生赴臺報到率。另，為使港澳兩地的中學輔導老師能清楚瞭解港澳生赴臺升學管道及報名實務，海外聯招會亦把握與中學老師接觸之機會，積極前往港澳辦理「港澳學生赴臺升學輔導工作坊」相關活動，希冀藉由點、線、面的全方位宣導工作，有效提升港澳學生赴臺就學之意願。

圖表33　香港及澳門招生宣導剪影

| 澳門（2004） | 澳門（2010） | 澳門（2016） |
|---|---|---|
| 澳門首次獨立辦理招生宣導 | 首屆澳門臺灣高等教育展 | 參展校數88所創新高 |
| 香港（2005） | 香港（2013） | 香港（2016） |
| 首屆香港臺灣高等教育展 | 首辦港二技宣導 | 參展校數93所創新高 |

## （二）馬來西亞招生宣導

　　東南亞地區因為華人歷史之故，馬來西亞佔東南亞僑生最大宗，自海外聯招會成立之初，馬來西亞即為海外招生宣導活動的重點地區，初期以巡迴宣導方式，深入各州華文獨立中學辦理招生說明會。自2007年馬來西亞留臺校友會聯合總會（以下簡稱留臺聯總）主辦「臺灣高等教育展」起，海外聯招會受教育部委託，擔任馬來西亞臺灣高等教育展連絡窗口，受理各參展學校報名、率隊赴馬參展、教育展活動規劃、活動滿意度調查、活動檢討會等任務，迄今至2020年已邁向第14屆。

　　除赴馬辦理教育展，海外聯招會亦受馬來西亞華校董事聯合總會（以下簡稱董總）之邀，不定期赴馬辦理「升學輔導暨報名實務工作坊」，積極爭取獨立中學升學輔導老師成為臺灣高教的招生種子，強化我國高教在大馬招生之競爭力。另外，自2015年起，海外

聯招會在教育部的支持下，與董總合作推動獨中師資培訓專案，亦搭配教育展期間，辦理該專案宣導活動。

圖表34　馬來西亞招生宣導剪影

| 馬來西亞（2007） | 馬來西亞（2017） |
| --- | --- |
| 首屆馬來西亞教育展團員合影 | 馬來西亞教育展連續辦理第10年 |

## （三）印尼招生宣導

　　印尼幅員廣大，華裔比例約占該國人口5%以上，為擴大海外招生宣導，自2001年起海外聯招會奉教育部指示於印尼三大城市「雅加達」、「泗水」、「棉蘭」展開印尼地區招生宣導。起初以宣導說明會形式邀請臺灣高教加入宣導，並於2003年橫跨泰國兩地辦理，其後於2005年宣導會加入技職體系，從此印尼地區宣導說明會皆廣邀高教、技職代表共同參與，使印尼地區學生更加瞭解臺灣的大學教育適性發展與多元之特色。

　　為克服印尼幅員廣大，資訊不一問題，海外聯招會於2010年宣導行程首度搭配菁英來臺辦公室之宣導教育展，與國內34所大學一同前往印尼辦理，充分展現臺灣高等教育優質形象。宣導形式的改變，將招生方式結合被動與主動，使宣導效益最大化。另，印尼地區招生宣導活動自2007年至今連續13年深耕各地，亦形成目前印尼地區獨有之宣導形式。

| 印尼（2010） | 印尼（2018） |
|---|---|
|  | |
| 首次宣導搭配教育展 | 連續於印尼辦理招生宣導邁入第13年 |

## （四）緬甸招生宣導

　　海外聯招會成立後於1998年，由時任海外聯招會總幹事——國立暨南國際大學教務長孔慶華率隊首次赴緬甸宣導，緬甸宣導的策略，主要係前往華人人口密集地區，如曼德勒（瓦城）、仰光、密支那、眉苗、臘戌及東枝等地，以當地華文學校做為辦理招生宣導說明會場所，邀請華校校長、老師協助公告宣導活動訊息，由海外聯招會向與會師生說明臺灣高等教育現況、獎學金、報名方式等宣導內容。2002年起因緬甸政府限制華裔僑生來臺升學，海外聯招會於2005年組團赴緬招生後，時隔8年至2013年才重返緬甸辦理招生宣導活動。

　　而自2016年起連續3年，海外聯招會協助國立暨南國際大學辦理「緬甸臺灣高等教育展」，三屆教育展中，最多曾率領近40所臺灣大學校院前往參展，期間共吸引8,300個觀展人數，搭建起緬甸留臺校友交流平臺，成功提升臺灣高等教育在緬聲勢。

　　為把握「緬甸臺灣高等教育展」所帶來之聲勢浪潮，提升緬甸地區在臺就讀人數，海外聯招會於2018年搭配緬甸「師資培育」計畫，且於2019年緬甸全面開放「個人申請」管道等，針對緬甸持續開放之宣導亮點，希冀提升緬甸學生赴臺升學之意願。

圖表36 緬甸招生宣導剪影

| 緬甸（2005） | 緬甸（2016） |
|---|---|
| 參訪緬甸華校上課情況 | 首屆教育展 |

## 二、招生宣導影片的製作與應用歷程

　　招生宣導除了到訪召開宣導說明會，加強與僑界僑團僑社、保薦單位、學校師長及學生、家長互動之外，仍必須透過影片媒材吸睛，充實宣導內涵。

　　海外聯招會之招生對象遍及全球五大洲，為跨越時空距離的限制，搭配影音、社群平臺（如Facebook、YouTube）的成熟發展，藉由網際網路的無遠弗屆，持續拍製能夠打動年輕學子的影音作品，推陳出新，加入更多影音編輯之創新元素，將臺灣高等教育的優勢及海外聯招會之任務傳遞予全球僑生，發揮海外招生宣導之效益。

　　回顧錄製宣導短片，共可分為三代：第一代於2007年製作，係向各大學徵求學校影片，經剪輯所需畫面後製剪輯，腳本旁白錄音皆自製，未假他人之手；第二代2010年由教育部專款補助，經招標後委由專業廠商拍攝，內容品質皆提高不少；第三代招標後由金鐘導演得標，影片內容及品質為人稱道，使用迄今。

圖表37　歷年招生宣導影片之截圖及內容重點

| 年度 | 版本截圖及影片重點 |
|------|------------------|
| 第一代：<br>2007年 | <br><br>● 旁白配音<br>● 類組說明<br>● 臺灣各大學校園風光<br>● 學生上課、實驗場景 |
| 第二代：<br>2010年 | <br><br>● 臺灣熱門景點<br>● 僑輔措施<br>● 傑出及在學僑生專訪<br>● 報名實務 |

| 年度 | 版本截圖及影片重點 |
|------|------------------|
| 第三代：<br>2015年 | <br>● 臺灣優勢<br>● 章節與層次<br>● 多元管道<br>● 僑生經驗學群概念 |

海外聯招會招生宣導影片YouTube影片二維碼如下。

圖表38　海聯招生宣導短片二維條碼

## 三、海聯宣導活動及異業合作

　　眾多調查結果顯示，僑生赴臺升學受師長同儕的影響頗大，為喚起僑外生對留學臺灣的動機省思，並以自身經驗作為宣導內容，海外聯招會將宣導活動與異業結合，分別舉辦了微電影暨短片創作比賽，並與IOH（Innovation Open House）合作，提供更多個人留學臺灣經驗分享的資訊。

## （一）僑外生微電影暨短片創作比賽（2015-2018年）

　　自2015年起，海外聯招會為鼓勵與激發僑生創意思考並重新檢視赴臺升學之初衷，辦理僑外生微電影暨短片創作比賽，以入選作品獎金代替獎學金，讓僑生得以更多元、生動的方式展現青春、表達自我。希望由在臺僑生的視角出發，用影像紀錄或闡述赴臺就學的心路歷程及在臺的生活點滴，期能引起全體僑生共鳴，提升在臺僑生對臺灣及學校的認同與歸屬感，進而強化各僑居地學生赴臺升學之意願，並深植真切而美好的臺灣印象。該活動連續4年舉辦，共徵集95部作品、超過30個國家地區的參賽者，更創造116,255次的作品觀看數，亦充分於海外聯招會官網、粉絲專頁及海外招生宣導活動運用及露出。其統計資訊及四屆徵片之主視覺如下。

| 屆數/年份<br>統計 | 第一屆<br>(104學年度/2015) | | 第二屆<br>(105學年度/2016) | | 第三屆<br>(106學年度/2017) | | 第四屆<br>(107學年度/2018) | |
|---|---|---|---|---|---|---|---|---|
| 作品數量 | 短片組 | 14部 | 短片組 | 15部 | 短片組 | 17部 | 短片組 | 8部 |
| | 微電影組 | 11部 | 微電影組 | 6部 | 微電影組 | 9部 | 微電影組 | 10部 |
| | | | | | 廣告組 | 4部 | 廣告組 | 1部 |
| 僑居地 | 香港、澳門、馬來西亞 | | 香港、澳門、馬來西亞、印尼 | | 香港、澳門、馬來西亞、德國、新加坡、印尼、緬甸、中國、蒙古、(參加演出超過20個僑居地) | | 香港、澳門、馬來西亞、海地、新加坡、印尼、韓國、阿拉伯、薩爾瓦多、中國、美國 | |
| 總獎金 | NTD:143,000元 | | NTD:143,000元 | | NTD:150,000元 | | NTD:150,000元 | |

圖表39　僑外生微電影暨短片創作比賽統計資訊

圖表40　僑外生微電影暨短片創作比賽4屆比賽活動主視覺

## （二）IOH個人經驗分享平臺（2015-）

　　為拓展生源及創新招生宣導形式，同時考量傳統單向式的招生活動不再輕易引領學生心之所向，需要讓學生能夠加以反思、引發共鳴之招生素材，海外聯招會自2015年起，與【IOH（INNOVATION OPEN HOUSE）個人經驗分享平臺】（以下簡稱IOH）合作，鼓勵各大學拍製由在臺就學之僑外生經驗分享講座Talks（由學生談話鏡頭搭配重點字卡剪輯而成），分享赴臺升學歷程、科系選擇、課程學習、社團活動、學涯規劃等經驗談，並將講座Talks依僑居地、學群、校系等類型，分別連結至海外聯招會官網「學群介紹」「各國專區」、「系所名額查詢系統」等單元，加強

曝光與學生實用性，藉由同儕號召、僑居地學長姐經驗分享及傳承的力量等，借力使力，創造出招生活動的槓桿效果。

依據海外聯招會每年所發出「錄取學生問卷調查」統計，每年均有15%左右之錄取新生曾經使用或觀賞IOH講座Talks，其中超過9成學生同意使用IOH講座對赴臺升學有幫助，而根據IOH回饋數據，108學年度（2018.8.1-2019.7.31）由重點僑居地（馬來西亞、香港、澳門、印尼）之到訪人數達2,780人（計算不重覆IP）。海外聯招會與IOH合作期間自108年8月止，業已計有35所大學與IOH達到76個合作次數，並拍製1,330支講座Talks數，部分學校更擴及由系所教授、師長拍攝IOH講座Talks，升級講座招生宣導運用之功能性。

海外聯招會官網置入之IOH講座於108學年度已達1,940個連結點。置入圖示如下。

圖表41　海聯官網置入IOH圖示

# 四、社群網站之招生宣導運用

## （一）Facebook臉書

　　隨著時代演進，年輕學子高度依賴社群網站及黏著度已為趨勢，欲接觸廣大的招生目標族群，除了透過無疆界的網路傳送，亦需選擇能夠事半功倍的有利工具。海外聯招會自2015年起，為宣傳臺灣高等教育展，同時創立馬來西亞、香港、澳門之Facebook（以下簡稱FB）粉絲專頁，為強化粉絲專頁功能性，將粉絲專頁轉型為常態性之宣導工具，並配合刊登招生期程、宣導活動及法規佈達等投放廣告，透過內建之廣告目標受眾設定，鎖定各學制畢業生及學生家長等族群之個人頁面投放宣導廣告，讓招生宣導能更精準及聚焦。

　　隨著三大僑居地FB粉絲專頁的經營及廣告投放漸上軌道，海外聯招會分別於2017年再新增緬甸、2018年新增研究所及印尼專屬粉絲專頁，擴大FB運用。其經營方針整理如下。至於Facebook粉絲專頁的經營成效，以截至2019年12月31日為例，馬來西亞追蹤人數已達1萬3千多人，其次為緬甸近8千人。

圖表42　海聯在Facebook的經營方針

| 方向 | 實際運用 |
| --- | --- |
| 虛實整合 | 結合招生宣導活動之運用，藉由活動的拉力活絡粉絲專頁，增加按讚及追蹤人數，同時利用社群軟體的傳播特性擴大活動宣導效益。 |
| 補足主流媒體曝光率 | 彌補僑居當地主流媒體（報紙、電視）曝光不足。 |
| 建構資訊共享平臺 | 與各委員學校保持資訊的流通，建構共享平臺，由學校提供招生資訊，永續經營粉絲專頁。 |
| 創新技術投放廣告 | 運用FB內建之Facebook Pixel技術，將FB廣告投放予曾經拜訪海外聯招會網頁之學生。 |

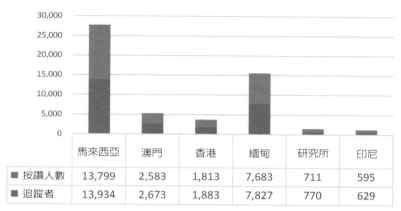

| | 馬來西亞 | 澳門 | 香港 | 緬甸 | 研究所 | 印尼 |
|---|---|---|---|---|---|---|
| ■ 按讚人數 | 13,799 | 2,583 | 1,813 | 7,683 | 711 | 595 |
| ■ 追蹤者 | 13,934 | 2,673 | 1,883 | 7,827 | 770 | 629 |

圖表43 海聯在Facebook粉絲專頁的經營成效（截至2019.12.31）

　　另為強化FB粉絲專頁訊息之宣傳與曝光，海外聯招會自2016年起正式編列行銷推廣預算，投放粉絲專頁重點訊息廣告，搭配宣導活動如臺灣高等教育展、報名時程及放榜等具時效性資訊，鎖定目標族群精準行銷，迄今海外聯招會所經營粉絲專頁所投放之廣告已觸及超過136萬人，獲得超過600萬次之曝光次數。

（二）Instagram IG

　　另外一個提供線上圖片及視訊分享的社交應用軟體為Instagram（IG），於2017年全球每月活躍用戶已突破7億人，成為Facebook之後極受歡迎的社群平臺，其黏著度及使用率於特定族群甚至更勝FB，故海外聯招會自2016年起，除了針對FB進行廣告投放，亦拓展至Instagram平臺，有別於FB以文字訊息為主，Instagram以圖卡、活動海報等圖像式訊息，迄今所投放的Instagram廣告獲得超過74萬次的曝光次數。

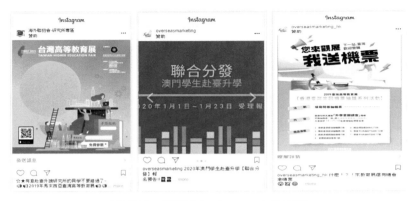

圖表44　海聯在Instagram上的宣傳

## （三）Messenger訊息

　　經營Facebook粉絲專頁期間，有感於有部分學生會透過FB內建之Messenger訊息功能，提出赴臺升學相關問題，希冀獲得即時回覆，故為增加及擴大與目標族群之接觸頻率，海外聯招會於2018年起，將所經營之粉絲專頁之即時訊息功能，透過與各國專區的連結露出、宣傳文宣之二維碼置入等，正式提供FB Messenger即時線上客服的服務，藉由提供線上諮詢解答有意赴臺升學之學生及家長的疑問，增加其對臺灣高等教育、海外聯招會及報名實務的理解，進而提升學生赴臺升學意願，亦彌補以電子郵件或電話通訊諮詢案件之時效性及通訊成本。累積至2019年12月31日期間，Messenger線上諮詢數已達3千多人次，其中以馬來西亞最多，其次為香港。

| 粉絲專頁 | Messenger接觸人數 |
|---|---|
| 馬來西亞 | 1044人 |
| 香港 | 958人 |
| 澳門 | 641人 |
| 緬甸 | 30人 |
| 印尼 | 76人（108年新增） |
| 研究所 | 266人（108年新增） |
| 總計 | 3,015人 |

## （四）升學指南及電子書

　　自2013年起，「香港臺灣高等教育展」始出版「升學指南」實體書冊，編輯包含臺灣高等教育介紹、赴臺升學管道介紹、問與答、參展學校簡介等完整收錄重點單元，於教育展活動當天入口處派發予觀展的家長與學生，而自2014年起，因獲熱心人士——亞洲聯合財務有限公司張炳煌董事總經理贊助，擴大印製及發行規模，並提前於教育

展前約兩週派發至香港各中學，做為教育展活動的預告及宣傳。

有鑑於升學指南係集結各招生報名資訊及參展學校簡介之精華，內容豐富多元，為能更加廣泛運用，2018年香港及澳門兩地之臺灣高等教育展始出版「升學指南」電子書，內建海聯官網與學校影音短片之連結，投放於FB廣告及展場文宣，鼓勵家長、學生下載參閱，引導結合手機及FB分享等功能，提升「升學指南」內容的傳播性及宣傳效益，根據2019年海外聯招會官方網站後臺統計數據顯示，2019年9月發行之「2020年升學指南電子書」至少有2,254個新使用者透過升學指南電子書到訪海聯官網，顯示升學指南電子書已獲招生目標族群運用且具宣傳效益。

圖表46　升學指南電子書的頁面示意圖

## （五）開發Messenger聊天機器人

自2018年啟用Facebook Messenger迄今，線上諮詢人數已超過3,000人，尤接近報名截止期間，每日由各僑居地湧入的訊息量及詢問深度廣泛，故為能即時回應所有諮詢訊息，除了設定Messenger自動回覆常見問題之功能，自2020年起海外聯招會另開發及運用聊天機器人（ChatBot），針對諮詢之問題進行更高階的語意分析並引導提問之運用，跨越時區提供海內外同學諮詢並主動給予相關資訊，期望升級海外聯招會之服務品質。

## （六）展望及目標（APP、線上教育博覽會）

海外聯招會的招生目標遍及世界五大洲，為了觸及更多海外學子，未來除重點僑居地持續辦理教育展活動、搭配實體文宣編製印刷發送之外，將開拓更多網路平臺及線上宣導工具，例如：結合臺灣高等教育展活動之微型程式（APP），設計「各國專區」導引、講座時間推播、展場活動介紹、FB活動專頁結合等功能，鼓勵觀展學生下載APP，並於重要招生期程推播通知及公告等，讓APP既能完成教育展階段性任務運用外，後期亦能使學生接收報名時間推播、報名系統連結等長期使用功能。

另，結合升學指南電子書、教育展活動及線上諮詢技術，未來將積極發展「線上教育博覽會」。透過線上教育博覽會，讓未辦理教育展之僑居地或不克前往觀展的同學，能跨越地域限制，更加認識臺灣高等教育。此博覽會，亦可搭建各大學與學生之間之線上交流平臺，虛實整合，打破地域及時空的限制，升級教育展的辦理成效。

圖表47　海聯APP宣導頁面示意圖

## 五、臺灣高等教育展的承辦與主辦

　　海外聯招會擔任主辦、協辦或聯絡窗口之臺灣高等教育展，主要有馬來西亞、香港、澳門及緬甸四地。依據海外聯招會於教育展活動中的所擔任之角色，調整工作內容，海外聯招會於各教育展中主要任務如下：

圖表48　海外聯招會於海外教育展中的角色定位

| 角色定位 | 工作內容 |
|---|---|
| 主辦單位（香港） | 1. 制定教育展辦理時間及行程<br>2. 安排展出地點、場地、食宿、交通接駁<br>3. 辦理說明會、邀請觀展學校及嘉賓<br>4. 訂定參展費用 |

| 角色定位 | 工作內容 |
| --- | --- |
| | 5. 教育展活動廣告宣傳<br>6. 教育展參展報名系統建置<br>7. 統籌教育展報名費、各項支出及核銷<br>8. 升學輔導說明<br>9. 教育展辦理檢討與展望 |
| 協辦單位（澳門、緬甸） | 一、聯絡窗口<br>　1. 建置教育展資訊平臺<br>　2. 架設參展報名系統<br>　3. 架設教育展活動網頁<br>二、協商<br>　1. 框列特色展區<br>　2. 展場及攤位動線建議<br>三、規劃<br>　1. 辦理參展說明會<br>　2. 個案諮詢與釐清<br>　3. 整體招生策略研析與建議 |
| 連結窗口（馬來西亞） | 一、聯絡窗口<br>　1. 建置教育展資訊平臺<br>　2. 架設參展報名系統<br>　3. 架設教育展活動網頁<br>二、協商<br>　1. 框列特色展區<br>　2. 展場及攤位動線建議<br>　3. 棉布袋及共同文宣製作與發放<br>三、規劃<br>　1. 辦理參展說明會<br>　2. 展場入口說明會<br>　3. 個案諮詢與釐清<br>　4. 整體招生策略研析與建議 |

　　這四大教育展中，馬來西亞起步最早，至2019年已舉辦13屆；其次為香港，共連續舉辦滿10屆；澳門和香港都是從2010年開始辦教育展，但澳門於2011年中斷辦展；東馬則是從2011年起連續辦展；緬甸教育展則僅舉辦3屆（2016-2018年）。其辦理成果，可由參展校數及到場觀展人數窺知。其中，2014年一起赴西馬參展的學校高達100所大學；而2015年所有教育展總加起來的觀展人數，高達36,700人次！

| 地區／年份 | 2007年 | 2008年 | 2009年 | 2010年 | 2011年 | 2012年 | 2013年 |
|---|---|---|---|---|---|---|---|
| 馬來西亞（西馬） | 38 | 37 | 53 | 58 | 71 | 78 | 82 |
| 馬來西亞（東馬） | - | - | - | - | 28 | 21 | 30 |
| 香港 | - | - | - | 23 | 37 | 60 | 63 |
| 澳門 | - | - | - | 8 | - | 31 | 62 |
| 緬甸 | - | - | - | - | - | - | - |

| 地區／年份 | 2014年 | 2015年 | 2016年 | 2017年 | 2018年 | 2019年 | |
|---|---|---|---|---|---|---|---|
| 馬來西亞（西馬） | 100 | 91 | 99 | 93 | 89 | 73 | |
| 馬來西亞（東馬） | 32 | 39 | 45 | 32 | 55 | 50 | |
| 香港 | 79 | 91 | 93 | 85 | 82 | 81 | |
| 澳門 | 74 | 77 | 88 | 73 | 53 | 50 | |
| 緬甸 | - | - | 36 | 38 | 26 | - | |

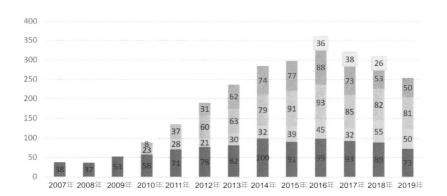

圖表49　四大教育展歷年參展校數

| 地區／年份 | 2007年 | 2008年 | 2009年 | 2010年 | 2011年 | 2012年 | 2013年 |
|---|---|---|---|---|---|---|---|
| 香港 | | | | 1000 | 2000 | 7000 | 4000 |
| 澳門 | | | | 800 | | 1500 | 3000 |
| 馬來西亞 | 10000 | 10000 | 12000 | 14000 | 15000 | 12000 | 16000 |
| 緬甸 | | | | | | | |
| 總計 | 10000 | 10000 | 12000 | 15000 | 17000 | 20500 | 23000 |

| 地區／年份 | 2014年 | 2015年 | 2016年 | 2017年 | 2018年 | 2019年 | |
|---|---|---|---|---|---|---|---|
| 香港 | 11000 | 12000 | 4500 | 7000 | 6000 | 6845 | |
| 澳門 | 3000 | 4700 | 3590 | 2660 | 2020 | 2080 | |
| 馬來西亞 | 18000 | 20000 | 13000 | 20500 | 26500 | 22200 | |
| 緬甸 | | | 2000 | 1600 | 4700 | | |
| 總計 | 32000 | 36700 | 23090 | 31760 | 34520 | 31125 | |

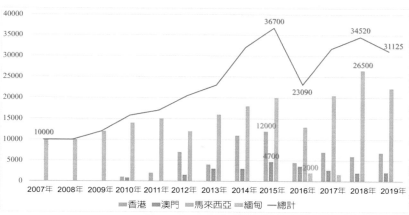

圖表50　四大教育展歷年觀展人數

# 六、海聯形象與意象呈現

## （一）海外聯招會會徽（LOGO）及主視覺系統

自2009年開始構想、設計到票選，最終2010年所定案誕生的海外聯招會會徽設計（LOGO），所代表之理念及意涵如下：

### 1.會徽（LOGO）

圖表51　海外聯招會會徽LOGO（2016年設計）

圖表52　海外聯招會會徽（LOGO）之意涵

| 會徽意涵 | |
|---|---|
| 學士帽 | 以學士帽為主體，帶出海外聯招會招生有意赴臺就讀高等教育的學子。 |
| 交織的經緯度 | 以交錯的白色線條代表地球儀上的經緯度，代表來自世界各地的僑生學子。 |
| 臺灣意象 | 中心位置則以臺灣的輪廓搭配色彩繽紛的英文字母TAIWAN，顯示臺灣多元、豐富的文化底蘊。 |
| 書本 | 最下方攤開的紅色書本突顯僑生來臺學習及接受高等教育的本質。 |

2. 橫式LOGO1（文件及簡報識別使用）（2009年設計）

3. 橫式LOGO2（文件及簡報識別使用）（2011年設計）

（二）教育展活動及文宣品使用（2012年設計）

圖表53　馬來西亞臺灣高等教育展棉布袋樣式

（三）教育展活動及FB粉絲專頁LOGO（2016年設計）

圖表54　教育展活動及FB粉絲專頁用LOGO（2016年設計）

（四）數位版LOGO（網路平臺使用）（2020年設計
　　　校稿中）

圖表55　數位版LOGO（2020年設計）

## （五）臺灣高等教育展文宣專用LOGO（2017年設計）

香港　　馬來西亞　　澳門　　印尼　　緬甸　　越南　　菲律賓　　泰國

圖表56　教育展文宣專用LOGO（2017年設計）

## （六）海聯歷年賀年卡片

　　海外聯招會於每年歲末年終之際，均會印製賀年卡寄送予海內外協助海外聯招會進行招生宣導工作的招生夥伴們，包含各駐外機構、僑居地中學升學輔導老師、留臺同學會、各相關機關單位、教育展參展大學等，每年印製寄發量約達1,600份。

　　為讓相關單位及海內外的朋友們更加認識海外聯招會，賀年卡中除了會放上海外聯招會每個同仁的大頭創意造型之外，亦備註主管業務職稱，以及每位同仁所負責的僑居地及電話分機號碼，突顯海外聯招會專責專任的制度，以及團隊特色，亦營造出極富創意，又別具意義的海外聯招會專屬賀年卡。這樣的別緻的賀卡，如今仍堅持使用傳統印刷紙本寄送，因為知道，有些收到這賀卡的夥伴，將之放在辦公桌的案頭上，便於業務聯繫，更倍感溫馨。

圖表57　海外聯招會歷年賀卡

| 99年一過年風  | 100年一童話風  | 101年一節慶風  |
| --- | --- | --- |
| 102年一原民風  | 103年一清宮風  | 104年一空姐風  |
| 105年一東南亞風 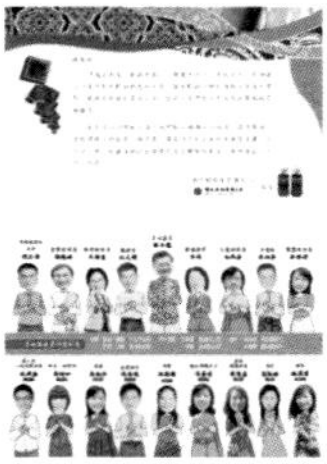 | 106年一韓劇風  | 107年一運動風  |
| 108年一歐洲風  | 109年一各行各業風  | 110年一傳統戲曲風  |

## （七）海聯歷史走廊（實體→網頁）

　　2020年海外聯招會成立邁入25年，於2014年（民國103年）成立將滿20年之際，首先製作「海外聯招會歷史走廊」特展，將海外聯招會成立20餘年來的大事紀、宣導足跡、招生成果等以時間軸、歷史照片、數據圖表等元素，設計美編後以大圖輸出陳列。分別於國立暨南國際大學校園廊道、圖書館，及海外聯招會常委會中展示，後於海外聯招會辦公室外走廊做常態性展出，常於外賓來訪時，導覽觀看海外聯招會歷史走廊，使其了解海外聯招會歷史脈絡及招生成果。

　　而為讓海外聯招會歷史及重要紀事永久留存及持續擴增，陸續建置本歷史走廊網路版（https://www.overseas.edu.tw/m/our-history/），讓更多人認識海外聯招會，並在眾人的努力、期許及指導下，永續經營。

圖表58　海外聯招會歷史走廊

# 參
# 海外各地僑生招生之發展

　　海外聯招會經營25年以來，因應海外各國／地區的政經情勢、教育改革及僑情反應，不論是在試務改革、宣導方式等，皆有因時因地制宜的即時變革，礙於篇幅限制，本篇僅就馬來西亞、香港、澳門、印尼及緬甸五大僑居地的招生發展加以陳述。

## 第一章、馬來西亞招生發展[1]

　　70年來的僑生政策，已培育近20萬名僑生，其中馬來西亞就佔了6萬多人。2017年，時任我駐馬臺北經濟文化辦事處章計平代表曾指出，大馬在臺留學學生共有1萬7千多人，已超越英國，成為大馬學子出國留學的第2名選擇（人數最多仍為澳洲）。

### 一、招收馬來西亞僑生大事紀

　　從海外聯招會的大事紀，可窺見對馬招生的發展歷程。

---

[1]　本章由海外聯招會試務組幹事許向榮撰寫。

## 圖表59　馬來西亞招生大事紀

| 時間（學年度） | 馬來西亞招生大事紀 |
|---|---|
| 1996年（85） | 經馬來西亞留臺校友會聯合總會長鄭玉輝先生致函僑委會建議，保薦日期由原2月1日至2月28日延長至3月15日截止 |
| 1997年（86） | 於年初赴馬來西亞辦理招生宣導說明會<br>丁組會考採計科目加列商業學、會計學；或經濟學、會計學 |
| 1998年（87） | 於年初赴馬來西亞辦理招生宣導說明會 |
| 1999年（88） | 僑大先修班迎來第一批春季班學生 |
| 2000年（89） | 於年初赴馬來西亞辦理海外僑生回國輔導講座 |
| 2001年（90） | 於年初赴馬來西亞辦理海外僑生回國輔導講座 |
| 2002年（91） | 宣導講座延後，改於9月底及11月中旬辦理 |
| 2003年（92） | 因應SARS疫情，馬來西亞臺校試題先以外交郵袋寄送，但仍派員辦理試務及監考 |
| 2005年（94） | 簡併梯次，原8梯次簡併為5梯次，同為僑先部結業之馬春班合併梯次辦理分發 |
| 2006年（95） | 97學年度對持馬來西亞華文獨中統考文憑者將提前於明年2月底公告錄取名單，持SPM及STPM文憑者則併入一般免試地區分發 |
| 2007年（96） | 留臺聯總主辦第1屆「馬來西亞臺灣高等教育展」，教育部責成海外聯招會為聯絡窗口 |
| 2008年（97） | 依據「報考大學同等學力認定標準」，馬來西亞國民型中學及國民中學學生有機會分發就讀學士班，惟修業年限少於國內高級中等學校，大學得增加其畢業應修學分，或延長其修業年限 |
| 2011年（100） | 第5屆「馬來西亞臺灣高等教育展」擴大至東馬舉辦 |
| 2015年（104） | 為增加教育展曝光度，製作教育展活動網頁，並成立Facebook活動粉絲專頁 |
| 2016年（105） | 於Facebook針對目標受眾刊登廣告<br>開發教育展導覽及臺灣升學手機微型應用軟體 |
| 2018年（107） | 第12屆「馬來西亞臺灣高等教育展」擴大為5場次，東馬場的舉辦時間提前至4月辦理 |
| 2019年（108） | 第13屆「馬來西亞臺灣高等教育展」擴大為6場次，東、西馬場次皆提前至4月辦理 |

| 時間<br>（學年度） | 馬來西亞招生大事紀 |
|---|---|
| 2020年<br>（109） | 第14屆「馬來西亞臺灣高等教育展」持續擴大，惟受covid-19疫情影響，僅完成東馬場次，西馬部分暫時延期一年，並先改為線上博覽會 |
| | 大馬各州紛紛實施限制行動令，學校課程改為網課，SPM、STPM及獨中統考等皆延期辦理，影響來年報名期程 |

## 二、馬來西亞董教總與海外聯招會的關係

### （一）早期招收馬來西亞僑生來臺升學之作法

　　自1950年初我國行政院公布《華僑學生申請保送來臺升學辦法》和《僑生投考臺省專科以上學校優待辦法》，至1967年，馬來西亞僑生，主要是以「免試保送」方式來臺升學——由海外之使館或華僑社團、僑社或忠貞人士協助，並依當時情境分西馬、沙巴、砂拉越等地區分別辦理。針對符合保送資格者，由教育部依其學業成績與志願，擇優免試分發入學。

　　爾後於1968年，則開始改以「測驗分發」方式招收馬來西亞僑生，首先在西馬之檳城、吉隆坡、怡保、芙蓉、馬六甲和新山增設考區。1969年則於沙巴之亞庇、山打根，和砂拉越之古晉、詩巫、美里等地辦理。

　　惟，以上兩種招生方式乃屬早期的作法，皆與海外聯招會有密不可分的關係；目前國內招收馬來西亞僑生來臺升學主要以「聯招之個人申請與聯合分發」、「臺師大僑先部結業考試分發」，與「各校單獨招收僑生」為主。70年來，得以持續招收到馬來西亞華裔學生來臺升學，這與華社先賢和各階層前輩前仆後繼、一代接一代，付出無數血淚，犧牲自由和寶貴性命，捍衛並發展華文教育之間，持續緊密地連結著。

## （二）馬來西亞華文教育的兩大最高領導機構

馬來西亞是個擁有多元民族、文化、語言和宗教信仰的國家，更是除我國、中國大陸、香港，及澳門以外，唯一擁有小學、中學到大學完整華文教育體系的國家。在1957年獨立建國之前，馬來西亞已擁有以不同語文為教學媒介語的各類學校，例如英文學校、華文學校、馬來文學校和淡米爾文學校。

當中，華文學校的主要辦學宗旨，是為了繼承與發揚中華文化，培育子女為國家和社會作出貢獻。然而，馬來西亞的華文教育在其生存和發展的漫長歲月中，曾與英殖民主義者、日本侵略者以及國家獨立後實施單元化教育政策的執政者，進行了曲折而艱苦的長期抗爭。為了爭取華文教育在馬來西亞的平等地位，馬來西亞兩大華教最高領導機構：教總、董總，應運而生。

全馬各地的華校教師公會在三、四十年代的第二次世界大戰前就已經成立，最初成立宗旨不過是謀求華校教師們的福利。直到1951年初，英殖民政府通過《巴恩報告書》欲消滅華文教育，迫得全馬各地的華校教師公會團結起來，於當年組成馬來西亞華校教師會總會（簡稱「教總」），是馬來西亞第一個全國性的華文教育團體，從此掀起了有計畫、有組織、有領導的捍衛華教運動，並奠定了華文學校今天繼續存在的基礎。

馬來西亞華校董事聯合會總會（簡稱「董總」）則成立於1954年，由馬來西亞各州華校董事聯合會或董教聯合會組成華校董事會，向來被譽為馬來西亞華文學校的保姆，在馬來西亞華文教育漫長的發展歷程中，扮演著極其重要的角色。董總於1954年成立後，即積極與教總攜手爭取民族權益。在反對不平等的文教政策前提下，兩大華教最高領導機構結成親密戰友，合稱「董教總」。

## （三）堅持母語教育：董教總華文獨中工委會

隨著《1961年教育法令》製定與實施，馬來西亞許多華文中學被迫改制為英文中學，拒絕改制的華文中學則成為「華文獨立中學」。由於完全沒有政府的津貼，華文獨中陷入了經費支絀的困境，學生人數驟減，辦學陷入低潮，生存和發展面臨重大危機。

為了重振民族母語教育，在上世紀70年代馬來西亞華社發動了轟轟烈烈的華文獨立中學復興運動。1973年，董教總召開全國發展華文獨立中學運動大會，接納《華文獨立中學建議書》，成立董教總全國發展華文獨立中學運動工作委員會（簡稱「董教總華文獨中工委會」）。

董教總華文獨中工委會的主要任務是在落實《華文獨立中學建議書》的基礎上，發展華文獨中和發揮母語教育的優越性。董教總華文獨中工委會設立了各個工作單位，負責編纂統一課本，主辦統一考試，推動教師培訓、技職教育，學生升學輔導、學生活動、獎貸學金等工作。

## （四）海聯採計獨中統一考試及學歷檢覈

由於《1961年教育法令》實施後，馬來西亞政府即停止為華文獨立中學舉辦初中和高中會考，自1962年至1974年之間，只好由各校自行辦理畢業考及頒發畢業成績證書。1973年《華文獨立中學建議書》的發表，為華文獨立中學確立了正確的辦學路線和方針。在董教總華文獨中工委會下，設立了統一考試委員會，負責為馬來西亞華文獨立中學舉辦初中和高中統一考試。

第一屆的馬來西亞華文獨立中學統一考試（簡稱「統考」）於1975年開始舉辦，至今（2019年）已45屆。自成功辦理統考後，董教總即積極為僑生爭取，改以採用統考成績採計的方式申請來臺升學，而此即是目前馬來西亞僑生來臺升學的主要作法。

1995年海外聯合招生委員會成立時，除採用華文獨中統一考試文憑進行成績採計分發入學外，對於大馬考試委員會辦理之「大馬高等教育文憑」（Sijil Tinggi Persekolahan Malaysia / Malaysian Higher School Certificate, STMP），也比照統一考試成績方式辦理採計。

　　但對於參加馬來西亞考試局或辦理之「大馬教育文憑」（Sijil Pelajaran Malaysia / Malaysian Certificate of Education, SPM），初期則因其只是中五成績，因而只能申請分發當時之僑大先修班就讀，而後才依同等學力辦法規定，允許直接申請臺灣的大學就讀（另應增加畢業學分或延長修業年限）。這種作法係採計文憑成績，不另舉辦測驗，其精神與早期免試保送雷同。

## （五）董總師培方案：培育未來的獨中師資

　　為了協助華文獨中教師的教育專業化發展，早期培育具有教育專業資格的師資，董總於2015年啟動華文獨中師資培育專案計畫，積極展開培養華文獨中師資。2016年開始擴大領域，與我國具有師資培育機制的大學合作，由合作大學提供四年減免學雜費的優渥獎學金，讓學生無經濟擔憂，專心向學。至2020年已簽約合作的大學計11校：國立暨南國際大學、國立中興大學、國立雲林科技大學、國立高雄師範大學、國立彰化師範大學、國立中央大學、國立東華大學、國立交通大學、中國文化大學、東海大學、中原大學。

　　同時，董總也與我國大學合作，開拓另一條師資培育之路，就是讓留臺大學二年級的在籍學生修讀教育學程，畢業後加入華文獨中教書育人的行列。董總為此提供貸學金直至大學畢業，獲貸者畢業後，履行合約到華文獨中執教，所貸的款項將轉為獎學金，免還貸款。

　　教師是教育的靈魂人物，教師的素質決定教育的品質。董總與我國各大學合作設立「華文獨中師資培育專案計畫獎學金」致力為

華文獨中提供具有教育專業資格的師資，除了儘速紓解華文獨中長期面對師資短缺的問題，也協助華文獨中在儲備師資人才方面創造有利條件，穩定師資來源，維護中華文化傳承，永續華文教育發展為宗旨。我們期待，經臺灣培育的獨中師資，亦將成為對馬招生的種子教師。

## 三、留臺校友在馬來西亞招生宣導的角色及其影響力

### （一）馬來西亞留臺校友會聯合總會

在成立馬來西亞留臺校友會聯合總會（以下簡稱「留臺聯總」）前，早期畢業返馬的留臺人，陸續依地區組成了留臺同學會。溯自70年代，各地區留臺同學會為集中留臺同學的力量，採取更有效的步驟向政府爭取學位獲得承認，首先建議在雪隆地區成立以校際性為主的「留臺校友會」，方便各校校友會向母校收集各科系資料，積極整理備忘錄呈交政府相關單位以作為考核之用。各州的留臺同學，有的在這之前便已組織了地區性的同學會，大家基於同樣的背景及理念達成共識，認為需要一個全國性的組織，以作為維護共同權益的代表機構。

1972年，由臺大，成大，政大，師大及中興校友會的負責人舉行了聯席會議，探討成立聯合總會的可行性。隨著籌辦了兩次的全國留臺人「文娛晚會」，成功凝聚留臺人的向心力，再加上多方奔走聯繫及多次的籌備會議，留臺聯總於1974年正式獲准註冊，由馬來西亞所有留臺校友會組成了聯合總會，為當地留臺人的最高代表機構。經過45年留臺人前仆後繼，留臺聯總發展至今，其會員遍佈馬來西亞半島，南北縱橫，再從西馬延伸到東馬，共45個屬會。其下各屬會含括：臺灣各大學之馬來西亞校友會（31個），以及馬來西亞各地區留臺同學會（14個）。

## （二）主辦馬來西亞臺灣高教展

留臺聯總致力於推廣我國高等教育，回顧2007（民96）年三、四月間，留臺聯總祕書處李宗順主任等人來臺，拜會我教育部時任僑民教育委員會林淑貞主任委員，表達擬於馬來西亞舉辦一場「以臺灣各大專院校為單一參展對象」的大型教育展，由留臺聯總主辦，在馬尋覓合適辦展場地，統籌辦理策劃及佈展事宜、安排臺灣參展大學師長之食宿交通，並動員馬國學生及家長前來觀展。因此，建立了馬來西亞臺灣高等教育展模式，即主辦單位為「馬來西亞留臺校友會聯合總會」，並由其各屬會每年輪流擔任協辦單位，至今已連續舉辦14屆；歷年來主、協辦單位詳如下。

**圖表60　歷屆馬來西亞教育展主協辦單位**

| 屆別／年份 | 主辦單位 | 協辦單位 |
|---|---|---|
| 第1屆／2007年 | 馬來西亞留臺校友會聯合總會 | 麻坡留臺同學會 |
| 第2屆／2008年 | 馬來西亞留臺校友會聯合總會 | 檳城留臺同學會 |
| 第3屆／2009年 | 馬來西亞留臺校友會聯合總會 | 居鑾留臺同學會 |
| 第4屆／2010年 | 馬來西亞留臺校友會聯合總會 | 檳城留臺同學會 |
| 第5屆／2011年 | 馬來西亞留臺校友會聯合總會 | 新山留臺同學會<br>沙巴留臺同學會 |
| 第6屆／2012年 | 馬來西亞留臺校友會聯合總會 | 霹靂留臺同學會<br>砂拉越留臺同學會詩巫省分會 |
| 第7屆／2013年 | 馬來西亞留臺校友會聯合總會 | 峇株留臺同學會<br>沙巴留臺同學會 |
| 第8屆／2014年 | 馬來西亞留臺校友會聯合總會 | 檳城留臺同學會<br>砂拉越留臺同學會古晉分會 |
| 第9屆／2015年 | 馬來西亞留臺校友會聯合總會 | 麻坡留臺同學會<br>砂拉越留臺同學會美里省分會 |
| 第10屆／2016年<br>*十年有成* | 馬來西亞留臺校友會聯合總會 | 檳城留臺同學會<br>沙巴留臺同學會 |
| 第11屆／2017年 | 馬來西亞留臺校友會聯合總會 | 永平留臺同學會<br>砂拉越留臺同學會 |

| 屆別／年份 | 主辦單位 | 協辦單位 |
|---|---|---|
| 第12屆／2018年 | 馬來西亞留臺校友會聯合總會 | 沙巴留臺同學會<br>砂拉越留臺同學會詩巫省分會<br>檳城留臺同學會<br>峇株留臺同學會 |
| 第13屆／2019年 | 馬來西亞留臺校友會聯合總會 | 沙巴留臺同學會<br>砂拉越留臺同學會古晉分會<br>居鑾留臺同學會<br>雪隆留臺同學會<br>霹靂留臺同學會 |
| 第14屆／2020年<br>（因遇covid-19，<br>僅完成辦理沙巴、<br>砂拉越場次） | 馬來西亞留臺校友會聯合總會 | 沙巴留臺同學會<br>砂拉越留臺同學會美里分會<br>吉玻留臺同學會<br>雪隆留臺同學會<br>新山留臺同學會 |

　　自2007年第一屆教育展開始，教育部於接獲留臺聯總專函及駐組來函之後，即發文至各大學鼓勵參展；又為提升教育展成效，教育部亦同時責成海外聯招會擔任聯絡窗口。經過多年經驗累積，海外聯招會依據組織任務，逐步蒐集、彙整並研議招生策略，透過教育展此一招生平臺，予以加值並充分運用，協助各大學海外招生。為達成提升馬來西亞教育展之成效，海外聯招會在教育展所扮演的角色功能有：整體招生策略之研析與建議；建置資訊平臺及參展報名系統；協助規劃特色展區及攤位選定作業；發揮社群媒體功能並架設活動網頁；設計、製作與發放共同文宣品；辦理展場導覽說明會及活動設計；個案諮詢與釐清；設計、回收並統計調查問卷等。

　　馬來西亞臺灣高等教育展在2016年正式邁入第10週年，經歷了劉天吉、姚迪剛、拿督李子松、方俊能等4位留臺聯總會長、走過馬來西亞11個城市，參加學校數從38所來到100所，觀展學生從數千人來到2萬人，一年一度的馬來西亞臺灣高等教育展，已成為馬來西亞所有華裔師生及家長所引頸期盼的教育界盛事。在教育展10週

年的文華之夜，為特別感謝連續10年都參展的21所大學及4位大學參與人員，特安排了「十年有成、一路有你」頒獎活動，名單如下。

圖表61　連續10年參展馬來西亞教育展之大學及同仁

| 2007~2016年馬來西亞臺灣高等教育展：連續參展10年名單 | |
|---|---|
| 大學校院<br>（計21校） | 中原大學、中國醫藥大學、元培醫事科技大學、弘光科技大學、東海大學、國立中山大學、國立中興大學、國立交通大學、國立成功大學、國立政治大學、國立彰化師範大學、國立暨南國際大學、國立臺中教育大學、國立臺灣大學、國立臺灣師範大學、逢甲大學、朝陽科技大學、義守大學、輔仁大學、銘傳大學、環球科技大學 |
| 參與人員<br>（計4人） | 環球科技大學國際長陳盈霏、義守大學國際事務處王尹琳、國立中山大學國際事務處葉慧清、國立中興大學教務處招生組李靜觀 |

# 四、馬來西亞臺灣高教展辦理成效

　　自2007年在吉隆坡及麻坡兩地僅有38校參展，計76場校約1萬人觀展，直到2019年於六地參展共392場校，計2萬2千餘人觀展，若非受到國際及兩岸之政經因素干擾，當年觀展人數原預期將逾3萬人。馬來西亞教育展參展場校數及觀展人數逐年攀升，所累積出來的展覽規模及口碑，已是馬國學生及師長期待的年度盛事，歷年參展及觀展人數如下。

　　馬來西亞在臺求學人數向來居世界各國之冠，目前在臺就學人數（含學位及非學位生）已突破1萬6千餘人。據報載，臺灣已成為馬國學生留學的第二大國（2018年起超英趕澳）。又，配合政府新南向政策之推動，海外聯招會與各大學攜手前往馬來西亞招生，經過多年累積的努力，相較於2007年開始參加馬來西亞臺灣高等教育展的第1年，學位生（僑生及外國學生）迄今已成長逾3.5倍，相關人數統計如後。

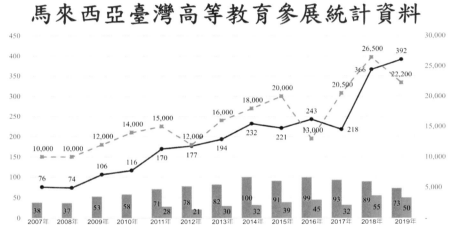

# 教育展成效：2007-2019年
## 馬來西亞臺灣高等教育參展統計資料

圖表62　馬來西亞教育展參與成效

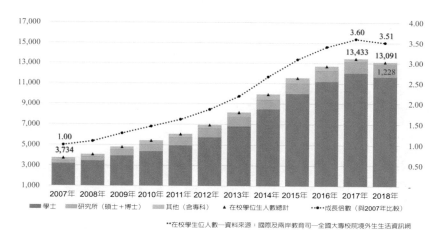

17,000                                                                          4.00

                                                                    3.60      3.51
15,000                                                             13,433    13,091  3.50

13,000                                                                              3.00
                                                                            1,228
       1.00
11,000                                                                              2.50

 9,000                                                                              2.00
       3,734
 7,000                                                                              1.50

 5,000                                                                              1.00

 3,000                                                                              0.50

 1,000                                                                               -
       2007年 2008年 2009年 2010年 2011年 2012年 2013年 2014年 2015年 2016年 2017年 2018年

   ■ 學士    ■ 研究所（碩士＋博士）   ■ 其他（含專科）   ▲ 在校學位生人數總計    ●●● 成長倍數（與2007年比較）

**在校學生位人數—資料來源：國際及兩岸教育司—全國大專校院境外生生活資訊網

**圖表63　馬來西亞在校學位生統計**

## 五、馬來西亞招生宣導活動

馬來西亞招生宣導活動，從早期的巡迴講座到近年的教育展，無不掀起一股熱潮，其中端賴各地區留臺同學會協助接力，始能深入幅員廣大的大馬各地。

圖表64　馬來西亞歷年來招生宣導活動

| 時間<br>（學年度） | 活動形式及地點 | 備註 |
|---|---|---|
| 1997年<br>（86） | ● 馬來西亞招生宣導巡迴講座：由袁頌西主任率團前往檳城、吉隆坡及麻六甲，以巡迴宣導講座方式，辦理升學輔導說明會 | |
| 1998年<br>（87） | ● 北馬招生宣導巡迴講座<br>● 南馬招生宣導巡迴講座<br>● 東馬招生宣導巡迴講座 |  |
| 2000年<br>（89） | ● 升學輔導說明會<br>北團：吉隆坡、吉蘭丹、怡保、檳城<br>南團：吉隆坡、馬六甲、居鑾、新山 | |
| 2001年<br>（90） | ● 升學輔導說明會：檳城、怡保、吉隆坡、馬六甲、居鑾、新山 | |
| 2002年<br>（91） | ● 升學輔導說明會：檳城大山腳、怡保金寶、吉隆坡巴生、馬六甲、居鑾、新山<br>→ 金寶培元中學宣導說明會（由右至左依序為政大鍾教務長思嘉、成大蘇教務長炎坤、張校長進福、僑委會鄧科長毅雄、教育部黃士玲組員） |  |
| 2003年<br>（92） | ● 升學輔導說明會：拿篤、斗湖、山打根、亞庇、納閩、美里、詩巫、古晉<br>→ 與拿篤留臺校友、拿篤中學校長合影於拿篤中學校園 |  |

| 時間<br>（學年度） | 活動形式及地點 | 備註 |
|---|---|---|
| 2004年<br>（93） | ● 升學輔導說明會：新山、峇株、森美蘭、怡保、檳城、亞羅士打、大山腳<br>→ 峇株華仁中學同學熱烈參與說明會 | |
| 2005年<br>（94） | ● 升學輔導說明會：新山、峇株、森美蘭、吉隆坡、怡保*2、檳城*2<br>→ 新山寬柔中學近千餘學生參加招生宣導說明會，出席踴躍 | |
| | ● 升學輔導說明會：亞庇*2、美里*2、民都魯、詩巫、古晉；汶萊<br>● 記者會：古晉<br>● 大專院校升學教育展：古晉中華第一中學主辦<br>→ 古晉觀展同學踴躍前往攤位，主動了解赴臺升學相關資訊 | |
| 2006年<br>（95） | ● 升學輔導說明會：新加坡；新山、麻坡、森美蘭、巴生、怡保、金寶、檳城<br>● 媒體新聞發布會：雪蘭莪<br>→ 於馬來西亞留臺聯總會所舉辦新聞發佈會，前排中間為留臺聯總會長劉天吉先生 | |
| | ● 升學輔導說明會：山打根、斗湖、拿篤、亞庇、美里、民都魯、詩巫*2、古晉*2<br>→ 與山打根分會主席鍾英明（左6）合影，左2為弘光科大易光輝教務長，左3僑委會廖志明專員，左4團長暨大劉一中主祕，左7輔大劉兆明教務長，左9僑務祕書薛臺君，左10僑大陳清輝主任 | |
| 2007年<br>（96） | ● 第1屆「馬來西亞臺灣高等教育展」（留臺聯總主辦）：吉隆坡、麻坡<br>→ 麻坡會場（中化中學）同學到各大學攤位互動觀展情形 | |

| 時間<br>（學年度） | 活動形式及地點 | 備註 |
|---|---|---|
| 2008年<br>（97） | ● 第2屆「馬來西亞臺灣高等教育展」（留臺聯總主辦）：吉隆坡、檳城<br>→ 教育展開幕典禮，拿督翁詩傑部長、部會長官及眾嘉賓合影（吉隆坡帝苑酒店宴會廳） | |
| 2009年<br>（98） | ● 第3屆「馬來西亞臺灣高等教育展」（留臺聯總主辦）：吉隆坡、居鑾<br>→ 海外聯招會許和鈞主任委員（右）與傑出留臺人——群聯電子董事長潘健成學長（中）合影 | |
| 2010年<br>（99） | ● 第4屆「馬來西亞臺灣高等教育展」（留臺聯總主辦）：吉隆坡、檳城<br>→ 海外聯招會攤位反應熱烈（檳城場） | |
| 2011年<br>（100） | ● 第5屆「馬來西亞臺灣高等教育展」（留臺聯總主辦）：吉隆坡、新山、沙巴<br>→ 展場內的參觀人潮把會場擠得水洩不通 | |
| 2012年<br>（101） | ● 第6屆「馬來西亞臺灣高等教育展」（留臺聯總主辦）：吉隆坡、霹靂、砂拉越詩巫<br>→ 進場前同學仔細聆聽解說 | |
| 2013年<br>（102） | ● 第7屆「馬來西亞臺灣高等教育展」（留臺聯總主辦）：吉隆坡、峇株、沙巴<br>→ 僑委會吳英毅委員長親自在僑委會攤位前與觀展學生親切互動 | |
| 2014年<br>（103） | ● 第8屆「馬來西亞臺灣高等教育展」（留臺聯總主辦）：吉隆坡、檳城、砂拉越古晉<br>→ 展場規模壯大，達100所大學參展，觀展人潮絡繹不絕 | |

| 時間<br>（學年度） | 活動形式及地點 | 備註 |
|---|---|---|
| 2015年<br>（104） | ● 第9屆「馬來西亞臺灣高等教育展」（留臺聯總主辦）：吉隆坡、蔴坡、砂拉越美里<br>→ 蘇玉龍主任委員向現場觀展學子親自講解留學臺灣的優勢 | |
| 2016年<br>（105） | ● 第10屆「馬來西亞臺灣高等教育展」（留臺聯總主辦）：吉隆坡、檳城、沙巴<br>→ 留臺聯總於展前召開「因應臺灣新南向政策的升學輔導座談會」 | |
| 2017年<br>（106） | ● 第11屆「馬來西亞臺灣高等教育展」（留臺聯總主辦）：吉隆坡、永平、砂拉越<br>→ 「聯合升學服務櫃臺」前擠滿前來洽詢臺灣升學管道的學生 | |
| 2018年<br>（107） | ● 第12屆「馬來西亞臺灣高等教育展」（留臺聯總主辦）：吉隆坡、檳城、峇株、沙巴、砂拉越詩巫<br>→ 展覽會場設有打卡版，讓觀展師生參加活動合照留念 | |
| 2019年<br>（108） | ● 第13屆「馬來西亞臺灣高等教育展」（留臺聯總主辦）：吉隆坡、居鑾、雪隆、霹靂、沙巴、砂拉越古晉<br>→ 於學生入場觀展前先做觀展說明<br><br>● 馬來西亞全國升學輔導研習營（留臺聯總主辦）：雪蘭莪<br>→ 僑委會呂元榮副委員長與全國升學輔導研習營與會人員合照 | <br> |
| 2020年<br>（109） | ● 第14屆「馬來西亞臺灣高等教育展」（留臺聯總主辦）：砂拉越美里、沙巴、吉打、吉隆坡、雪隆、新山<br>→ 因遇covid-19疫情影響，僅如期完成沙巴場次展覽，並強化展場的各項防疫措施 | |

# 第二章、香港招生發展[2]

## 一、招收香港學生大事紀

在此收錄1995年以來，招收香港學生赴臺升學的幾個關鍵事件，成就目前的招生現況，並發展出對港學生策略如下。

圖表65　香港招生大事紀

| 時間<br>（學年度） | 香港招生大事紀 |
|---|---|
| 1995年<br>（84） | 1. 海外聯招會接辦招生分發業務之重任，招收香港中五及預科第一年（等同中六）學生，依其銜接學制，透過海外聯招會分別向臺師大僑先部及各大學申請就讀<br>2. 中六生申請大學者，依據海外聯招會在香港所舉辦之學科測驗，按其測驗成績、選填志願及各校系名額辦理分發 |
| 1997年<br>（86） | 因應香港九七大限，經評估後，香港學科測驗日期提前於三月中、下旬舉行 |
| 2005年<br>（94） | 首度參加香港貿易發展局辦理之「教育及職業博覽會」 |
| 2006年<br>（95） | 1. 辦理香港五中生第二梯次招生<br>2. 珠海大學主辦之香港試務，改由行政院大陸委員會香港事務局接辦 |
| 2008年<br>（97） | 學士班分甲、乙兩類：<br>甲類（中六）→升讀大學（海外聯招會在港辦理測驗）<br>乙類（中五）→限申請僑先部（分2階段報名，擇優錄取） |
| 2009年<br>（98） | 自2009年起新制高中生入學，其學制與臺灣六三三四制同步 |
| 2010年<br>（99） | 1. 因應香港末代中五中學會考，於仁濟醫院羅陳楚思中學舉辦首屆臺灣高等教育展<br>2. 開放網路填報申請資料 |

---

[2]　本章由海外聯招會祕書組幹事周楷榕撰寫。

| 時間<br>（學年度） | 香港招生大事紀 |
|---|---|
| 2011年<br>（100） | 1. 因應香港高中新制，舉辦高中文憑考試成績採計座談會，並於香港舉辦最後一次學科測驗<br>2. 擴大規模舉辦教育展，由香港中文中學聯會、香港培正中學、香港海華服務基金及海外聯招會共同舉辦臺灣高等教育展，邀集臺灣37所大學校院赴香港培正中學舉行<br>3. 開始辦理暑期新生入學輔導會 |
| 2012年<br>（101） | 1. 培正專業書院開辦「境外學分班：1+3升學臺灣學位課程」，並擔任教育展祕書處<br>2. 「個人申請」制上路，首年報名人數687人，佔聯招報名總人數7.01%<br>3. 學士班「聯合分發」管道改採「香港考試及評核局」辦理之公開考試成績（「香港中學文憑考試」、「香港高級程度會考」或「香港中學會考」三擇一方式），以免試方式招生。配合文憑考試成績公告，由原第3梯次變更為第5梯次<br>4. 移民署推動線上核發入境證<br>5. 位於尖沙咀的海華服務基金進行裝修<br>6. 函請各大學提供簡介擴充海華服務基金資料室館藏 |
| 2013年<br>（102） | 1. 推行「二年制學士班」制<br>2. 國立臺灣師範大學僑生先修部「港春班」試辦一年<br>3. 香港持香港中學文憑、中學會考或高級程度會考等文憑報名者，改為後填志願<br>4. 香港新生入學輔導會形式改由各校自行赴港辦理<br>5. 出版首本「臺灣高等院校升學指南」<br>6. 臺灣高等教育展9月於培正中學舉辦，遇「天兔」颱風來襲，暫停半天展覽 |
| 2014年<br>（103） | 1. 香港臺灣高等教育展於103年10月17日至19日假香港培正中學辦理，共79校參展，吸引11,000人次到場參與<br>2. 香港「個人申請」報名人數首度突破「聯合分發」 |
| 2016年<br>（105） | 1. 開始經營「香港臺灣高等教育展」臉書粉絲專頁<br>2. 臺灣高等教育展10月於啓德郵輪碼頭舉辦，遇「海馬」颱風來襲，暫停展出一天 |
| 2017年<br>（106） | 1. 培正專業書院停辦「境外學分班：1+3升學臺灣學位課程」<br>2. 教育展移師至亞洲博覽會展出 |
| 2018年<br>（107） | 1. 由「海華服務基金」擔任教育展協辦單位，並首度在九龍會展中心舉辦<br>2. 強調持香港全日制副學士（或高級文憑）得報名學士班「個人申請」、「聯合分發」管道<br>3. 發行「臺灣高等院校升學指南」電子書 |
| 2019年<br>（108） | 臺灣高等教育展10月於九龍灣國際展貿中心舉辦，遇「反送中」社會運動 |

| 時間<br>（學年度） | 香港招生大事紀 |
|---|---|
| 2020年<br>（109） | 1. 「聯合分發」香港中學文憑採計科目增加乙類應用學習科目、丙類其他語言科目<br>2. 「分發通知書」授權由大陸委員會香港辦事處自雲端列印 |

# 二、香港試務工作演變重要時期

## （一）海外聯招會成立初期

　　海外聯招會秉持過去40多年來對港澳的招生方式，持續與當時的珠海大學（現已在港註冊為珠海書院）合作辦理招生，由珠海大學組成招生工作委員會，珠海大學董事長江可伯先生擔任召集人、一級學術行政主管擔任委員，維持在珠海書院的招生簡章中，附註可憑持其入學考試成績，同時申請分發到臺灣各大學就讀。不過，當時海外聯招會經常接到港澳生或家長問到何處報名？珠海大學又在何處？等等的詢問電話。

　　於此同時，香港1997已回歸中國大陸，考量珠海大學業以「珠海書院」向香港政府註冊登記，該校招生來源恐與海外聯招會有重疊之處，為積極辦理招生工作，並提升香港學生赴臺升學人數，故依據教育部94年（2005）6月20日臺高（二）字第0940075724號函送「研商珠海大學升格後續相關事宜會議紀錄」決議事項，就香港考區招生宣導及試務工作擬移請當時行政院大陸委員會香港事務局協助辦理之可行性，邀請相關單位進行研商。

　　珠海書院為擴大招生，參加香港會展中心的「教育及職業博覽會」，2005年，海外聯招會係首度參加該博覽會，於展場攤位佈置上，受珠海書院的技術支援及協助，彼此之間仍保持友好的合作關係。

圖表66　與珠海書院張忠柟校長（左二）、副校長江佑伯（前排右三）合影

## （二）與海華服務基金合作時期

　　民國95年（2006）開始，時稱香港事務局以「海華服務基金」名義對港招生，報名地點設在尖沙咀彌敦道的海防大廈7樓，開啟正式合作時期。港局亦將原老舊的空間設備，裝修更新為年輕風格，且具多功能使用空間，成為香港學生赴臺升學前最重要的報名、講座、說明會、輔導會、研習等活動之重要據點。

　　自2012年起，因應香港學制轉變，由原學科測驗制改採「香港中學文憑考試成績」申請入學，亦由海華服務基金協助向香港考試及評核局提取成績。

## 三、最強而有力的合作夥伴——香港中文中學聯會

香港中文中學聯會成立於1983年，多年來為提升中文中學在香港的地位而努力，現有逾200所會員學校。

香港中文中學聯會長期支持大陸委員會香港辦事處及海外聯合招生委員會辦理招生宣導工作，開創香港教育團體與臺灣部會合作先河，促成臺灣高等教育展成行，並時時就香港現況，提供各種有利我在香港地區招生之建言。

更難能可貴的是，香港中文中學聯會葉賜添校長、譚日旭校長及梁冠芬校長等歷屆主席，皆非留臺校友背景，但為香港學子媒合合適升學之路，致力籌組「臺灣升學考察團」，邀集會員學校校長、輔導主任、教師等實地走訪臺灣各類型大學，以親身體驗分享給學生，並推薦學生選擇留學臺灣。近年升讀臺灣學士班的香港學生有逾7成來自中文中學，香港中文中學聯會功不可沒。

## 四、香港招生策略及歷年宣導活動

### （一）香港學生來臺升學趨勢分析

就香港情勢變化及報名海聯各類學制之人數分析，可分為四大時期，分述如下：

#### 1.79學年度-94學年度（1990-2005）

當時因臺灣物價持續上漲、學費已不復低廉、申請到臺灣升學的資格限制較從前嚴格、分發至大學升讀的名額不斷收緊、香港地區的升學管道增多、香港回歸中國大陸、香港家庭人口減少及移居

①
②│③

①圖表67　香港中文中學聯會葉賜添校長
　（圖片中立者，時任培正中學）
②圖表68　香港中文中學聯會譚日旭校長
　（時任培正中學、現職林大輝中學）
③圖表69　香港中文中學聯會梁冠芬校長
　（現職基督教香港信義會信義中學）

海外、中國大陸恢復在港招生等因素，報名人數除85、91學年度略為回升外，出現逐年遞減之現象[3]。

## 2.95學年度-100學年度（2006-2011）

95學年度（2006）香港試務改由行政院大陸委員會香港事務局接辦，加強宣導臺灣高等教育力度，例如：參加香港貿易發展局教育展、舉辦升學說明會、中學宣導、刊登廣告及舉行記者座談會等，能見度提升，報名人數穩定成長。香港地區自2009年起實施新高中學制（即國中三年、高中三年、大學四年），2010年（99學年度）為「末代中五生」，香港新、舊學制轉變，亦即反映在100學年度（2011）報名人數。

## 3.101學年度-104學年度（2012-2015）

101學年度（2012）起因香港學制轉變，海外聯招會取消在香港辦理學科測驗，「聯合分發制」改以香港當地之會考文憑成績免試申請，增列「個人申請制」、「科技大學二年制學士班（港二技）」，報名人數急遽上升，104學年度（2015）達到顛峰，從招生面向來說，是歷年來香港與臺灣最友好的時刻。同時，香港學生報名「個人申請」的人數，自此皆超越「聯合分發」。

## 4.105學年度-109學年度（2016-2020）

因香港面臨少子化及人口組成背景的變遷、他國升學機會日益增多、香港本地及大陸高校「銀彈」強攻招生等因素，加上海外聯招會「聯合招生」與各大學「單獨招生」彼此競爭、生源重疊，報名海聯人數逐年下降。至2019年底，香港出現「反對『逃犯條例』修訂草案運動」（簡稱「反送中」），後續全球爆發covid-19新冠

---

[3]　本處改寫自：海外僑生聯合招生委員會總會（1999）大學(僑大先修班)海外僑生聯合招生港澳地區改為非測驗區可行性之研究，P.2-4。

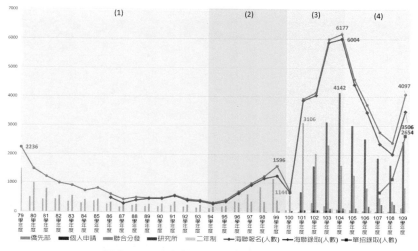

圖表70　香港學生來臺升學人數成長圖

肺炎疫情，因臺灣學風自由且防疫相較穩定，大獲香港人喜愛，而成「移民熱點」，報名人數亦逆勢成長。伴隨「大齡者」比例略增，值得後續追蹤觀察。

## （二）歷來在港辦理招生宣導之沿革

　　對港招生的宣傳方式及力度，隨著整體情勢的變遷轉移，以教育展為例，由2005年開始參加香港貿發局主辦的「香港教育及職業博覽會」連續5年，積極與當地辦學團體互動、努力連結留臺校友組織，打下人脈基礎；2010年起，與香港教育評議會合作，於仁濟醫院羅陳楚思中學舉辦首屆臺灣高等教育展；2011年起迄今，與臺北經濟文化辦事處、香港中文中學聯會共同舉辦教育展，並考量各種因素，嘗試在不同場地辦展，並不斷調整推出吸睛行銷策略，雖遭遇兩次風災、兩次社會運動的影響，卻已堅實地奠定香港學校、師長、學生及家長等對臺灣高教的信心與期待。

| 年度 | 主辦單位 | 協辦單位 | 地點 | 重要意義 |
|---|---|---|---|---|
| 2005 | 香港貿易發展局 | 無 | 香港會議展覽中心（灣仔） | 首次在香港參與教育展 |
| 2006 | | | | 邀請留臺校友會組織攤位開幕剪綵、於展場辦講座 |
| 2007 | | | | 輪流於攤位解說、赴中學宣導 |
| 2008 | | | | 邀請中學派車到展場觀展、與香港辦學團體接觸 |
| 2009 | | | | 展前赴中學宣導，邀請觀展 |
| 2010 | 香港教育評議會 | 香港海華服務基金、香港仁濟醫院羅陳楚思中學、香港臺灣同學會、海外聯合招生委員會 | 仁濟醫院羅陳楚思中學 | 首次借用中學禮堂辦展 |
| 2011 | 臺北經濟文化辦事處海外聯合招生委員會香港中文中學聯會香港培正中學 | 培正專業書院 | 培正中學 | 與香港中文中學聯會首年共同主辦 |
| 2012 | | | | 參展校數突破60所 |
| 2013 | | | | 首次出版「臺灣高等院校升學指南」 |
| 2014 | | | | 參展校數突破70所、觀展人數突破萬人 |
| 2015 | 臺北經濟文化辦事處海外聯合招生委員會香港中文中學聯會 | 培正專業書院 | 如心海景酒店 | 首次由海外聯招會統籌、首次於專業展場辦展、參展校數突破90所 |
| 2016 | | | 啓德郵輪碼頭 | 因應颱風配套措施 |
| 2017 | | | 亞洲國際博覽館 | 設置特色展區，展現學校優勢 |
| 2018 | | 海華服務基金 | 九龍灣國際展貿中心 | 首次設立現場報名區、首次有大學參與記者會及開幕禮表演 |
| 2019 | | | | 因應社會運動配套措施 |
| 2020 | 因受疫情影響，暫停於香港辦理實體教育展，改為線上博覽會 | | | |

### 1.2005-2009香港教育博覽會

　　回顧以往組團赴港辦理招生宣導，大多僅限於單點進行（借用某學院或中學校舍）、或由少部分學校組團辦理個別學校的教育聯展，從來未曾以「海外聯招」整體名義，統一向香港學生展現臺灣「一次報名‧多元選擇」的特性。為有效整合國內招生宣導資源，2004年應行政院大陸委員會之邀，首次赴香港評估參加高等教育聯展之可行性。之後自2005年起連續5年，海外聯招會皆於受理報名期間（每年2月）參加由香港貿易發展局於香港會議展覽中心（灣仔）所舉辦之「教育及職業博覽會」，代表全臺招收港澳生之所有大學校院設一攤位，整體推介赴臺升學管道，並佐以中學巡迴講座方式，搭配社區宣導，與港生及其家長、中學校長、升學輔導老師等多方位的接觸與溝通，傳遞赴臺升學的訊息。

### 2.2010臺灣高等教育展

　　往年皆以參加香港貿易發展局所舉辦之香港教育及職業博覽會為主軸，但參展費用高昂，且參觀該博覽會之學生多半以就業為主取向，故2010年改變方式，透過海華服務基金與香港教育評議會之合作，首度借用「仁濟醫院羅陳楚思中學」禮堂，與臺灣23所大學校院共同前往辦理臺灣高等教育展。

### 3.2011-2014臺灣高等教育展

(1) 100年2月底，利用於威尼斯人舉辦之澳門教育展展後行程之便，邀請各大學轉往香港辦理分組巡迴講座，共有8所大學參加，短短兩天一夜之間，分赴15所中學與多達4,400餘位香港中學生面對面宣導，成效斐然。

(2) 與香港中文中學聯會共同舉辦教育展，當時中文中學聯會

主席為全港排名Top10的培正中學葉賜添校長，傾全校之力，協助海外聯招會在其校園中辦展。

(3) 結合借用中學辦理臺灣高等教育展及中學巡迴講座兩種混合方式。

(4) 於教育展開幕式舉辦簽署儀式，搭建臺灣各大學與香港各中學接觸，進而建立彼此聯盟關係的平臺。。

(5) 2013年因「天兔」颱風取消半天展出。

### 4. 2015臺灣高等教育展

(1) 首次由海外聯招會統籌，依政府採購法委託專業服務，經公開客觀評選之優勝廠商，依優勝序位進行議價方式辦理教育展招標，透過媒體訊息的披露（例如召開展前記者會、出版「赴臺升學指南」等），並廣邀各中學預約觀展，學校團體預約或自行前往的觀展人潮，均突破往年紀錄。

(2) 首度製作教育展活動網頁，結合Facebook側欄廣告投放，設定目標族群，透過多元的媒體平臺及廣告形式，有效增加教育展活動資訊的曝光；亦於教育展會場內辦理Facebook打卡換禮物的遊戲，除了讓觀展同學多一個觀展體驗，也藉由學生使用率極高的FB社群網站，達到活動訊息擴散發佈的效益。

### 5. 2016臺灣高等教育展

(1) 統一「臺灣高等院校升學指南」各校簡介版面。

(2) 首度製作教育展APP，提供學校簡介，攤位地圖、QRcode集章遊戲等展場活動，透過多元的媒體平臺及廣告形式，有效增加教育展活動資訊的曝光。

(3) 因「海馬」颱風取消一天展出。

### 6. 2017臺灣高等教育展

(1) 搭配展場（亞洲國際博覽館）設計展場主題：諮詢臺——機場報到櫃臺、開幕禮——飛機啟動等等。

(2) 首次有機票抽獎活動。

### 7. 2018臺灣高等教育展

(1) 發行「臺灣高等院校升學指南」電子書。

(2) 首次有大學於記者會、教育展開幕進行動態展演。

### 8. 2019-臺灣高等教育展

自6月起「反送中」社會運動在港此起彼落，循其發展跡象，至9月底前，皆在我駐港人員可掌握的範圍之中。惟10月初港府發布「禁蒙面法」，卻掀起激烈抗爭且致公共運輸關閉癱瘓。經海外聯招會主任委員蘇玉龍校長提前親自赴港與共同主辦單位（大陸委員會香港辦事處、香港中文中學聯會）及教育部駐港馬湘萍參事等相關人員會商，審慎討論評估各種可能影響及其配套措施後，共同決議如期辦理教育展。展出兩日期間，觀展學生、家長及教師等詢問熱烈，觀展人數合計約6,845人，成效頗佳。

## （三）近年參展校數及觀展人次

從23所大學首度參展，到在培正中學校舍擠不下近80所大學參展，歷經場地尋覓與踏勘，並以招標方式徵求專業策展單位，終於成就在香港的臺灣高等教育展的好口碑。

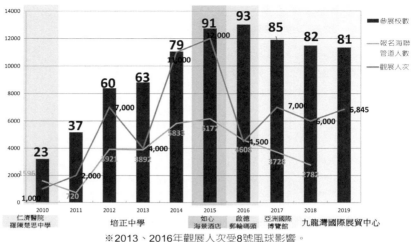

※2013、2016年觀展人次受8號風球影響。

圖表72 香港辦理規模及報名人數之關係

## （四）歷年招生宣導活動

除了教育展之外，對港招生一向不遺於力，在此紀錄歷年在香港辦理宣導活動情形。

圖表73 歷年在香港辦理招生宣導活動

| 時間<br>（學年度） | 活動形式及說明 | 備註 |
| --- | --- | --- |
| 1996年<br>（85）<br>｜<br>1999年<br>（88） | ● 港澳招生宣導團 | <br><br> |
| 2003年<br>（92） | ● 赴港澳地區辦理試務座談及招生宣導說明會 | |

| 時間<br>（學年度） | 活動形式及說明 | 備註 |
|---|---|---|
| 2004年<br>（93） | ● 觀摩香港會議展覽中心舉辦招生博覽會 | <br>HKTDC<br>**Education & Careers Expo**<br>教育及職業博覽 |
| 2005年<br>（94） | ● 香港教育及職業博覽會暨招生宣導說明會<br>→ 全體團員於攤位前合影，前排自右而左依序為：海聯蘇玉龍總幹事（暨大教務長）、臺大陳泰然教務長、輔大黎建球校長、海聯張進福主任委員（暨大校長）、臺大黃宏斌學務長、教育部僑教會廖高賢主任 | |
| 2006年<br>（95） | ● 香港教育及職業博覽會<br>● 教育專題講座<br>● 中學宣導<br>→ 新聞發布會，自右至左依序為臺大陳泰然教務長、海外聯招會主任委員張進福（暨大校長）及蘇玉龍總幹事（暨大教務長）<br><br>→ 參展同仁於攤位前合影（左5為利開演學長，特地到會場為大家打氣）<br><br>→ 於展場另闢宣導說明會，由暨大香港校友陳家健以廣東話主講（臺上右1），海外聯招會田文翠組長主持（臺上右2） | <br><br><br><br> |

| 時間<br>（學年度） | 活動形式及說明 | 備註 |
|---|---|---|
| | → 香港中學同學活潑，於宣導說明<br>會上踴躍參與<br><br><br><br><br>→ 參與教育展成員組隊分至香港各<br>中學進行巡迴宣導 | <br><br> |
| 2007年<br>（96） | ● 香港教育及職業博覽會<br>→ 我駐港代表及香港校友會共同為<br>教育展攤位剪綵揭幕，右3為臺<br>大陳泰然副校長、右4為港局鮑<br>正剛局長、右5為海聯主任委員<br>張進福校長、右6為港局保經榮<br>組長、右7為校友會劉木蘭會長<br>● 宣導說明會<br>● 海華講座<br>● 臺灣教育及遊學講座 | |
| 2008年<br>（97） | ● 招生宣導會<br>→ 於中場辦理升學輔導說明會，前<br>排左2為宣導團成員教育部徐慧<br>如科員、左6為東華大學楊維邦<br>教務長、左7為文化大學靳宗梅<br>教務長，另海華服務基金李志文<br>博士為右1 | |
| 2009年<br>（98） | ● 赴臺升學宣導說明會<br>→ 於九龍工業學校辦理，左1為蔡<br>崇機校長 | |

| 時間<br>（學年度） | 活動形式及說明 | 備註 |
|---|---|---|
| | → 會後與香港校友會、學校師長、同學合影 | 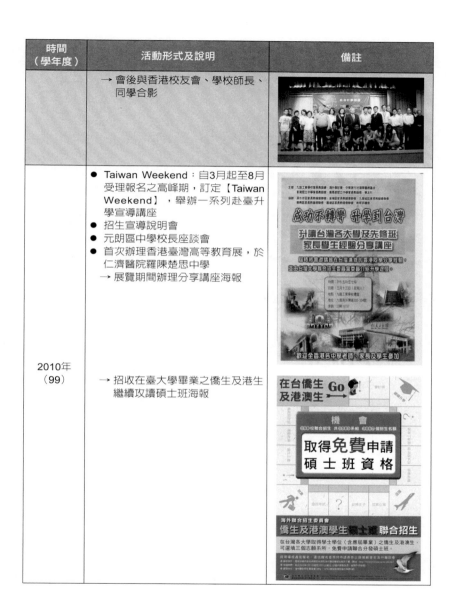 |
| 2010年<br>（99） | • Taiwan Weekend：自3月起至8月受理報名之高峰期，訂定【Taiwan Weekend】，舉辦一系列赴臺升學宣導講座<br>• 招生宣導說明會<br>• 元朗區中學校長座談會<br>• 首次辦理香港臺灣高等教育展，於仁濟醫院羅陳楚思中學<br>→ 展覽期間辦理分享講座海報<br><br>→ 招收在臺大學畢業之僑生及港生繼續攻讀碩士班海報 | |

| 時間<br>（學年度） | 活動形式及說明 | 備註 |
|---|---|---|
| 2011年<br>（100） | ● 新生入學輔導會<br>● 第2屆香港臺灣高等教育展：香港培正中學<br>　→ 參展學校及攤位圖 | |
| 2012年<br>（101） | ● 香港中文中學聯會座談會<br>● 香港志工培訓<br>● 新生入學輔導會<br>● 第3屆香港臺灣高等教育展：香港培正中學<br>　→ 教育展開幕式於臺前合影<br><br>　→ 香港媒體報導臺灣高校對港積及招生達數十則。<br>● 香港資助會展覽<br>● 香港輔導教師會講座 | |
| 2013年<br>（102） | ● 海華講座<br>● 頂尖中學宣導<br>● 科技大學校長港二技招生宣導<br>　→ 於香港知專（IVE）校區前合影<br><br>● 培正1+3課程資訊日<br>● 國際遊學旅遊展<br>● 新生入學輔導會<br><br>● 第4屆香港臺灣高等教育展：香港培正中學<br>　→ 與觀展學生合影，前排為文靜芬校長（香港道教聯合會圓玄學院第一中學） | |

| 時間<br>（學年度） | 活動形式及說明 | 備註 |
|---|---|---|
| | ● 香港教師輔導會講座<br>→ 教育部駐港許睿宏參事分享赴臺升學輔導 | |
| 2014年<br>（103） | ● 港二技宣導座談會<br>→ 教育部技術及職業教育司李彥儀司長（前排右6）領隊，與臺灣各科技大學代表於香港九龍工業學校與師長合影 | |
| | ● 新生入學輔導會<br>→ 海聯蘇玉龍主委（暨大校長）於海華親自主持，歡迎錄取新生赴臺升學 | |
| | ● 學友社升學講座<br>● 第5屆香港臺灣高等教育展：香港培正中學<br>→ 香港教育展開幕式剪綵儀式，左起：香港中文中學聯會主席譚日旭校長（左1）、海聯蘇玉龍主任委員（左2）、港局嚴重光局長（左3）、香港教育局盧世雄副祕書長、香港培正中學葉賜添校長（右1） | |

| 時間<br>（學年度） | 活動形式及說明 | 備註 |
|---|---|---|
| | → 海聯同仁與香港教育展重要推手——培正中學葉賜添校長（右5）合影<br>● 香港教師輔導協會講座 | |
| 2015年<br>（104） | ● 港二技宣導<br>→ 蘇玉龍主委於香港專上學院辦理港二技宣導說明會 | |
| | ● 青年協會升學教育展<br>● 個人申請新生入學輔導會<br>● 志願選填說明會<br>→ 於香港培正中學舉辦，許多學生由家長陪同參加 | |
| | ● 新生入學輔導會<br>● 升學講座<br>● 收件人員工作坊<br>→ 於海華會議室為報名收件人員舉辦工作坊，熟悉系統操作 | |
| | ● 香港政策研究所海外升學講座<br>● 第6屆香港臺灣高等教育展：如心海景酒店<br>→ 教育展講座廳，座無虛席<br>● 香港教師輔導協會講座 | |

| 時間<br>（學年度） | 活動形式及說明 | 備註 |
|---|---|---|
| 2016年<br>（105） | ● 港二技宣導<br>● 個人申請新生入學輔導會<br>● 志願選填說明會<br>● 新生入學輔導會<br>● 第7屆香港臺灣高等教育展：啟德郵輪碼頭<br>　→ 於教育展會場同時舉辦臺港學校合作協議簽署儀式，自左而右：教育部高教司陳立芬科長、港局嚴重光處長、海聯蘇玉龍主委、香港中文中學聯會譚日旭主席、教育部高教司卓意屏專員、香港培正專業書院岑錦康校長<br>● 中學升學講座<br>　→ 於葵涌循道中學辦理，由海聯程德勝顧問主講<br>● 香港輔導教師協會講座 | <br> |
| 2017年<br>（106） | ● 升學講座<br>● 個人申請新生入學輔導會<br>● 志願選填說明會<br>● 新生入學輔導會<br>　→ 於海華辦理，由國立暨南國際大學香港校友會陳穎志會長主講<br><br>● 第8屆香港臺灣高等教育展：亞洲博覽館<br>　→ 聯合主辦單位——中文中學聯會校長群於教育展舞臺前合影 | <br> |
| 2018年<br>（107） | ● 志願選填說明會<br>● 新生入學輔導會<br>● 第9屆香港臺灣高等教育展：九龍會展中心<br>　→ 開幕禮嘉賓為教育展揭開序幕——力拚未來夢想高飛 | |

| 時間<br>（學年度） | 活動形式及說明 | 備註 |
|---|---|---|
| 2019年<br>（108） | ● 志願選填說明會<br>● 新生入學輔導會<br>● 第10屆香港臺灣高等教育展：九龍會展中心<br>→ 參加教育展的香港中學校長／老師，齊集於典禮舞臺前合影 | |

# 第三章、澳門招生發展[4]

## 一、招收澳門學生大事紀

　　早年澳門留臺校友組織「怡社」，輔導澳門學生赴臺升學，澳門學生必須搭船前往香港珠海書院參加回臺升學的考試，始得來臺升學。自1992年（民81）起，「澳門留臺大專校友會」（臺灣大專澳門校友會的前身）成立，極力促請當時的僑委會及教育部，希望能在澳門設立獨立考區。直至1994年（民83）「澳門留臺大專校友會」第一屆理事長梁金泉先生接任，正式開始接辦澳門附屬考區，並擔任召集人。但是當時的考卷，係於香港珠海書院印卷後，由僑委會人員押卷赴澳門辦理考試。隔年（1995）海外聯招會成立，即承襲當時的作法，由海外聯招會派員押卷，從香港赴澳門辦理考試。

　　過去，香港澳門給人的印象總是港澳不分家，隨著1997及1999分別回歸大陸之後，香港、澳門兩者漸行漸遠。從以下招生發展大事紀，亦可窺見這其中的不同。

---

[4]　本章由海外聯招會執行幹事劉凱婷撰寫。

圖表74　澳門招生大事紀

| 時間（學年度） | 澳門招生大事紀 |
|---|---|
| 1998年（87） | 澳門附屬考區報名人數正式超越香港 |
| 2000年（89） | 「澳門留臺大專校友會」改名為「臺灣大專澳門校友會」 |
| 2006年（95） | 澳門考區獨立，組成「澳門試務委員會」辦理澳門學生赴臺招生試務工作，於澳門設闈場印卷及批改試卷 |
| 2008年（97） | 1. 澳門首年使用網路填報系統<br>2. 澳門學生報名來臺升學人數超過2000人<br>3. 澳門考區召集人梁金泉等人為學生簽證入臺事宜，來臺拜會內政部移民署 |
| 2010年（99） | 1. 澳門考區召集人梁金泉等向澳門辦事處提出總辭，表達無意再接辦澳門考區試務工作<br>2. 學科測驗除原本粵華中學試場，新增培正中學為第二試場 |
| 2010年（99） | 1. 教育部大陸小組邀請陸委會、移民署及海外聯招會等召開澳門招生試務工作變革規劃案。有關試務規劃將受理報名、考試、及閱卷等工作劃分，除由澳處比照其他海外單位及香港地區承辦，餘由海外聯招會辦理<br>2. 辦理首屆「澳門臺灣高等教育展」 |
| 2011年（100） | 1. 辦理首屆「新生入學輔導會」<br>2. 「個人申請」制上路，首年報名人數139人，佔聯招報名總人數7%<br>3. 「臺灣大專澳門校友會」接辦報名受理及試務工作<br>4. 由臺灣大專澳門校友會協調中學以團體報名方式受理學生申請表件<br>5. 澳門教青局由梁勵局長領隊來訪，提出語言治療人才培育需求<br>6. 海外聯招會主動拜會高等教育輔助辦公室、教育暨青年局 |
| 2012年（101） | 1. 依「100學年度澳門試務檢討會議」決議，由澳處處長擔任召集人籌組澳門試務委員會，澳處擔任行政組及聯絡組；報名組及試務組由臺灣大專澳門校友會協助<br>2. 臺灣大專澳門校友會正式接任澳門試務委員會「試務組」任務，澳處擔任「協調組」<br>3. 海外聯招會受邀由臺灣大專澳門校友會辦理之寒期輔導會活動<br>4. 團體報名學校新增至11所 |
| 2013年（102） | 1. 辦理「中學巡迴講座」共赴12所中學、15所常委學校參加<br>2. 於澳門綜藝館辦理第4屆澳門臺灣高等教育展 |
| 2014年（103） | 1. 新生入學輔導會首年以分組形式辦理，將大學及錄取新生分組，同時派發分發通知書，以提升新生出席率<br>2. 澳門高等教育輔助辦公室率「澳門四校聯考考察團」來訪 |

| 時間<br>（學年度） | 澳門招生大事紀 |
|---|---|
| 2016年<br>（105） | 1. 臺灣大專澳門校友會內部發生人事變動，原承辦團隊請辭<br>2. 當年度之學科測驗、新生輔導會及臺灣高等教育展的辦理均遭到異於往常的關注及阻礙<br>3. 澳門臺灣高等教育展首度採取不自中學動員，由學生及家長自發性前往觀展<br>4. 澳門辦理首屆四校聯考<br>5. 澳門學科測驗准考證首採線上列印<br>6. 「僑生回國就學及輔導辦法」23-1條頒佈 |
| 2017年<br>（106） | 1. 個人申請報名人數超越聯合分發<br>2. 拜會高等教育輔助辦公室蘇朝暉主任，向其聲明海外聯招會在澳門辦理之所有招生宣導活動均依法行事<br>3. 「香港澳門居民來臺就學辦法」修法 |
| 2018年<br>（107） | 1. 澳門試務委員會試務組工作委託在澳門登記有案之「澳門中華科研教育推廣交流協會」辦理<br>2. 澳門新生入學輔導會首次移師國父紀念館辦理 |
| 2019年<br>（108） | 1. 教育部同意執行聯合分發採計四校聯考成績變革，並公告於2020年秋季班入學簡章<br>2. 學科測驗移至海星中學辦理 |
| 2020年<br>（109） | 聯合分發首年採計「四校聯考」成績。原定類組學科（歷史、地理、物理、化學、生物）另舉辦測驗，惟受covid-19影響，改採計其中學各科成績 |

## 二、留臺校友對澳門招生的影響及角色

　　因政經發展及歷史脈絡之故，澳門向來是一個社團社會，獨特的社團文化是澳門社會發展不可忽視的力量。長期以來澳門學生赴臺升學，亦仰賴留臺社團的輔導及實務性的試務辦理，除了前述所列及的代表性社團，澳門的留臺校友對於學生赴臺升學有莫大的拉力及影響力，這些留臺校友也許是學生們的父母親、師長、兄姐等，而校友間的連繫和傳承，則以「校友會」做為重要的基地，亦是展現對臺灣與母校的感懷之心及回饋之情。留臺校友會在澳門的發展可概略歸納為下列各時期：

## （一）播種茁壯1992-2012

澳門留臺組織最早約莫於1970年代由留臺校友以怡情聯誼為宗旨，組成「怡社」，至西元1992年向澳門政府登記立案，正名為「澳門留臺大專校友會」，成為留臺校友組織在澳門成立的先趨。根據澳門印務局的公報資料，1992年至2012年的十年間，共有6個臺灣的大學校友會於澳門登記成立，其中由包含前述「澳門留臺大專校友會」改名之「臺灣大專澳門校友會」，以及臺灣大學、臺灣師範大學、成功大學等澳門校友會。

圖表75　1992-2012年成立之各大學澳門校友會

| 1992-2012成立之各大學澳門校友會（依登記時間順序） | |
|---|---|
| 1 | 臺灣大專澳門校友會 |
| 2 | 私立輔仁大學澳門校友會 |
| 3 | 澳門臺灣大學校友會 |
| 4 | 臺灣成功大學澳門校友會 |
| 5 | 國立臺灣師範大學澳門校友會 |
| 6 | 臺灣國立中興大學澳門校友會 |

備註：本表校友會名稱為登記立案之組織名稱

## （二）百花齊放2013-2017

西元2013年（民國104年）行政院大陸委員會由盧長水先生出任澳門辦事處處長，盧處長赴澳門履新之初，即認知到澳門留臺校友學成回到澳門後，無論是在政治、經濟、教育或文化等領域均具有莫大的影響力，是澳門社會發展的中流砥柱；也同時意識到成立澳門留臺校友組織，對於臺灣在澳門各面向的連繫交流，將有一定程度之挹注，故在其任內積極敦促各大學成立澳門校友會，輔導其相關會務工作，如提供校友會成立及登記流程諮詢平臺、親自主持成立大

會、補助校友會慶各項活動等，使各大學澳門留臺校友會得以如雨後春筍般成立，各校友會之間的聯誼及會慶活動亦如百花齊放。

圖表76　2013-2017年成立之各大學澳門校友會

| | 2013-2017成立之各大學澳門校友會（依登記時間順序） | | |
|---|---|---|---|
| 1. | 臺灣政治大學澳門校友會 | 8. | 臺灣淡江大學澳門校友會 |
| 2. | 臺灣中山醫學大學澳門校友會 | 9. | 臺灣逢甲大學澳門校友會 |
| 3. | 東吳大學澳門校友會 | 10. | 臺灣彰化師範大學澳門校友會 |
| 4. | 臺灣國立暨南國際大學澳門校友會 | 11. | 臺灣中山大學澳門校友會 |
| 5. | 臺灣中正大學澳門校友會 | 12. | 高雄醫學大學澳門校友會 |
| 6. | 臺灣中原大學澳門校友會 | 13. | 中國文化大學澳門校友聯誼會 |
| 7. | 臺灣高雄大學澳門校友會 | 14. | 臺灣明道大學澳門校友會 |

備註：本表校友會名稱為登記立案之組織名稱

## （三）穩定發展2018-迄今

西元2017年（民國106年）時任澳門辦事處處長陳雪懷，延續盧長水處長時期鼓勵及補助各大學在澳門成立校友會之政策，並由熟悉此項業務的教育組組長李佩儒持續與各大學校友會保持高度互動與連繫，協助辦理各校友會之聯誼活動，如各項運動競賽、校友會慶等，使各大學在澳門成立校友會之熱度不減，而校友會對母校在澳門招生產生之正面影響，亦可在教育展、新生入學輔導會等招生宣導活動中見到成效。

圖表77　2018年迄今成立之各大學澳門校友會

| | 2018-迄今成立之各大學校友會（依登記時間順序） |
|---|---|
| 1. | 中國文化大學澳門校友會 |
| 2. | 實踐大學澳門校友會 |
| 3. | 臺灣交通大學澳門校友會 |
| 4. | 義守大學澳門校友會 |

| 2018-迄今成立之各大學校友會（依登記時間順序） |
|---|---|
| 5. | 臺北大學澳門校友會 |
| 6. | 銘傳大學澳門校友會 |
| 7. | 東海大學澳門校友會 |

備註：本表校友會名稱為登記立案之組織名稱

# 三、澳門試務委員會的成立與任務

## （一）因應留臺校友組織消長與興替而生的澳門試務委員會

　　早年澳門學生赴臺升學需先赴香港參加考試，船舶顛簸、路途遙遠，對未滿20歲的學生來說，苦不堪言。於是一群熱心的澳門學長姐本著對臺灣的感念及對學弟妹的照輔，自發組織成為服務學弟妹赴臺升學之路的輔導工作。前後因時代背景不同、主政人員之更迭替換，經歷了不同的組織，包括澳門留臺大專澳門校友會、臺灣大專澳門校友會、澳門中華科研教育推廣交流協會等。

### 1.澳門留臺大專澳門校友會

　　早於澳門試務委員會成立之前，澳門學生赴臺升學即十分仰賴自臺灣學成歸國的留臺人社團及組織，由留臺學長姐自發的擔任受理澳門學生赴臺升學報名、輔導至香港珠海書院參加學科測驗、錄取後赴臺就學等輔導工作。由梁金泉學長所率領的試務團隊，包括利開演、黃翰寧及帥文基（戲稱為澳門【四大金剛】）還有黃惠玲、張碧蓮老師等熱心留臺校友，於西元1992年（民國81年）成立「澳門留臺大專校友會」，西元2006年在該校友會積極建議，並由時任海外聯招會總幹事的蘇玉龍教務長支持及推動執行下，澳門考區自香港考區獨立，組成「澳門試務委員會」辦理澳門學生赴臺升學招生、試務、宣導等工作。

圖表78　澳門留臺大專校友會梁金泉學長（右）

　　至西元2010年（民國99年）該團隊因若干原因總辭後，為確立臺灣在澳門招生工作之組織任務及權責分工，由當時的教育部大陸小組邀請行政院大陸委員會及內政部移民署進行跨部會協商，決議「澳門試務委員會」由我方接管，重新奠定該委員會之正統性和使命，澳門試務委員會召集人為大陸委員會澳門辦事處處長，下設協調組及試務組。澳門試務委員會負責辦理招生宣導、受理報名、資格初審（資格複審由內政部移民署、教育部國際及兩岸教育司負責）、考生造冊、製作准考證、設置闈場及備妥印卷設備、安排及分配試場、監考等招生試務工作，並協助舉辦新生入學輔導會、派發分發通知書及辦理臺灣高等教育展。

## 2.臺灣大專澳門校友會

　　官方接管澳門試務委員會成立之隔年，2011年（民國100年）

圖表79　臺灣大專澳門校友會（右六為區金蓉理事長）

由「澳門留臺大專校友會」更名後之「臺灣大專澳門校友會」協助
及交接試務組工作，2012年（民國101年）正式接任試務組，主要
成員為區金蓉理事長、馬耀良及蔡文政等人，期間辦理首屆「澳門
臺灣高等教育展」，並擴大「新生入學輔導會」之規模，且組織
「團體報名學校」讓中學師長協助受理學生赴臺升學之報名及輔導
業務。後因該校友會於2016年（民國105年）爆發內部人事紛爭，
為使海外聯招會在澳門招生不受其紛爭及後續影響，由海外聯招會
蘇玉龍主任委員發函至「臺灣大專澳門校友會」，感謝該校友會多
年來的協助，亦即終止委託關係。

### 3. 澳門中華科研教育推廣交流協會

原澳門試務委員會試務組任務於2017年（民國106年）暫由
「臺灣暨南國際大學澳門校友會」掛名接手當年度招生及宣導工

圖表80　中華科研教育推廣交流協會
（後排右四為許耀雄會長、前排左二為黃惠玲理事長）

作，試務組任務轉交由中生代留臺校友所新組成之「澳門中華科研
教育推廣交流協會」迄今，由許耀雄擔任會長。期間推動及協助
「新生入學輔導會」活動的轉型，並持續以社群軟體與澳門各中學
升學輔導老師保持良好的互動及連繫，該試務組業務續由大陸委員
會澳門辦事處及海外聯招會共同強化監督及輔導。

## （二）澳門試務委員會組織圖

　　自2011年起，歷年澳門試委會召集人，皆由澳門辦事處處長兼
任之。

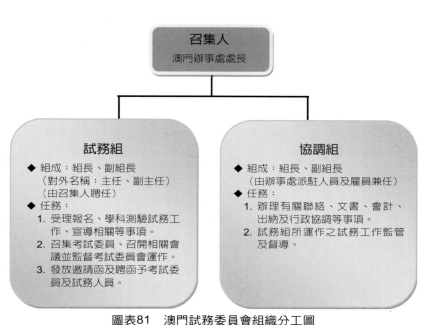

圖表81　澳門試務委員會組織分工圖

圖表82　歷年澳門試務委員會召集人

| 歷年澳門試務委員會召集人2011年（民國100年）起 | |
|---|---|
| 期間 | 澳門辦事處處長 |
| 2011-2013 | 羅木坤 |
| 2013-2017 | 盧長水 |
| 2017-2019 | 陳雪懷 |
| 2019- | 李佩儒 |

## （三）澳門學生赴臺升學報名機構——澳門試務委員會 「試務組」任務角色

　　至於歷年澳門當地組織擔任試務工作之角色任務，可由下表得知：

圖表83　歷年澳門當地組織擔任試務工作之角色任務

| 澳門當地組織名稱 | 任務期間 | 代表性任務 | 關鍵人物 |
|---|---|---|---|
| 怡社<br>（命名以「怡」字表<br>「心向臺灣」之意） | 1970年代 | ● 澳門學生赴臺升學輔導 | 早期留臺校友 |
| 澳門留臺大專校友會<br>（始成立「澳門試務委<br>員會」） | 1992年-2000年 | ● 澳門考區獨立<br>● 辦理澳門學科測驗（入<br>闈、印卷、排考） | 梁金泉、黃翰<br>寧、帥文基、利<br>開演、黃惠玲 |
| 臺灣大專澳門校友會<br>（前身為澳門留臺大專<br>校友會） | 2000年-2016年 | ● 組織團報學校<br>● 辦理臺灣高等教育展<br>● 辦理新生入學輔導會 | 區金蓉、莫垂<br>道、馬耀良、蔡<br>文政、黃惠玲 |
| 臺灣暨南大學澳門校友<br>會 | 2017年 | ● 擔任階段性任務 | 陳曉君、吳麗<br>英、張耕笠 |
| 中華科研教育交流推廣<br>協會 | 2018年迄今 | ● 新生入學輔導會轉型<br>● 以社群軟體與澳門中學<br>　師長作為連絡工具 | 黃惠玲、鄭恩儀 |

# 四、澳門招生宣導活動及策略

　　澳門回歸大陸之後，人口數仍不及50萬人，應屆畢業的中學生，頂多4,500人左右。當時在梁金泉所率領的試務委員會的努力下，讓報名臺灣升讀大學的人數，節節高升，甚至一度逼近3,000人，亦即超過半數以上的澳門高中生，皆擬赴臺灣升學，蔚為風尚。

## （一）升學趨勢、臺澳關係與招生宣導形式

### 1.79學年度-91學年度（1990-2002）

　　83學年度（1994）起由「澳門留臺大專校友會」接任辦理澳門附屬考區試務工作，學科測驗考題自香港書院印卷裝箱後，由澳門考區試務委員委會及海外聯招會共同押卷至澳門，學生始得於澳門

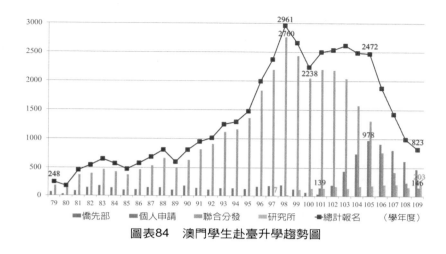

圖表84　澳門學生赴臺升學趨勢圖

應試，無須再搭船奔波至香港，也為日後澳門學生報名人數穩定成長打下重要的基礎。87學年度（1998）澳門學生赴臺升學報名人數首度超越香港，而88學年度適逢澳門回歸大限，當年報名人數再次成長來到808人。

### 2. 92學年度-98學年度（2003-2009）

自92學年度（2003）起，於澳門試務委員會建議之下，海外聯招會加強赴澳門辦理招生宣導活動，包含舉辦大型升學輔導會，邀集各中學應屆畢業生前往參加，各校師生參與踴躍，澳門學生報名赴臺升學於93學年度（2004）正式突破千人。海外聯招會宣導團於94學年度（2005）起始進入中學校園辦理巡宣招生說明會，創造澳門學生赴臺升學之聲勢。95學年度（2006）澳門考區獨立，自行辦理招生宣導及學科測驗，各項試務工作辦理更具自主性。97學年度（2008）海外聯招會首次邀請臺灣各類型大學，以分組方式同步辦理中學巡迴招生說明會，爭取接觸更多應屆畢業生。報名赴臺學生

逐年上升，於98學年度（2009）創下近3千人的報名紀錄，試務委員會及海外聯招會更在99學年度（2010）趁勝追擊，邀集10餘所大學前往澳門聖羅撒女子中學辦理一場與學生直接面對面的「澳門臺灣高等教育展」。

### 3.99學年度-105學年度（2010-2016）

自99學年度（2010）擔任澳門試務委員會總召之梁金泉先生向海外聯招會及教育部提出總辭，故於澳門受理學生報名、學科測驗辦理及招生宣導活動等各項試務工作面臨無主、承辦單位之困境，海外聯招會多次赴澳門拜會時任澳門辦事處（原稱為澳門事務處，2017年更名）處長羅木坤，協調該處能夠肩負起駐外館處之功能與義務，承接原梁金泉團隊所執行之招生試務工作，並經由教育部大陸小組邀請大陸委員會、移民署及海外聯招會召開澳門招生試務工作變革規劃案。該年度之受理報名及試務辦理工作由海外聯招會團隊臨危受命，期間頻赴澳門執行試務工作。100學年度（2011）「臺灣大專澳門校友會」（前身為「澳門留臺大專校友會」）之新團隊，向澳門辦事處表達願接手承辦原「澳門試務委員會」之任務工作。最終於海外聯招會100學年度澳門試務檢討會議決議，重新界定「澳門試務委員會」的組成，由澳門辦事處處長擔任召集人，籌組澳門試務委員會，並由澳門辦事處擔任行政組及聯絡組；報名組及試務組由「臺灣大專澳門校友會」擔任。

受到澳門試務委員會原團隊總辭及後續工作交接之不穩定情況的影響，99至100學年度的澳門學生赴臺升學人數明顯下滑，但海外聯招會仍於2010年（民國99年）排除萬難主辦第一屆「澳門臺灣高等教育展」，以新型態的宣導活動吸引更多澳門師生及家長關注，至101學年度（2012）起報名人數始往上抬升，自此，每年均維持辦理「澳門臺灣高等教育展」活動，為臺灣各大學打造一個與澳門師生、家長面對面溝通及宣傳的招生平臺。另配合海外

聯招會101學年度（2012）個人申請制上路，澳門辦事處及澳門試務委員會把握各大招生宣導機會，期以多元管道招收澳門新生，加上時任澳處處長的盧長水的大力推廣，其成效亦可從103學年度（2014）起得到反饋。103至105學年度澳門學生報名人數維持平穩，惟個人申請及聯合分發制之報名人數明顯轉移，越來越多澳門學生選擇以個人申請制赴臺升學。

### 4.106學年度-108學年度（2017-2019）

臺灣在民國105年（2016）底政權轉移，新政府上任後兩岸關係隨之轉變，中國大陸高校亦開始積極向澳門招生，自2016年起逐年增加澳門學生專屬之保送名額，至2019年保送名額已達1,115個，另外在當局政策壓力之下，原先與我方友好及長期合作之中學，日漸與臺灣招生活動保持距離，包括不再出借學科測驗及招生宣導場地、退出團體報名學校行列、不主動鼓勵學生赴臺升學等；官方單位如高等教育局（前身為高等教育輔助辦公室，2019年組織升級）、教育青年局不再出席我方辦理相關招生活動，大動作關切如臺灣教育展、學科測驗辦理等活動辦理之正當性及細節，電視及平面媒體開始淡化或排除臺灣升學相關報導，甚至產生不利我方之評論、報導等。教育部、大陸委員會、澳門辦事處（含澳門試務委員會）及海外聯招會針對各項因政治情勢所產生的招生挑戰及威脅，曾多次商討因應對策，大致以將招生宣導活動化整為零、強化校友組織力量、加強在臺澳門升讀研究所宣傳等策略。澳門學生赴臺升學人數亦在這一波官方及中學的刻意抵制下，逐年下降，於108學年度（2019）已下探低於1,000人。

| 時間<br>（學年度） | 活動形式及說明 | 備註 |
|---|---|---|
| 1996年<br>（85）<br>｜<br>1999年<br>（88） | ● 港澳招生宣導座談會 | |
| 2003年<br>（92） | ● 港澳招生宣導座談會<br>　→ 澳門場於培正中學辦理升學輔導會，澳門試務委員會向海外聯招會提出希望能每年派員赴澳門辦理大型之宣導說明會。前排左起為蘇玉龍總幹事、黃惠玲老師、梁金泉主席、教育部高教司楊玉惠專門委員、臺大教務處洪泰雄主任、海聯曾敏執行幹事 | |
| 2004年<br>（93） | ● 試務座談會<br>● 宣導前新聞發佈會<br>● 升學輔導講座（粵華中學）<br>　→ 與澳門試務委員會（澳門留臺大專校友會）共同辦理大型升學輔導講座，邀請臺灣的大學師長共同前往，吸引近2000名學生參加 | |
| 2005年<br>（94） | ● 升學輔導講座<br>● 中學巡迴招生說明會<br>　→ 開始進入中學辦理巡迴招生宣導說明會<br>● 試務座談會 | |

| 時間<br>（學年度） | 活動形式及說明 | 備註 |
|---|---|---|
| 2006年<br>（95） | ● 升學輔導講座<br>● 中學巡迴招生說明會（聖若瑟中學、海星中學）<br>　→ 由澳門各中學安排時間，讓宣導團進入中學宣講<br>● 試務座談會<br>● 澳門大學參訪 | |
| 2007年<br>（96） | ● 升學輔導講座（聖若瑟中學、海星中學）<br>　→ 由海聯蘇玉龍總幹事（暨大教務長）開場主講<br><br>● 試務座談會 | |
| 2008年<br>（97） | ● 升學輔導講座（粵華中學）<br>● 中學巡迴招生說明會<br>　→ 首度以分組形式，同時間赴不同中學辦理巡迴招生講座，以爭取接觸更多招生目標對象 | |
| 2009年<br>（98） | ● 升學輔導講座（粵華中學）<br>● 中學巡迴招生說明會<br>　→ 學生認真聽講 | |
| 2010年<br>（99） | ● 辦理首屆「澳門臺灣高等教育展」<br>　→ 於聖羅撒女子中學辦理，計有8所大學參與<br>● 升學輔導講座（公教大會堂）結合教育展活動 | |

| 時間<br>（學年度） | 活動形式及說明 | 備註 |
|---|---|---|
| 2011年<br>（100） | ● 中學巡迴招生說明會<br>→ 因應網路填表系統、受理報名及學科測驗等試務承辦單位之改變，新年度之招生業務由海外聯招會組團辦理中學宣導並規劃協調試務工作<br>● 寒期輔導會（由澳門天主教中學校友在臺學生聯會／全國在臺港澳大專學生聯合會主辦）<br>● 澳門教育博覽會（受澳門高教辦邀請，於澳門威尼斯人會展中心參展）<br>● 新生入學輔導會<br>→ 海外聯招會首次參與由全臺港澳學生聯合會／澳門天主教中學在臺校友學生聯會主辦之新生入學輔導會活動，邀集各大學一同前往近距離輔導新生，並以分組形式讓學校及新生能充分運用，同時派發分發通知書 | <br> |
| 2012年<br>（101） | ● 寒期輔導會<br>● 新生入學輔導會／教育展<br>→ 結合於粵華中學舉行的新生輔導會及教育展兩項活動，共有31所臺灣校院參與<br><br>● 澳門大學國際嘉年華（受邀參展）<br>→ 於澳大國際嘉年華攤位講解赴臺升學資訊 | <br> |
| 2013年<br>（102） | ● 寒期輔導會<br>● 新生入學輔導會<br>● 澳門臺灣高等教育展<br>→ 首度移師「綜藝館」辦理，共計62所大學參展<br>● 中學巡迴招生說明會：率領臺灣各類型計15所大學，分為4組至12所中學辦理升學說明會 | |

| 時間<br>（學年度） | 活動形式及說明 | 備註 |
|---|---|---|
| 2014年<br>（103） | ● 寒期輔導會<br>● 新生入學輔導會<br>● 中學巡迴招生說明會<br>　→ 共14所大學分組分赴8所中學辦理<br>　　招生說明會<br>● 澳門臺灣高等教育展：於「澳門會展<br>　中心」辦理，計74所大學參展 | |
| 2015年<br>（104） | ● 寒期輔導會<br>● 澳門教育博覽會（受邀參展）<br>● 新生入學輔導會<br>● 澳門臺灣高等教育展<br>　→ 於「綜藝館」舉行，77所大學參<br>　　展，觀展人數創4,700人紀錄 | |
| 2016年<br>（105） | ● 寒期輔導會<br>● 新生入學輔導會<br>● 中學巡迴招生說明會<br>● 澳門臺灣高等教育展<br>　→ 首年使用專業展場「澳門漁人碼頭<br>　　會議展覽中心」辦理，參展校數88<br>　　所創新高 | |
| 2017年<br>（106） | ● 寒期輔導會<br>● 新生入學輔導會<br>● 澳門臺灣高等教育展<br>　→ 參展校數73校，於展場內新闢「留<br>　　臺學長姐經驗分享交流區」。惟原<br>　　訂辦理日期受「天鴿」颱風重創澳<br>　　門影響，延後兩週辦理 | |
| 2018年<br>（107） | ● 寒期輔導會<br>● 新生入學輔導會<br>　→ 因中學場地借用困難，首年改變辦<br>　　理形式，由各大學自行登記使用<br>　　「國父紀念館」辦理新生見面活<br>　　動。暨大錄取新生與蘇玉龍校長<br>　　（中坐者）相見歡<br>● 澳門臺灣高等教育展，參展校數53校 | |

| 時間<br>（學年度） | 活動形式及說明 | 備註 |
|---|---|---|
| 2019年<br>（108） | ● 寒期輔導會<br>● 新生入學輔導會<br>● 澳門臺灣高等教育展，參展校數50校<br>→ 教育展開幕禮合影，左5為教育部<br>　駐港馬湘萍參事、左6為蘇玉龍主<br>　任委員、左7為梁金泉學長、左8為<br>　陸委會駐澳李佩儒代理處長 | |

## 五、重要法規變革對澳門招生的影響

### （一）僑生回國就學及輔導辦法

　　澳門於西元1999年12月19日前係屬於葡萄牙治理時期，在澳門回歸中國之前，根據葡國法律，西元1981年11月20日之前在澳門出生的人士均被自動推定為葡萄牙公民，另外若其父母或配偶擁有葡萄牙國籍，亦可將葡國籍過繼予所生子女及配偶。而1999年12月20日起，葡治時期結束後，澳門特區政府成立，根據「中葡聯合聲明」，凡擁有葡萄牙國籍之澳門人，在澳門回歸中國後仍可以繼續使用並重新續領使用葡萄牙護照，以及可以把葡萄牙國籍過繼給予所生子女。2015年根據葡萄牙官方統計，全澳門64萬以上人口中，約有16萬8千名澳門人擁有葡萄牙國籍，意味這些擁葡國籍的澳門人，都有可能申領葡萄牙護照。

　　民國86年，為因應香港及澳門地區主權移交，制定公布《香港澳門關係條例》，同年教育部訂定發布《香港澳門居民來臺就學辦法》，其規範內容涵蓋港澳學生身分資格認定、回國就學條件、申請就學方式、分發、在學及畢業輔導等各項措施。《香港澳門關係條例》第四條明定澳門居民之定義：「具有澳門永久居留資格，且

未持有澳門護照以外之旅行證照或雖持有葡萄牙護照但係於葡萄牙結束治理前於澳門取得者」。

綜上，依據港澳生赴臺就學所適用法規，明訂所持葡國護照須於西元1999年12月20日前取得才界定為澳門居民，換言之回歸後才取得葡國護照者，則無法符合「港澳生」身分，僅能選擇放棄葡萄牙護照以符合港澳生資格，或以外國學生身分赴臺就學。而以西元1999年為關鍵分水嶺，當年出生的澳門學子約莫於2014年自中學畢業，有意赴臺升學、且持有葡國護照的同學，始面臨葡國護照取得時間界定及身分定位問題。經數件相關案例累積與臺、澳兩地相關單位包含教育部、大陸委員會、澳門辦事處、澳門試務委員會移民署及海外聯招會等，多次討論與協商，促使教育部於2016年修正與增訂「僑生回國就學及輔導辦法」第3條及第23-1條，新增「港澳具外國國籍之華裔學生」身分。臚列相關事件及修法進程如下表：

圖表86　澳門學生持有葡萄牙護照事件

| 時間 | 事件 | 因應 |
|---|---|---|
| 1999 | 澳門回歸中國 | 持有葡籍之澳門人得繼續使用並重新續領葡萄牙護照，且得以過繼給子女 |
| 2013 | 發生多起澳門學生錄取後，因領取居留證時無法提供澳門回歸前取得葡國護照證明，導致無法領取居留證之案例 | 教育部撤銷學生資格，海外聯招會公告註銷錄取資格 |
| 2014 | 註銷多位由海外聯招會錄取之澳門學生錄取資格，轉以外國學生身分就學 | 1. 修正澳門學生適用簡章加註【符合香港澳門關係條例第四條者，但符合「外國學生來臺就學辦法」規定者，得依「外國學生申請來臺就學」】提醒文字<br>2. 強化線上填報系統「資格檢視」步驟之引導及提醒 |
| 2015 | 1. 澳門辦事處函送教育部及海外聯招會反應有關澳門學生持有回歸後葡萄牙護照問題將日益增加<br>2. 澳門試務委員會於海外聯招會赴澳門辦理寒期輔導會期間反應學生持葡國護照問題 | 報名聯招會之澳門學生需填具「香港或澳門居民身分確認書」，持續宣導持回歸後葡國護照學生可使用外國學生身份赴臺升學 |

| 時間 | 事件 | 因應 |
|---|---|---|
| 2016 | 1. 教育部修正「僑生回國就學及輔導辦法」，增列第23-1條，持澳門回歸後取得之葡國護照者，以「港澳具外國國籍之華裔學生」身分赴臺升學。（發布日期：105年11月25日）<br>2. 該年度始有1999年後出生之報名學生。其所持葡國護照業為回歸後所取得 | 1. 海外聯招會線上填報進行學生身分分流，各別產生「港澳生」或「港澳具外國國籍之華裔學生」之聲明書或切結書內容，由學生報名時繳交，並於「分發通知書」上載明身分別<br>2. 外交部配合宣導「港澳具外國籍之華裔學生」申領居留簽證注意事項 |
| 2017 | 持回歸後取得之葡國護照澳門學生首年以「港澳具外國國籍之華裔學生」身分赴臺升學（106學年度） | 首年以「港澳具外國國籍之華裔學生」身分經聯招會分發者（澳門學士班）計98人，佔全數分發人數1,532人約6% |
| 2019 | 106學年度-108學年度「港澳具外國籍之華裔」學生佔總分發人數逐年上升（聯招管道） | 學年度：106、107、108 ／ 佔比：6.42%、12.20%、14.57% |

表格詳細：

| 學年度 | 106 | 107 | 108 |
|---|---|---|---|
| 佔比 | 6.42% | 12.20% | 14.57% |

## （二）香港澳門居民來臺就學辦法

　　澳門於西元1999年12月20政權回歸，中國政府開發澳門自由行、亦導引港澳與廣東省週邊地區（如珠海、橫琴）的連結，形成同城化效應，不少澳門民眾前往珠海或橫琴買房定居，於澳門當地就職及求學，每日往返內地及澳門，促進開啟兩地24小時通關措施。亦有中國大陸居民依據《澳門投資居留法》移居澳門。

　　民國86年（1997）因應即將面臨香港及澳門地區主權移交，我政府制定公布《香港澳門關係條例》，同年訂定發布《香港澳門居民來臺就學辦法》；民國97年（2008）修訂第17條明定港澳學生連續居留港澳年限為6年，民國101年（2012）修訂第2條明定港澳學生連續居留地區得為港澳或海外（指大陸地區、香港及澳門以外之國家或地區）；民國102年（2013）再次放寬明定港澳學生可持大陸地區學歷申請來臺就學，準用大陸地區學歷採認辦法規定辦理。

　　自民國102年（2013）起，雖業已開放港澳學生可持大陸學歷

赴臺升學，但第2條所規定港澳學生連續居留地區得為港澳或海外（指大陸地區、香港及澳門以外之國家或地區），仍限制持有澳門永久居民身分證，其中學或大學學歷係於中國大陸取得，雖已移居澳門，卻因未滿6年而無法赴臺升讀大學或研究所；以及因同城化發展，使學生雖持澳門永久居民身分證，但居住於珠海或橫琴，而導致連續居留認定或居留中斷。上述情況係雖法規已開放港澳生持大陸學歷赴臺升學，但因連續居留規定之限制，實際上能夠申請通過而赴臺升學的案例並無明顯提升。澳門辦事處亦於民國104年（2015）4月曾函文向教育部、大陸委員會及海外聯招會反應上述情況，並表示已接獲數個相關諮詢案件，尤以持大陸學士學歷欲赴臺升讀研究所的諮詢為多。

　　案經相關單位的反應及建議後，教育部於民國106年（2017）修正發布《香港澳門居民來臺就學辦法》第2~4、6~8條，修定最近連續居留「港澳或海外」放寬為「境外」（指臺灣地區以外之國家或地區），排除最近6年內居留於大陸地區之學生，使得持大陸中學或大學學歷的澳門學生，得以應屆畢業申請赴臺升學。

圖表87　持大陸學士學歷赴臺升讀研究所之澳門學生

| 學年度 | 105 | 106 | 107 |
|---|---|---|---|
| 持大陸學歷報名海外聯招會研究所（含碩、博）管道之澳門學生人數 | 7 | 4 | 16 |

# 第四章、印尼招生發展[5]

　　歷史上印尼華人首次遭到大規模鎮壓，是在1965（民國54年）的反共大屠殺，1966年（民國55年）印尼政府還曾下令關閉華文中

---

[5]　本章由海外聯招會祕書組幹事吳旻燁撰寫。

小學，實行同化政策，並宣布全面取締華文學校、社團和報刊等，使得印尼華文教育走向沉寂的黑暗期。1990年代，因中國大陸與印尼恢復外交關係，華人旅客及臺商到印尼也日益增加，促使印尼政府開始開放政策。主要政策作為包括取消華裔子女赴中國大陸學習華文的禁令，同意我國開辦臺灣學校，並允許在校學生選修華文，民間也可獨立開辦華文補習班等。

由於印尼地區幅員遼闊，資源豐饒，發展潛力雄厚，吸引不少臺商遠赴設廠，加上臺灣政府大力推動「南向政策」，部分臺商及其員工舉家遷往東南亞設廠工作，於是海外臺灣學校也應運而生，在雅加達及泗水都設立臺灣學校，並陸續有高中部學生畢業，擬返臺銜接大學繼續升學。

# 一、招收印尼僑生大事紀

印尼的招生對象，分為截然不同的兩類，一是在印尼出生長大的華裔子弟，因其華文教育斷層而受嚴重的影響；另一則是國內教育向海外延伸的臺商學校學生。歷年來，招收印尼學生的重要事件臚列如下。

圖表88　印尼招生大事紀

| 時間<br>（學年度） | 印尼招生大事紀 |
|---|---|
| 1995年<br>（84） | 印尼僑生先至僑大先修班受訓，結訓後測驗再分發 |
| 1999年<br>（88） | 1. 為應印尼臺校畢業生申請，原馬來西亞臺校生適用之簡章名稱修改為「馬來西亞及印尼地區臺校高中畢業之臺商子女適用」<br>2. 印尼輔訓生與馬春班共同梯次（第6梯次）分發<br>3. 來臺輔訓人數因印尼政治因素激增 |
| 2000年<br>（89） | 原馬來西亞及印尼臺校生適用之簡章名稱修改為「海外臺北學校畢業生適用」 |

| 時間<br>（學年度） | 印尼招生大事紀 |
|---|---|
| 2001年<br>（90） | 1. 首年展開印尼地區招生宣導<br>2. 雅加達臺灣學校第一屆高中生畢業，舉辦海外學科測驗，由海外聯招會派員攜卷前往辦理考試，考後攜返臺灣閱卷評分，依測驗成績分發大學<br>3. 調增「印尼輔訓班結業生」之核定率，增加核定名額 |
| 2005年<br>（94） | 海外聯招會整併分發梯次為5梯次，印尼輔訓班為第五梯次 |
| 2007年<br>（96） | 因應停辦印輔班，印尼地區適用簡章增列申請人同意自願就讀臺灣師範大學僑生先修部之選項 |
| 2008年<br>（97） | 1. 僑務委員會囿於經費因素停辦印尼輔訓班<br>2. 首次於印尼舉辦非臺校生測驗考試，借用雅加達臺灣學校場地辦理。測驗科目為中文、英文、數學三科 |
| 2009年<br>（98） | 泗水臺灣學校第一屆高中生畢業，赴雅加達參加學科測驗 |
| 2010年<br>（99） | 首次參與菁英來臺辦公室主辦之印尼高等教育展 |
| 2011年<br>（100） | 教育部召開「擴大招收僑生之具體目標及推動策略」會議中決議101年續辦印尼輔訓班 |
| 2012年<br>（101） | 恢復續辦印尼輔訓班，由教育部指定國立暨南國際大學接辦 |
| 2013年<br>（102） | 1. 設立泗水臺灣學校考場<br>2. 由僑委會接辦印輔班，以委託案辦理招標 |
| 2015年<br>（104） | 評估印尼輔訓班單獨梯次 |
| 2017年<br>（106） | 印尼非臺校生之國際學校增設「A-LEVEL」、「IBDP」聯合分發採計方式 |
| 2019年<br>（108） | 1. 成立印尼專區Facebook粉絲專頁<br>2. FB「Messenger」線上諮詢服務 |

## 二、海外臺灣學校

　　海外臺灣學校成立旨在解決其臺商子女就學及返國銜接升學問題，在臺商募款捐資及政府駐外機構、僑務機關協助下，民國80年（1991）開始陸續在馬來西亞、印尼、泰國、越南創辦了6所海外

臺灣學校。教育部自87年（1998）起接辦海外臺灣學校輔導業務，民國94至民國95年間（2005-2006）6所海外臺北學校在教育部輔導下，陸續改名為臺灣學校。

## （一）印尼兩所海外臺灣學校

民國79年（1990）印尼臺商首先籌組「雅加達臺灣國際學校基金會」，由駐印尼代表處鄭前代表文華任基金會理事長，網羅旅印尼各界代表及熱心人士籌組「建校籌備委員會」。後經印尼文教部頒發設校許可，並組成「雅加達臺北學校董事會」，積極展開各項建校工作。雅加達臺灣學校於民國80年（1991）9月2日正式開學。94年（2005）6月，更名為「雅加達臺灣學校」。

圖表89　泗水臺灣學校舊校區（2007年）

圖表90　印尼泗水臺灣學校新校舍（2008年）

　　而泗水臺灣學校則於民國84年（1993）獲印尼政府核准設校，
我國僑務委員會亦於11月頒發華僑學校立案證書，校名為「印尼泗
水臺北學校」。嗣於民國91年（2002）印尼政府核准成為「泗水臺
北國際學校」，除招收臺商子弟外，擴及於本地與外籍學生；民國
95年（2006）復奉教育部核定中文校名，改稱「泗水臺灣學校」。
泗水臺灣學校最初因原校舍教學環境欠佳，教育部於民國95年至97
年期間提供專款補助，並在當地臺商、僑界踴躍捐款大力支持下，
使該校於97年順利完成新校舍興建及搬遷。民國97年11月22日泗水
臺灣學校舉行新校舍落成典禮。時任教育部部長鄭瑞城更親賜「臺
教之光」門額，以為勗勉。

## （二）海外臺灣學校學生人數

海外臺灣學校從4國6校，演變成現在的3國4校，目前分別是「印尼雅加達臺灣學校」、「印尼泗水臺灣學校」、「馬來西亞吉隆坡臺灣學校」及「越南胡志明市臺灣學校」。以往的泰國中華國際學校，已於民國95年（2006）退出臺灣學校體系；檳吉臺灣學校因人數大幅減少，業於民國108年（2019）8月退場停辦。海外臺灣學校的在學人數，依據教育部國際司的資料顯示，總體來說，是持續穩定成長的。

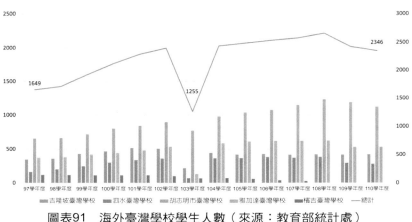

圖表91　海外臺灣學校學生人數（來源：教育部統計處）

## （三）海外臺灣學校高中生返國升學人數統計

依據教育部國際及兩岸教育司統計資料，自民國102年至106年（2013-2017）海外臺校高中生返國升學比例約92.04%。其中，印尼兩所臺灣學校高中生近5年平均為89.58%。

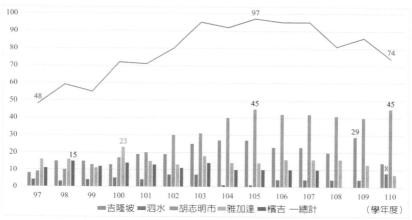

圖表92　海外臺灣學校高中生返國升學人數（來源：教育部統計處）

## 三、印尼僑生專屬升學管道——印尼輔訓班

### （一）印尼輔訓班沿革

　　溯自民國72年（1983）起，僑務委員會鑑於印尼華裔人數眾多，當時印尼政府嚴厲打壓當地華文教育，故委請國立臺灣師範大學僑生先修部（當時為僑大先修班，簡稱僑大）辦理印輔班。

　　當時印尼僑生乃由僑委會安排來臺，逕入僑大接受短期輔訓，使其適應國內教育環境且加強華語能力，並按結訓成績及志願分發。印輔班持續辦理長達24年之久。其間，民國84年（1995）海外聯招會成立，秉持一貫公平、公正、公開的聯合分發精神，依僑大提列之印輔班結業成績及其所填志願分發大學，未達大學錄取標準者，進入僑大就讀一年；少部分因華語文程度不佳，經海外聯招會常務委員會議決議，依簡章規定分發至僑大二年制特輔班就讀。

## （二）印尼輔訓班停辦

囿於經費因素，僑委會自民國97年（2008）起宣告停辦印輔班。海外聯招會為因應此一變革，考量印尼當地並無統一會考、國際標準化測驗亦不多見、加上華語學習的斷層及限制，幾經評估，由海外聯招會比照其他海外測驗地區，攜卷赴印尼當地舉辦海外測驗。

海外測驗由本會命題組命題，並派試務人員前往印尼入闈印題卷及辦理監試。考科分為中文、英文、數學三科基本學科，滿分總計300分，由試務人員攜卷返臺交由閱卷組閱卷。海外聯招會分發組依各生測驗結果，按其所填志願及校系名額進行分發。同時為顧及印尼僑生之需求，開放得以免試方式「自願申請僑先部」就讀。

自民國97年（2008）起改在印尼當地舉辦學科測驗後，由海外聯招會統一分發入學，每年申請來臺就讀大學校院人數約170餘人，惟實際來臺報到註冊人數6成約100人。

## （三）續辦印尼輔訓班

為因應高等教育產業輸出全球化競爭，打造臺灣成為東亞高等教育重鎮，並達成國際學生人數成長目標。教育部於民國100年（2011）3月4日召開「擴大招收僑生之具體目標及推動策略」會議，研議有關印尼華裔人數眾多，招收僑生為極具潛力之地區，惟因印尼政府近年始開放華文政策，當地華語文師資缺乏，華裔子弟華語文能力不足，故近年僑生來臺人數未能顯著成長。經評估，若能恢復辦理印輔班，輔以印尼華文教育及水準提升，當可逐年增加印尼華裔子弟來臺就學人數。會議中決議，由「國立暨南國際大學於民國101年（2012）試辦印尼輔訓班，並評估其成效」。

圖表93　印輔班結業式大合影（101年8月於暨大）

　　又為強化海外招生宣導，會議中亦決議：「配合101學年度開辦印輔班，請海外聯招會一併協助規劃印尼地區保薦單位之招生研習事宜」。

　　其後，隨即於民國100年（2011）12月5日至12月9日辦理印尼地區保薦單位之招生研習活動，比照僑委會每年舉辦僑生保薦單位工作研討會模式，為印尼地區20多個保薦單位舉辦來臺招生輔導研習團，針對印輔班之規劃、實地參訪設施及環境、赴臺升學新制及法規規定等進行深入研討，以強化試辦印輔班之招生宣導，並落實印輔班的規劃安排及評估機制。是以，如期於101年（2012）6月在美麗的暨大校園，迎來復辦後的首屆92名印輔班學生。暨大特別商請其附中國文、英文及數學老師執教，佐以課輔小老師於夜間進行課後輔導，並由暨大12名印尼僑生擔任生活輔導員，協助印輔班學生適應生活。經過密集課程訓練後，將結業成績送交海外聯招會辦

理分發，接續由暨大國際文教與比較教育學系規劃華語學習及文化體驗營隊，培訓至銜接各分發大學開學為止。

## （四）今日印尼輔訓班

　　隔年，102年（2013）起回歸由僑務委員會編列預算，以招標方式尋求委辦學校[6]，來臺學生人數呈穩定成長。綜觀過去印尼輔訓班辦理期間，每年來臺人數約200-300人不等，結訓後均能全數分發大學、或進入僑生先修部就讀。印尼輔訓班維持辦理初衷，補強印尼學生華語文，學生亦得以於當地印尼中學畢業後來臺，銜接學程，並提早在臺適應生活。民國104年至民國107年（2015-2018）印尼輔訓班結業生分發大學之註冊報到率高達96.4%，招生成果顯著。

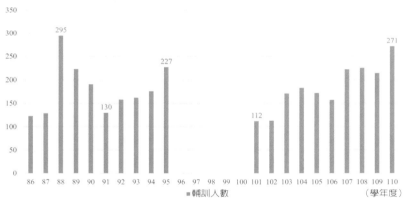

圖表94　印尼輔訓班歷年人數統計圖

---

6　受僑委會委託承辦印輔班之大學：102-103學年度為國立臺灣師範大學僑生先修部，104至107學年度為中原大學，108學年度起為臺師大僑先部。

## 四、保薦單位的組成與任務

依據僑務委員會遴選僑生回國就學保薦單位第二點：「僑生回國就學，以向我駐外使領館、代表處、辦事處或其他外交部授權機構（以下簡稱駐外機構）申請為原則。但本會（僑委會）得視各僑居地幅員、交通、僑生人數、駐外機構設置、申請文件核驗程序等情形，遴選僑居地友我僑校、僑團或校友會等組織為僑生回國就學保薦單位受理申請」。因此，僑務委員會為結合當地友我社團協助推展赴臺就學事務，特別遴選各僑界社團人士，成立僑生回國就學「保薦單位」，除能推廣海外華語文教育與中華文化外，亦能凝聚海外僑胞對臺灣之認同與向心力。現有保薦單位以109年（2020）為例，分布在7國，以馬來西亞（120）最多，其次為印尼（35），再其次為菲律賓（16）、泰國（3），至於汶萊、緬甸、柬埔寨各僅有1個保薦單位（詳見僑委會網站：https://www.ocac.gov.tw/OCAC/保薦單位名單）。

印尼幅員廣大，人口約2億5,600萬人，華裔人口約2,100萬人，並以宗親會、同鄉會、文教、宗教等形式成立各式社團外，另成立有留臺校友會。在爪哇島有「雅加達留臺校友聯誼會」、「雅加達留臺校友會」、「東爪哇留臺校友聯誼會」、「中爪哇留臺同學會」、「峇厘島留臺同學會」；蘇門答臘島則有「蘇北印尼留臺同學會」、「蘇南留臺校友聯誼會」；各地區之留臺校友會並合組成印尼留臺校友會聯合總會。至於臺商組織方面，以地域區分，目前共成立8個臺灣工商聯誼會（雅加達、泗水、萬隆、井里汶、巴譚、蘇北、中爪哇及巴厘島臺灣工商聯誼會），地區臺商會再聯合組成「印尼臺灣工商聯誼會聯合總會」。鑑於印尼各地區幅員分散遼闊，各個保薦單位即在僑委會委託下，擔負起僑生赴臺升學資格初審及表件收取寄送的重要工作。又因近年招生管道及方式多元變

化，僑委會定期邀請海外保薦單位組團回臺，辦理升學輔導研習，亦請海外聯招會支援解說，協助培訓。

## 五、印尼招生策略與成果

### （一）印尼招生宣導活動

　　印尼招生宣導活動不若馬來西亞、港澳等地發展較早，海外聯招會首度赴印尼宣導，係自民國90年（2001）始開始組團，歷年招生宣導活動如下。

圖表95　印尼歷年來招生宣導活動

| 時間（學年度） | 活動形式及地點 | 備註 |
|---|---|---|
| 2001年（90） | ● 首度組團前往印尼三大城市（泗水、雅加達、棉蘭）展開招生宣導說明會 | |
| 2003年（92） | ● 橫跨2國於泰國、印尼併同辦理，於雅加達、棉蘭兩地辦理宣導說明會<br>→ 宣導團成員教育部僑教處李淑範主任於棉蘭說明政府對僑生教育的重視與僑教措施 |  |
| 2005年（94） | ● 呼應92學年度宣導建議，除雅加達、棉蘭外，加入巨港地區辦理招生宣導<br>→ 巨港宣導說明會合影<br>● 宣導會第一次加入技職體系（僑光技術學院教務長王秋寅） |  |

| 時間<br>（學年度） | 活動形式及地點 | 備註 |
|---|---|---|
| 2007年<br>（96） | ● 赴泗水、坤甸、雅加達宣導因應「印尼輔訓班」停辦後，印尼地區非臺校之僑生回國升學相關試務工作之推動<br>→ 蘇玉龍總幹事在坤甸高雅學院宣導說明 | |
| 2008年<br>（97） | ● 赴雅加達、棉蘭、泗水招生宣導<br>→ 全體團員與印尼當地中學合照 | |
| 2009年<br>（98） | ● 赴棉蘭、三寶壟、巨港、泗水、雅加達辦理招生宣導說明會<br>→ 當時任南臺科技大學吳副校長新興向有意赴臺升學僑生說明技職校院概況 | |
| 2010年<br>（99） | ● 首年搭配參加教育部菁英來臺辦公室教育展（亞齊、雅加達、日惹）<br>→ 於海聯攤位前合影，國內34所公私立大學校院一同前往 | |
| 2011年<br>（100） | ● 赴泗水、萬隆、雅加達、棉蘭進行招生宣導<br>→ 海聯李信副總幹事向萬隆地區師長、學生說明赴臺升學相關資訊，於萬隆臺灣工商聯誼會 | |
| 2012年<br>（101） | ● 赴泗水、雅加達、棉蘭、巨港宣導，搭配參加臺灣教育中心主辦之教育展<br>→ 洪雯柔組長於泗水教育展攤位為家長講解各項僑生申請資格 | |

| 時間<br>（學年度） | 活動形式及地點 | 備註 |
|---|---|---|
| 2013年<br>（102） | ● 赴雅加達、萬隆、泗水、棉蘭宣導，配合參加印尼臺灣教育中心教育展<br>→ 於泗水教育展增闢講座時段，由海聯主委蘇玉龍校長主講（左2），右1為團員弘光科大易光輝副校長、右2為臺師大陳昭珍教務長。 | |
| 2014年<br>（103） | ● A團：泗水、萬隆、雅加達、棉蘭<br>→ 於棉蘭教育展特闢專為僑生申請入學之宣導時段<br>● B團：雅加達、棉蘭 | |
| 2015年<br>（104） | ● A團：峇厘島、泗水、萬隆、雅加達、三寶瓏、棉蘭<br>→ 海聯李信副總幹事於棉蘭場說明會講解聯招會宣導摺頁<br>● B團：泗水、雅加達、棉蘭 | |
| 2016年<br>（105） | ● 於棉蘭、巨港、雅加達、三寶瓏、泗水、萬隆辦理宣導說明會<br>→ 巨港地區學校宣導說明會家長提問 | |
| 2017年<br>（106） | ● 赴三寶瓏、雅加達、棉蘭、亞齊辦理招生宣導說明會<br>→ 於棉蘭教育展展場內宣導說明會 | |
| 2018年<br>（107） | ● A團：雅加達、泗水、三寶瓏、棉蘭<br>● B團：泗水、瑪琅、峇厘島<br>→ 參加泗水臺教中心教育展，坐右1為海聯幹事吳旻燁，右2為海聯宣導組組長陳文彥老師 | |

| 時間<br>（學年度） | 活動形式及地點 | 備註 |
|---|---|---|
| 2019年<br>（108） | ● A團：峇厘島、泗水、雅加達、棉蘭<br>● B團：雅加達、棉蘭、巨港<br>→ 首次配合參加印尼當地中學小型教育展，後排右1為暨大孫同文副校長兼國際長 |  |

## （二）宣導策略因地、因對象制宜，持續深耕

　　為使印尼地區學生更加瞭解臺灣高等教育，自民國96年至108年（2007-2019）間連續13年，從未中斷印尼各地區的招生宣導活動。印尼政府曾禁止華文長達30年之久，印尼學生華文程度亟待加強，是目前印尼僑生赴臺升學面臨到最大的阻礙，對此，海外聯招會特別針對印尼地區，製作印尼文版的文宣，包含於宣導會場發放「印尼文版升學六折頁」、播放「海外聯招會印尼文版宣導短片」（除英文外第二外語短片）、另製作印尼文的赴臺升學簡報等等。此外，藉由網路傳播無遠弗屆，於本會官方網站設置之「印尼專區」及「報名系統流程」等文字，皆輔以印尼文呈現，希望減少印尼學生對於中文的恐懼與障礙，易於了解赴臺升學方式，提高其意願。

圖表96　特製印尼文的文宣

## （三）積極招收印尼當地非臺校生

　　自民國101年（2012）奉教育部（當時為組改前的僑民教育委員會）指示增設「個人申請制」管道，並取消在印尼地區辦理之非臺校生測驗後，印尼非臺校學生即可循「個人申請制」或以「SAT Subject Test」、「IBDP」、「A Level」、「印尼輔導訓練班」、「自願免試申請僑先部」六擇一方式向海外聯招會申請。其中，印尼地區非臺校生歷年來主要以「印尼輔導訓練班」為赴臺升學管道；而近年「個人申請制」管道報名人數則逐年攀升。

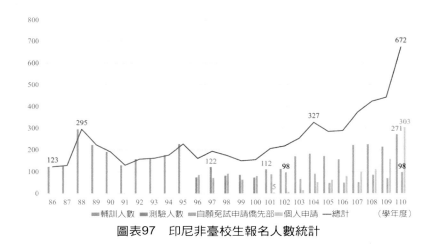

圖表97　印尼非臺校生報名人數統計

## （四）印尼地區整體招生成果

　　印尼地區幅員廣大，華裔人口比例幾佔近10%。海外聯招會成立以來，在教育部及僑務委員會指導協助之下，並與當地駐外機構、僑界人士及保薦單位等共同努力，印尼已成為目前亞洲地區繼馬來西亞、港澳、越南之後，國內各大學校院招收東南亞之境外學

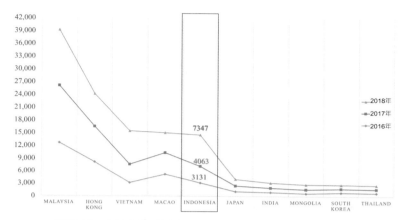

圖表98　近3年亞洲地區前10名境外學位生人數統計圖
（來源：教育部統計處）

位生及華語生人數較多的國家，值得繼續深耕努力。

# 第五章、緬甸招生發展[7]

　　緬甸僑生招生工作多年來幾經波折，大起大落，報名人數曾經高達千餘人，卻也曾經停招，而後復招。隨著緬甸民主化及向世界開放的進程，秉承過去培育緬甸僑生的基礎，本章將嘗試記錄下這些年來的努力。

## 一、招收緬甸僑生大事紀

　　溯自民國77年（1988）僑委會首次以聯考方式，招收緬甸僑生入讀五專及高職，由當時緬甸華僑旅運社負責有關工作。因當年8月

---

[7]　本節由海外聯招會試務組幹事周楷嘉撰寫。

緬甸發生學生運動，華人子弟到臺灣就學意願大增，來臺升學的緬甸僑生高達1,417位。延續至海外聯招會成立，接手主辦學科測驗，始招收緬甸僑生入讀大專校院。期間因應緬甸的國情變化，歷經測驗地點的多次更迭，初複試或一次試的反覆改變，緬十班別的停復招，甚而由行政院主持跨部會會議，訂定對緬招生「量少質精」的原則，一直到僑委會、教育部僑教會積極與各部會溝通協調，爭取緬甸學生的受教權，行政院始同意放寬招生規定；又因緬甸政府開放，與我國互設辦事處，故來臺手續逐一推動簡化，恢復對緬積極招生；同時，教育部亦委託國立暨南國際大學在緬甸辦理臺灣教育展、僑委會積極對緬招生宣導等等，可謂近年來變動最大的招生國。

圖表99　緬甸招生大事紀

| 時間<br>（學年度） | 緬甸招生大事紀 |
|---|---|
| 1995年<br>（84） | 海外聯招會主辦學科測驗，招收緬甸僑生入讀大專校院 |
| 1996年<br>（85） | 緬甸舉辦學力鑑別測驗，與原學科測驗合併辦理：為解決華校未立案致其學歷資格問題，舉辦「學力鑑定考試」取得高中畢業資格。又「學力鑑定考試」科目與「學科測驗」相同，為節省人力經費，並降輕考生負擔，爰簡併兩項測驗 |
| 1998年<br>（87） | 1. 招收緬十特輔班：因應緬甸學生運動、大學停課，為避免緬甸學子失學，特放寬緬校高中畢業者亦可申請，惟僅限分發臺師大僑先部修業至少兩年<br>2. 學科測驗（學力鑑定）分為四考區：原僅瓦城一考區，分為瓦城、密支那、臘戍、東枝等四考區異地同時辦理考試<br>3. 取消在緬初試，由臺灣直接帶考題赴緬進行甄試<br>4. 海外聯招會首次赴緬宣導 |
| 2000年<br>（89） | 停招緬十特輔班：因緬甸大學已全面復課，華校亦陸續設立高中部，緬甸學子無失學疑慮，故停招緬十特輔班 |
| 2002年<br>（91） | 停止招收緬甸僑生：因緬政府限制華裔僑生來臺升學，爰當年度停止招收緬甸僑生（五專聯考及大學聯招） |
| 2003年<br>（92） | 1. 海外聯招會復招緬甸僑生（僑委會五專聯考持續停招）<br>2. 海聯主辦之學科測驗第二階段測驗，初試在緬進行甄試，通過者來臺參加複試：由緬甸當地八所華校組成初審委員會，辦理聯合甄試（瓦、密、臘、東四個考區），造冊送海外聯招會師選出250名。通 |

| 時間<br>（學年度） | 緬甸招生大事紀 |
|---|---|
| | 過此甄試的250名僑生抵臺後再進行第二階段考試（由國立僑生大學先修班辦理）進行分發，來臺複試到考率僅56%。此「於緬四考區初試後，來臺進行複試」之二階段測驗做法，持續至2007年為止 |
| 2006年<br>（95） | 來臺複試之考生名額由250名放寬至270名 |
| 2008年<br>（97） | 二階段測驗之複試由來臺改為赴泰應試：改在泰華文教服務中心舉辦，其經濟及時間負擔太高，故當年申請人數僅有2名 |
| 2009年<br>（98） | 二階段測驗之複試由赴泰改回在緬甸瓦城應試：經跨部會研商，緬甸採「擇優錄取原則」、二階段測驗（第1階段：綜合學科測驗，設四考區；第2階段：學科測驗，於曼德勒應考） |
| 2013年<br>（102） | 改為一階段學科測驗：於曼德勒、東枝、臘戌、密支那四個主要城市設置考區 |
| 2014年<br>（103） | 放寬錄取緬甸人數：教育部同意放寬錄取緬甸人數，錄取率近9成，突破以往 |
| 2015年<br>（104） | 1. 放寬緬甸招生限制<br>(1) 恢復緬甸僑生可選填僑先部志願<br>(2) 教育部再度放寬錄取人數，全數考科皆應考者得進入聯合分發程序，惟未達大學最低錄取標準者限分發僑先部<br>2. 來臺手續簡化<br>(1) 取消緬甸僑生申請來臺就學簽證須提供財力證明之規定，並先試辦3年再行檢討<br>(2) 取消緬甸僑生須提供在臺關係人擔保文件之規定，並先試辦3年再行檢討<br>(3) 取消緬甸僑生赴我駐泰國代表處逐案面談之規定；惟倘駐處認有必要，仍得視個案情形另行通知面談<br>(4) 緬甸僑生申請來臺簽證得委由代辦人向我駐泰國代表處送件；倘未來我國於緬甸設處後，屆時緬甸僑生則向我駐緬甸代表處送件，並由該處視個案進行面談 |
| 2016年<br>（105） | 1. 我駐緬辦事處成立：緬甸學生毋須前往泰國辦理簽證，程序簡化<br>2. 放寬緬甸招生限制：可比照其他國家地區僑生申請來臺就讀大學校院作法，無須召開招生錄取名額協調會議決定錄取分數及名額，試辦3年後再行檢討<br>3. 復招緬十特輔班：持緬校高中學歷者，得申請之<br>4. 辦理緬甸第一屆臺灣教育展：教育部委託於海外各地頗具辦展經驗的國立暨南國際大學團隊於仰光、曼德勒辦理緬甸第一屆臺灣教育展，結合臺商、僑校，並成功召回緬甸留臺校友近百人 |
| 2017年<br>（106） | 1. 辦理緬甸第二屆臺灣教育展：於仰光、曼德勒分別辦理<br>2. 僑委會編輯「華文—緬甸版」共12冊教材，供緬甸僑校國小1-6年級課程教材使用 |

| 時間<br>（學年度） | 緬甸招生大事紀 |
|---|---|
| 2018年<br>（107） | 1. 新增「緬甸華校師資培育專案」：於現有「個人申請」管道辦理「緬甸華校師資培育專案」，協助培育緬甸華校師資，首年計有2名學生報名<br>2. 試務測驗時間提前至1月底：配合「緬甸華校師資培育專案」，試務測驗時間提前至1月底（原3月底）<br>3. 辦理緬甸第三屆臺灣教育展：於曼德勒、仰光分別辦理<br>4. 四考區整併為三考區：因東枝考生人數過少，為提高試務工作效益並減輕當地華校負擔，爰請東枝考生赴曼德勒應試。自當年度起考區僅設曼德勒、臘戌及密支那等三考區，東枝不再另設考場 |
| 2019年<br>（108） | 1. 增加衛生福利部指定之體檢醫院（緬甸曼德勒皇宮醫院及ASIA ROYAL HOSPITAL）<br>2. 辦理華校招生宣導巡迴講座，推廣師培方案及個人申請制 |
| 2020年<br>（109） | 緬甸全面開放個人申請：當年度計有2名學生報名 |

## 二、緬甸華校與緬校僑生來臺升學管道之差異

### （一）體制內的緬文學校

緬甸因受制於過去軍事獨裁政權統治的政治因素，以及國民平均所得偏低的經濟因素，兩者交互影響之下，嚴重限制了早期國民教育的發展，使得教育環境急速惡化。自從緬甸改革開放後，教育投資快速擴張，現代化教育需求大幅增加，從2004年至2014年之間，學校數量增加約19%，教師人數增加約24%，學生人數則增加約3.4%。

圖表100　緬甸基礎教育成長情形

| 類別／年份 | 2004 | 2014 | 成長率 |
|---|---|---|---|
| 學校數 | 40,505 | 48,274 | 19.2% |
| 教師數 | 233,149 | 288,150 | 23.6% |
| 學生數 | 7,640,000 | 7,900,000 | 3.4% |

資料來源：引自王俊斌（2006）緬甸教育現況與體制外華文學校發展PPT

為跟上全球腳步，緬甸政府積極規劃執行《三十年長期教育發展計畫（2001-02 FY-2030-31 FY）》（Thirty-Year Long-Term Education Development Plan），針對學前教育、中小學教育及高中教育進行教育體制、品質及提昇研究等多項改革計畫。原緬文學校實施的1年基礎班+4年小學+4年中學+2年高中教育，有望於2022年改革為1年基礎班+5年小學+4年中學+3年高中教育，與東協國家銜接，亦將與臺灣教育接軌。

## （二）體制外的華文學校

　　1930年代緬甸華人人數激增，設立大量的華文報社、華校及社團等；1950年代，是史上緬甸華文教育的鼎盛時期；到了60年代軍政府時期，將私立學校國有化，緬文學校以外的教育單位，通通被收歸國有，華文學校於是被取消或禁止，致使緬甸華文教育逐漸衰落。為了維持經營，華文學校發展出幾種特殊的模式，以因應政治社會的變革：

1. 佛經學校：對外宣稱講授佛經，以中文誦讀經文。當政府官員來勘查，老師帶著學生朗誦一段「經文」，以顯示學校真的是在教授佛經。除了佛教以外，也有以其他宗教名義興辦的學校，例如臘戌「聖光學校」，就是以基督教教會學校名義辦學的華文學校。

2. 孔聖／孔子學校：以「尊儒」、「尊孔」為號召，強調辦學目的是為宣揚中華文化，當作教授華文的正當名目。

3. 民族學校：像臘戌果敢地區有許多「果」字開頭命名的民族學校，例如「果敢學校」、「果文學校」等，這些民族學校也就是華文學校，所教授的「果敢文」其實就是華文。

　　直到1980年代，緬甸的華文教育逐漸回溫，華文學校經歷了30多年發展過程，才逐漸轉向公開化和公眾化。規模稍大的華文學

校，也開始設置高中學制。華校的辦學，係依靠社會賢達、熱心人士及校友們出錢出力、籌集資金，致力於保留、發揚並延續中華文化，因為他們的堅持，成為緬甸華文教育的領銜及奠基者。

　　緬甸的華校多為補習性質，並非全日制的正規學制。華校生於上午8時至下午4時到緬文學校上課，其餘時間才可以去華校上課。所以華校的上課時間，分為上、下午班（上午班為清晨6時至8時、下午班為下午4時至6時）。雖然每天只上課短短幾個小時，但要學5個科目，即華文、英文、數學、物理和化學。

## （三）緬甸與我國學制之對照

　　基於緬甸華文學校及現行緬校學制的不同，與我國學制之銜接比較如下：

**緬甸－華文學校**

未經緬甸政府承認
大多為補習學校型式
學生利用緬校的課餘時間至華文學校上課

| 學制 | 修業年級 |
|---|---|
| 高中 | 高三 |
| | 高二 |
| | 高一 |
| 初中 | 國三 |
| | 國二 |
| | 國一 |
| 小學 | 小六 |
| | 小五 |
| | 小四 |
| | 小三 |
| | 小二 |
| | 小一 |
| 學前教育（幼小班） | |

**緬甸－緬文學校**

| 學制 | 修業年級 |
|---|---|
| 研究所 | |
| 大學 | 大四 |
| | 大三 |
| | 大二 |
| | 大一 |
| 高中 | Grade 11 緬十 |
| | Grade 10 緬九 |
| 初中 | Grade 9 緬八 |
| | Grade 8 緬七 |
| | Grade 7 緬六 |
| 小學 | Grade 6 緬五 |
| | Grade 5 緬四 |
| | Grade 4 緬三 |
| | Grade 3 緬二 |
| | Grade 2 緬一 |
| | Grade 1 基礎班 |
| 學前教育 | |

**我國**

| 學制 | 修業年級 |
|---|---|
| 研究所 | 博2-7年 |
| | 碩1-4年 |
| 大學 | 大四 |
| | 大三 |
| | 大二 |
| | 大一 |
| 高中 | 高三 |
| | 高二 |
| | 高一 |
| 國中 | 國三 |
| | 國二 |
| | 國一 |
| 國小 | 小六 |
| | 小五 |
| | 小四 |
| | 小三 |
| | 小二 |
| | 小一 |
| 學前教育（幼稚園） | |

圖表101　緬甸與我國學制對照表

## （四）緬甸學生赴臺升學管道

目前緬甸僑生來臺，依其學校性質及身份，分為以下管道：

1. 持華校學歷：可透過海外聯招會之「個人申請（含師培專案）」及「聯合分發」管道申請學士班。
2. 持緬校學歷並於當地大學修完大二課程：可透過海外聯招會之「個人申請」及「聯合分發」管道申請學士班。
3. 持緬校中學學歷：可透過海外聯招會申請「緬十特輔班」，修業至少兩年後，依結業成績分發學士班。
4. 持緬校中學學歷：可透過僑委會申請「建教專班」，進入臺灣的高中職校就讀，再進入合作的大學續念學士班。
5. 外國學生：符合身份者，可以外國學生身份自行向各大學申請入學。

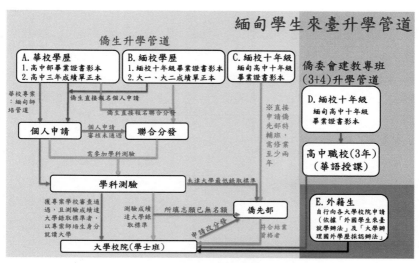

圖表102　緬甸學生赴臺升學管道

## 三、緬甸僑務承辦單位之演變

　　1949年（民38）緬甸政府與中華民國斷交，此後雙方無正式的外交關係，亦無官方的駐外代表機構可以負責處理緬甸僑民問題和華僑回國升學事宜。當時僑委會委託當地熱心僑教人士組織、僑團代辦收件業務，使僑團組織肩負起海外華僑與僑鄉聯繫的重責大任。在駐緬甸臺北經濟文化辦事處成立之前，緬甸僑務係是由緬甸華僑旅運社（1993年至2002年）、瓦城緬華服務處（1999年至2002年）及緬甸聯招會（2003年至2017年）受理代辦，並由駐泰國代表處就近管轄。直到2016年3月（民105）駐緬甸臺北經濟文化辦事處成立，2017年（民106）僑委會首派僑務祕書楊碧華到任、2019年（民108）由張文華擔任僑務組組長，緬甸僑務才由駐緬甸臺北經濟文化辦事處正式接手辦理。

　　僑委會自1993年（民82）起，委託仰光華僑郭伯鴻以「華僑旅運社」名義，對外從事僑務服務（兼辦僑教招生）；1999年（民88）為增加服務據點，又委託另一僑領吳中庸在瓦城以「緬華服務處」名義從事相同業務。此兩機構是屬僑務服務性質，不具有官方身分，後期因為當地法治觀念不彰，加以缺乏有公信力的監督機構，各種證件假冒不實、簽證發放浮濫的傳聞始終不斷，經僑委會及外交部赴當地督察後研商決定，自2002年（民91）起，緬甸人士來臺簽證及居留申請改由外交部駐泰國代表處接手負責，代表處每月派員自曼谷飛往仰光收件，再帶回曼谷審核簽發，連帶使得緬甸僑生必須至泰國辦理報名繳件及申請簽證。如此一來，對於平均所得並不富裕的緬甸華僑而言，增加往返泰緬旅費上的負擔，產生諸多不便，但為回歸法制以及落實資格審核制度，僑委會仍須與兩機構的委託關係畫下句點。

　　隔年（2003年），海外聯招會在僑委會的指導之下，由僑委會

委託緬甸當地華校組成緬甸聯招會，輔導學生報名來臺升學，並協助海聯辦理學科測驗初試，用以初步篩選學生成績。2014年（民103），財團法人國際合作發展基金會（國合會）於緬甸第一大城仰光設立辦事處。2016年3月28日，更名為駐緬甸臺北經濟文化辦事處（Taipei Economic and Cultural Office in Myanmar），由中華民國外交部管轄，並開辦領事業務，緬甸學生終於不須再長途跋涉到泰國辦理簽證，程序於是簡化。2017年（民106）以後，正式由駐緬甸臺北經濟文化辦事處管轄辦理緬甸僑教事務。

## 四、緬生來臺升學試務工作重大變革

僑委會自1988年（民77）起，首次辦理聯招考試，用以招收緬甸當地華校初中畢業生回臺就讀五專及高職。藉由聯招考試，等同檢測了當地華校初中畢業生的程度，也使不是正規學制的華校學生，獲得「學力鑑定」的機會。1995年（民84）開始，海外聯招會開始在緬甸辦理學科測驗。依據教育部及僑委會指示，海外聯招會舉辦的學科測驗，與學力鑑定考試因考科相同，可合併辦理，得以解決華校未立案致其學歷資格問題，並節省人力經費，減輕考生負擔。

據歷年的統計資料顯示，緬甸報名人數從2012年（民91）開始就維持在百餘人，不只是因為對於緬甸僑生限制過多，為參加學科測驗還要舟車勞頓，早年還需參加兩階段的測驗，然而2009年至2011年（民88-90）的錄取率卻不到3成，直到2012、2013年（民91-92）才提升到5成；錄取後申請入臺的程序也相當繁雜，所有文件需先經過緬甸外交部及緬甸駐泰國大使館驗證，再由駐泰國代表處完成驗證，還要準備財力證明，並在我國衛生福利部認可之泰國體檢醫院做健康檢查等等，凡此種種繁複的手續及漫長的程序，在在都讓有意來臺升學的緬甸僑生感到卻步。

隨著現在緬甸政府逐漸開放，帶動各項產業起飛，經濟情況改善，使得緬甸地區相當具有發展潛力，但也表示緬甸僑生有其他更多的選擇，像是前往中國大陸升學、留在緬甸發展、或者家庭已有能力提供孩子赴新加坡等地讀書，臺灣已經不是緬甸僑生首要的選擇。特別是中國大陸，不但鄰近緬甸東枝、臘戌等地，還提供多項的高額獎學金、免學雜費等優渥條件，甚至派師資赴緬甸華校長期任教、提供精美免費的教材等資源，同時也協助培訓當地華校老師，對緬甸華校已逐漸產生莫大的影響。

近幾年為提高緬甸僑生來臺升學意願，我政府已逐漸開放對緬限制，逐步放寬緬生名額控管、簡化簽證手續等，並增設許多來臺升學管道，以期擴大招收緬甸學生。觀察過往，從報名學士班的緬甸華校考生人數，可將緬甸招生分為幾個重要階段：

1. 高峰期（至民國90年，2001）：因緬甸當地政治情勢之推力及臺灣僑務政策的拉力，吸引許多緬甸僑生來臺升學，最高曾達1千餘名，是聯招人數的高峰期。

2. 停招期（民國91年，2002）：因緬政府限制，當年度停招五專聯考及大學聯招。

3. 管控期（民國92-95年，2003-2006）：由教育部限制招生名額及錄取分數，需召開招生錄取名額協調會議決定錄取分數及名額，此期間人數限制在250至270名間。

4. 動盪期（民國96-97年，2007-2008）：因簽證手續繁複、須遠赴駐泰國代表處面試等因素，及二階段考試改為至泰國複試，導致僑生來臺意願大減，97年甚至僅2名考生。

5. 穩定期（民國98年2009迄今）：2009年（民98）在行政院指示「量少質精，擇優錄取」之原則下重啟緬甸招生工作。當年度教育部及僑委會邀集相關部會研商緬甸招生策略，並訂定「緬甸地區僑生招生方案改進配套措施」，持續關注及掌握緬甸僑生在學狀況，其配套措施內容如下：

(1) 學歷及身分證件從嚴核驗。

(2) 財力證明及在臺保證人同意書核驗，緬生須提具由緬甸境內4家具公信力銀行開具等同新臺幣48萬之財力證明；以及須提具經我國法院公證之在臺保證人同意書。

(3) 責成保薦學校加強考生來臺升學法令宣導，倘該校有持偽變造證件緬生來臺就學，將對該校處以1至3年不得保薦之處分。學生來臺後，若未報到入學、無故輟學、逾期居留，則扣減該校爾後保薦名額。

(4) 僑委會並於緬生來臺後辦理「緬甸新僑生講習會」活動，結合各機關資源，提供相關資訊，以使渠等及早適應在臺生活與學習。

(5) 訂定「緬甸地區僑生關懷計畫」，在緬甸新僑生報到入學後，僑委會即與各就讀學校保持密切聯繫，隨時掌握緬甸新入學僑生之相關動態，復透過各校僑輔人員、留臺緬甸同學會之協助，了解新僑生課業及生活所面臨之困難或問題，俾能及時解決，確保不再有無故休、退學或失聯等情事發生。

(6) 僑委會另設置獎學金、工讀金、受理捐贈僑生（緬生）獎助學金，以及鼓勵緬甸當地僑團及事業有成之臺商合力籌設緬甸僑生獎助基金，以孳息挹注緬生就學之獎助學金，減緩緬生在臺就學經濟壓力，使無後顧之憂，順利完成學業。

前揭配套措施實施以來，緬生來臺就學情況已大幅改善，控管顯見成效，加上學科測驗複試由赴泰國改回在緬甸應試，爰自98年起報名人數回穩。後續2013年（民102）改為一階段測驗、2014年（民103）起陸續放寬招生限制及簡化來臺手續等措施，使人數進入穩定期，維持在百餘人。

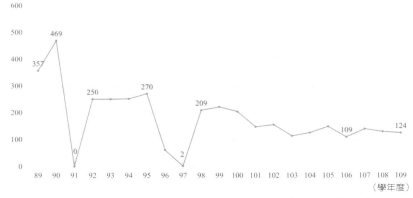

圖表103　歷年緬甸學士班報名學科測驗人數（89-109學年度）

# 五、緬甸招生宣導策略與成效

## （一）緬甸招生宣導活動

　　早年緬甸軍政府時期，外國人要進入緬甸不容易，國際航班也不頻繁，境內航班也不準時，所以赴緬行程，往往要預留較長的交通時間。若要前往宣導，早期透過僑委會的緬甸華僑旅運社安排，後來由緬甸歸僑協會協助，甚至陪同前往，確保行程順利，人員安全無虞。

## 圖表104　緬甸歷年宣導活動

<table>
<tr><th>時間<br>（學年度）</th><th>活動形式及地點</th><th>備註</th></tr>
<tr><td>1998年<br>（87）</td><td>● 組團赴臘戍、曼德勒、東枝等三地辦理招生宣導說明會，由國立暨南國際大學教務長孔慶華（團長）率團前往</td><td>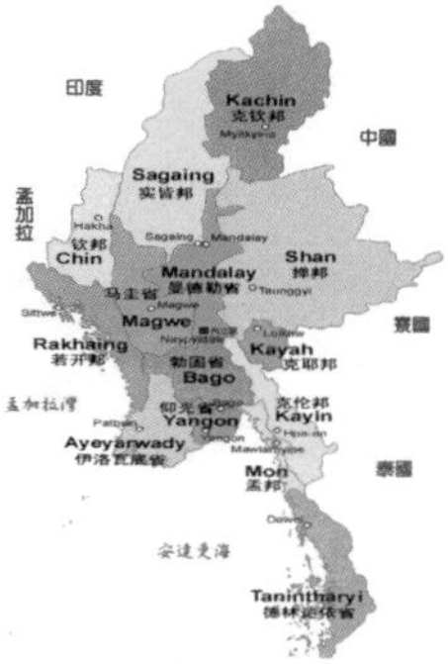
</td></tr>
<tr><td>1999年<br>（88）</td><td>● 組團赴仰光、密支那、曼德勒、東枝等四地辦理招生宣導說明會<br>→ 團員教育部祕書室科長黃雯玲（右2）與華校師長合影</td><td>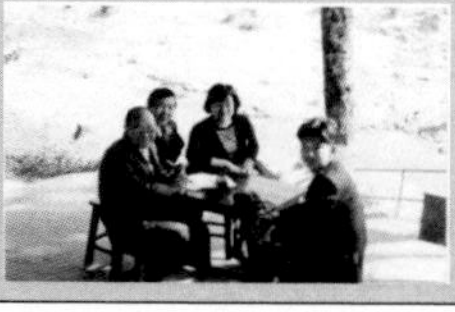</td></tr>
<tr><td>2000年<br>（89）</td><td>● 組團赴曼德勒、東枝、密支那、臘戍等四地辦理辦理招生宣導說明會<br>→ 行程表</td><td><table>
<tr><th>天次</th><th>預定日期</th><th>預定時間</th><th>預定行程</th></tr>
<tr><td>一</td><td>01/18(二)</td><td>12:30-15:10</td><td>臺北→仰光(飛行4小時10分)</td></tr>
<tr><td>二</td><td>01/19(三)</td><td>11:00-13:00<br>下午</td><td>仰光→瓦城(飛行2小時)<br>瓦城輔導說明會</td></tr>
<tr><td>三</td><td>01/20(四)</td><td>上午<br>下午</td><td>瓦城→臘戍(搭車)<br>臘戍輔導說明會</td></tr>
<tr><td>四</td><td>01/21(五)</td><td>上午<br>下午</td><td>臘戍→眉苗(搭車)<br>眉苗輔導說明會</td></tr>
</table></td></tr>
<tr><td>2001年<br>（90）</td><td>● 組團赴曼德勒、東枝、密支那、臘戍、仰光等五地辦理辦理招生宣導說明會<br>→ 緬甸各考區提問及答覆</td><td><table>
<tr><th>問題內容</th><th>發言地區或人員</th></tr>
<tr><td>1. 申請公費生之程序及標準為何？</td><td>瓦城</td></tr>
<tr><td>2. 能否依申請學生之居住地而不以文憑取得地作為保薦單位依據？</td><td>臘戍</td></tr>
<tr><td>3. 建請是否能廢除生活保證書制度？</td><td>四考區</td></tr>
<tr><td></td><td></td></tr>
</table></td></tr>
<tr><td>2005年<br>（94）</td><td>● 組團赴曼德勒、密支那、臘戍、仰光等四地辦理招生宣導說明會<br>→ 國立暨南國際大學教務長蘇玉龍（海外聯招會總幹事）在曼德勒孔教學校進行招生宣導說明，學生獻以鮮花圈，熱烈迎賓</td><td>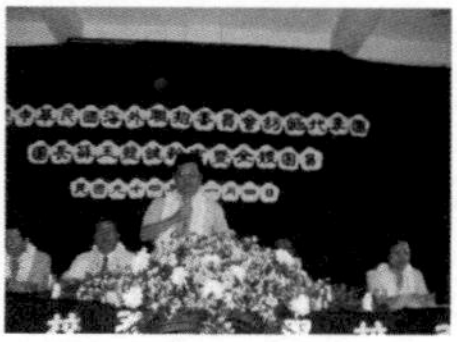</td></tr>
</table>

| 時間<br>（學年度） | 活動形式及地點 | 備註 |
|---|---|---|
| 2013年<br>（102） | ● 組團赴眉苗、臘戌、曼德勒、密支那、東枝等五地辦理招生宣導說明會<br>→ 宣導團於眉苗佛經學校宣講後，與全體師生合影 | |
| 2014年<br>（103） | ● 組團赴東枝、臘戌、眉苗、曼德勒、密支那、仰光等六地宣導<br>→ 於曼德勒孔教學校辦理宣導，該校董事長段必堯（右1）及總校長尹正榮（右3）與在場師生正在聆聽僑委會僑生處副處長呂素珍簡報 | |
| 2015年<br>（104） | ● 組團赴東枝、臘戌、眉苗、曼德勒、密支那、仰光等六地宣導<br>→ 於東枝興華中學辦理宣導說明會，與該校董事會合影。李祖韜副董事長（左3）、暨大教務長兼任海外聯招會總幹事江大樹（左4）、僑委會參事陳世池（右2）、臺北商教務長邱繼智（右1）、淡大國際長李佩華（左1）、朝陽科大國際長林樹全（右3）、臺師大僑先部主任蔡雅薰（左2） | |
| 2016年<br>（105） | ● 赴曼德勒孔教學校慶賀其50周年校慶<br>→ 海外聯招會主任委員蘇玉龍（暨大校長）致贈化學實驗器材乙套給孔教學校<br><br>● 辦理第一屆緬甸臺灣教育展（仰光、曼德勒）<br>→ 緬甸仰光世界日報於2016年7月4日報導教育展實況 | <br> |

| 時間<br>（學年度） | 活動形式及地點 | 備註 |
|---|---|---|
| 2017年<br>（106） | ● 分組赴曼德勒、臘戍、密支那、東枝等地辦理2018年緬甸師培專案來臺升學講座<br>→ 於密支那育成學校辦理說明會，中立者為育成學校校長尹勝邦，右二為副校長彭安靖 | |
| | ● 辦理第二屆緬甸臺灣教育展（曼德、仰光）<br>→ 曼德勒開幕—教育部姚立德次長（右4）及國際司司長楊敏玲（右2）巡視各攤位 | |
| 2018年<br>（107） | ● 辦理第三屆緬甸臺灣教育展（仰光、曼德勒）<br>→ 仰光展場開幕禮，我駐緬代表張俊福（右9）及教育部國際司長（右10）率參展各大學校長與緬方代表，一同拉啓禮炮 | |
| 2019年<br>（108） | ● 組團赴仰光、臘戍、曼德勒、眉苗、東枝、密支那等六地辦理招生宣導說明會<br>→ 曼德勒孔教學校校長尹正榮（中立者）代表學校致歡迎詞 | |

## （二）緬甸教育展

　　我政府「新南向政策」於2016年如火如荼地展開。隨著臺緬互設辦事處，兩國實質關係發展將更為密切，教育部於是委託擔任海外聯招會總會的國立暨南國際大學，於2016年開始赴緬甸試辦臺灣教育展。基於海外聯招會近年來已成功辦理馬來西亞、香港及澳門教育展的經驗，對於海外教育展的規劃與安排、各大學的邀集以及

相關配套活動及效益等，均有豐富的經驗及能力，亦受各大學的信賴與好評。為開拓緬甸高教市場，教育部委由暨大及海外聯招會團隊共同規劃，並配合緬甸學期時間，分至仰光及曼德勒兩地舉辦。直至2018年，共連續辦理三屆的臺灣教育展。

在緬甸辦理教育展有其特殊考量及意義。在觀展對象上，兼顧了當地大學銜接與華校學生（即緬甸外生及僑生）；在合作搭檔上，嘗試與臺商、緬甸留臺校友、當地大學及華校等尋求合作空間；在場地選擇上，優先與當地大學洽談，其次選擇不受干擾的商業場地辦展；在宣傳廣告上：未免觸發中國大陸干預，必須謹慎而低調；在配套活動上：合併舉辦專業學科研討會及大學校長圓桌閉門會議。同時，透過社群網絡，成功地邀集了上百位緬甸僑生校友到場擔任志工，除協助各參展大學以緬語解說外，也促成僑生校友彼此之間、校友與母校師長之間的會面、相認或重逢，有多位校友有感而發地表達：「臺灣終於可以在緬甸光明正大的招生了！」

圖表105　於緬甸辦理三屆臺灣教育展

| 年度 | 地點 | 參與者 | 說明 | 歷史照片 |
|---|---|---|---|---|
| 2016 第一屆 | 仰光、曼德勒 | 共36所大學70餘名師長（含10餘所大學之校長、副校長）參展，由教育部國際司楊敏玲司長、劉素妙科長率團及駐泰代表處教育組賴碧姬秘書參與。約2,000人次觀展 | 1. 曼德勒場原訂於曼德勒大學畢業大禮堂舉辦，曼大於展前三天緊急通知無法外借，故臨時改至市區商場辦展 2. 宣傳及刊登廣告多有限制（例如不可使用國立字眼等），處處受限 3. 首度成功號召緬甸留臺校友百人來到攤位協助，並出席晚宴，與各校師長熱烈交流 | ▲首屆緬甸臺灣教育展開幕 ▲留臺的緬甸校友在展場興奮合影 |

| 年度 | 地點 | 參與者 | 說明 | 歷史照片 |
|---|---|---|---|---|
| 2017<br>第二屆 | 仰光、曼德勒 | 共38所大學近90位師長參展，由教育部姚立德政務次長親自率團，國際司楊敏玲司長、劉素妙科長、技職司楊玉惠司長、高教司曾新元科長及駐泰代表處賴碧姬組長參與。約1600人觀展 | 兩場次皆於飯店舉辦 | |
| | | 臺緬IEET大學校長論壇：我方14校17位校長或副校長共34位代表出席；緬方由緬甸工程學會邀請35校88位校長或副校長參加 | 首度與中華工程教育學會（IEET）合作舉辦「臺緬大學校長論壇」，鑒於緬甸推動國家發展在人才培訓方面需求殷切，此次論壇具體探討雙方在各領域的合作策略，為雙方創造互惠互利的機會與成果 | |
| 2018<br>第三屆 | 曼德勒、仰光 | 共26所學校（含2所高中職校）近60名師長（含8位校長、副校長）參展，由教育部國際及兩岸教育司畢祖安司長率團，國際司楊淑雅科長參展，約4,700人觀展 | 除大學校院，亦加入兩所高職學校參展 | |
| | | 臺緬大學校長圓桌會議；緬方出席圓桌會議之大學6所約12人 | 受限大陸政治影響，以閉門方式邀集臺緬雙方大專院校之高層（校長／副校長）面對面地針對高教議題進行討論，以達到實質交流的目的 | |

| 年度 | 地點 | 參與者 | 說明 | 歷史照片 |
|---|---|---|---|---|
|  |  | 緬甸華校領導座談（緬方8校16人，臺方9校12人） | 針對「華校師資培育方案」之宣導及「TOCFL」之推廣與運用做雙方的意見交流 | |

## （三）緬甸招生策略

### 1.透過華校轉型，協助緬甸僑生繼續升學

　　緬甸華文教育在不同時代，以不一樣的形式生存，緬甸華人子弟早期是為了傳承中華文化而接受華文教育，然而隨著時代的進步、中國大陸的崛起，學習華語早已不是單純接受文化，同時也是很重要的語言工具。

　　緬甸華文教育發展的前景可期，然而華校正面臨緬甸走向世界經濟體系的衝擊，目前亟待轉型，打造特色，改善教育環境、培育師資質量、健全學校管理機制及招生制度，並加強圖書館藏書，藉以提升華校教學品質，才能持續發展經營，協助僑生在華校打下良好學習基礎。

　　臺灣的技職教育可以成為培育現階段人才的重點。例如農業技術、觀光導遊或餐飲相關等科系，甚至可協助在緬開設職訓班；此外，「緬甸師培專案」、以及僑委會的師培進修課程，或是各大學之海外實習教師等，皆為鼓勵來臺升學緬甸僑生畢業後返緬至華校任教之措施，將是支持華校教育朝永續發展。

### 2.多元彈性的招生管道，擴大招生範圍

　　海外聯招會歷年來以學科測驗（即「聯合分發制」管道）招收

僑生，2016年（民105）起復招「緬十特輔班」，2018年（民107）增設「緬甸師培專案」管道（於原個人申請管道項下，限經推薦遴選之華校僑生申請），2020年（民109）更全面開放「個人申請制」管道。

此外僑委會的海青班、3+4僑生加值型服務（即建教合作專班）等各種進修管道，都是緬甸僑生的另一種升學及生涯選項。如何輔導僑生適才適性選擇理想校系，將是未來招生宣導的重點，彈性運用多元招生管道，藉以擴大招生範圍。

### 3.結合華裔學生未來發展

近年來，緬甸隨著改革步伐的快速變化，緬甸社會經濟發展及產業開發情勢，有著美好的前景。目前緬甸急需的是人才培育，然而新加坡、中國大陸、澳洲、美國等都已插旗，涉足緬甸，共同爭取合作培育未來人才。

面對世界競爭，現階段應優先結合「緬甸師培專案」回緬任教，或是僑委會「3+4僑生加值型服務」等，協助緬甸培育專業人才，返回緬甸工作，其專業技能及華語能力，正是符合當地就業市場需求，也為僑生找到一條就業之路。再者，配合政府「育才、攬才、留才」政策，協助緬甸僑生畢業留臺創誘或就業，亦將可吸引僑生來臺升學。

# 肆
## 海外招生經驗談

　　本篇收錄了幾位一直關心著海外聯招會、陪伴著海外聯招會一起成長、一起打拼的海聯顧問們的經驗分享。

　　在這海外聯招會成立的第25個年頭，四分之一個世紀的歲月更迭，說來漫長卻也飛逝，幸運的是，無數個差旅任務、無數次的會議討論及腦力激盪，都有海聯顧問們同在的身影。這些共同經歷的點點滴滴，透過顧問們的視角與回憶，側寫與紀錄出海外聯招會最精彩動人的花絮篇章，喚起與海外聯招會相遇相知及共同奮鬥的故事，當然，也透露出顧問們對海外聯招會未來的期許！

　　仍有許許多多在海外招生上的重要人物，正持續收集他們寶貴的經驗與心得，無奈受限於本書篇幅及出版時程，日後將於海外聯招會官網公開分享之。

## 第一章、孔令泰顧問[1]

　　接觸海外聯招會是在2001年，那一年也是第一次和蘇校長（主任委員）、李信副總幹事見面與開會，留下了日後至今近20年的緣分。

　　近20年來，跟著海外聯招會到香港、澳門辦理試務、招生宣導多達十數次，更曾赴大阪辦理考試，而在港、澳試務與宣導的第一次我都和夥伴們一起參與了！

---

[1]　孔令泰顧問自94學年度（2005年）起開始參與海外聯招會，曾任國立臺灣師範大學教務處秘書，現任簡任祕書兼副總務長。

圖表106　海外聯招會孔令泰顧問剪影

　　因著國家政策，海外聯招會不斷與國內各大學校院招生夥伴們討論、研究，調整招生策略，成就了現今多元化的招生方式（管道），也創造了近十數年來海外僑生來臺升學人數的大躍進，亦可謂另類的臺灣奇蹟。

　　自1995年之後，海外聯招會的核心幹部，是來自人才濟濟的國立暨南國際大學，上自校長、下自行政幹事，無一不戮力從事海外僑生招生事務；早先的張進福校長、許和鈞校長，現在的蘇玉龍校長（海聯會成立之初時任暨大教務長，同時擔任總幹事）等，在擔任主任委員期間擔任領頭羊的角色，周旋在各海外國家政策變化之間，隨時與國內各部會如教育部、僑務委員會、大陸委員會、移民署等聯繫協調，適時配合修訂相關法令，使能符應不同階段、不同時期的需求；此外，在所有幹部們（如李信副總幹事、吳佩玲組長、林珍好組長、嘉偵等等………）嚴謹的執行各項業務下，海外聯招會在海外僑生招生這一環，已完成階段性不可能的任務，令人欽佩！

　　近20年來，陪伴著海外聯招會一起成長，過程中有甘、有苦；但也有「酒」、有樂，非常開心能與所有的夥伴們共事，也寫進了我們的生命日記中，永遠懷念。

# 第二章、李佩紋顧問[2]

圖表107　海外聯招會李佩紋顧問剪影

　　參與海聯這個大團隊工作前後有13年的時間，其間除了出席會議、參加教育展、新生輔導會外還有幸參與了106年澳門試務工作，也有些比較難忘的事：

　　96年調任學校招生組是一個招生界的新兵，對校內的招生都還沒能完全掌握，對僑生招生領域更加完全陌生的狀況下，第一次出席了海聯常務委員會，看著厚厚一疊複雜的會議資料感到茫然，即便會議中有主席蘇老大的引導及同仁的努力說明，還是難以進入狀況，會後悄悄的問了臨桌另一位新手同業她的情況也與我相去不遠，才放下了忐忑不安的心。

　　97年，有機會參與海聯所組的香港教育展團隊，當年海聯代表全臺所有招收港澳生的大學校院在香港「教育及職業博覽會」上設

---

2　李佩紋顧問自97學年度（2008年）起開始參與海外聯招會，時任輔仁大學前教務處招生組組長，現已退休。

了一個攤位，邀請部份臺灣學校共同參與，會場中各校代表輪流在攤位內外對學生進行解說，各校代表不分你我的傳遞赴臺升學訊息，對不了解的領域會上網查資料相互支援，從未見過如此無私的合作團隊，令我印象深刻也相當感動。

當次教育展有個很特別的景象，有些學生看到臺灣的攤位會遠遠避開繞道而行，還需要學校代表們主動出擊，挺有趣的。後來聽說主因可能是參觀該博覽會之學生多半以就業為主要取向且有語言上的隔閡所造成。當時有感語言是在海外行銷的重要工具。因此在往後幾年的海外教育展中，學校會盡量安排當地僑生或請校友來幫忙，發覺校友學長姐們的支援發揮了絕大的功能及現身說法的影響力。

106年2月自學校退休，很難得的有機會參與了3月份澳門學科測驗試務工作，澳門的試務作業與國內大致相同，僅闈內工作稍有差異，不同的是，那裡答案卷也需在闈場內以檔案印製並完成打包，當然檔案的正確性是闈內工作能否順利完成的關鍵條件之一，過程中雖然出現過小狀況，還好都快速的解除了，大家虛驚一場。當時試務幹事是海聯凱婷，記得剛認識凱婷時，她還是一個靦腆的小女生，發覺小女生在數年間有非常驚人的改變，可以在海外井井有條的獨立處理複雜招生事務，真是令我驚訝，也不得不佩服李副養成教育的成功。

在澳門期間很幸運有經驗豐富的小孔顧問從旁指點和照顧，讓工作順手不少，對澳門熟門熟路的他還趁工作空檔帶我和吳紀顧問兩位年長新手暢遊澳門大啖美食，放鬆一下緊張的情緒。對我來說這真一次難能可貴的畢業（退休）之旅。

在海聯的日子裡真是獲益良多，最幸運的是認識了疼愛我們的大家長蘇老大及一群同業好朋友，感謝海聯同仁的努力付出。

祝福海聯這個神奇的團隊工作順利完滿，業績長紅。

# 第三章、吳紀興顧問[3]

2008海聯委員大會（第1排左2）　　　　2017年澳門招生試務工作（左2）

圖表108　海外聯招會吳紀興顧問剪影

　　我從海聯將其不可能化為可能的部分業務開始談起。記得剛開始接觸是我服務的學校－臺北醫學大學接獲海外聯招委員會會議通知，告知北醫大是常委學校，因與校內業務相關就順勢代表學校去埔里開會了。印象中，這個組織人的相處還不錯，但是處理文書的東西怎麼看都是有點那麼奇怪！紙本內資料一度讓我懷疑我是否視力已不佳，其格式裡的文字與數字都是黑的，應該是電腦列印出來的文件直接去複印，不是列表機直接列印出來。

　　過了不久，大家也混熟了，為了不枉擔任常務委員應盡的責任與義務，掙扎了許久，最後還是鼓起勇氣與在座同儕們每次會議逐一道出改善的動力；經由如此共同成長滋潤，我們看的文件不再是黑麻麻的，而是由黑白轉向灰階，甚有彩色圖文的呈現。這幾年下

---

[3]　吳紀興顧問自89學年度（2000年）起開始參與海外聯招會，時任臺北醫學大學註冊組主任。曾任招生組組長、副教務長。現已退休。

來會議內容及各種簡章或圖表規範等文字均順暢且易懂。這最根本的基礎都在海聯團隊裡一代代同仁做出來的不錯效果；當然，現少有的錯誤，都因有參與的您我「盯」著啊！

另外，讓人覺得很訝異的事，在全球這麼多華裔學生以及那麼多的區域性考區現狀裡，居然也可分出那麼多種因地制宜不同條件的相應辦法，在追求公開、公平及公正的試務法則下穩住承辦立場，讓中華民國的僑務教育薪火相傳。這麼多年一路走來，我看到海聯的試務和分發是與時俱進的，從亂數額配到這幾年發展出什麼「線性函數」等…。我曾去研究，才知道原來是將不同的國家成績等第打成一個分配基分，再切割分別比對衡量。因不曾學過統計及程式設計，至今還沒辦法立竿見影破解；看到新奇的東西，我都會想去深入了解，到底有沒有問題或是呼攏我們，經手繪圖表揣摩分析果真不錯，是值得信賴方法！我認為人就是要這樣，當一份工作就要盡一份責任，從以前在職時就是這付德性。我曾嘗試找人數較少的成績群去切去算，好像真的是這樣，所以我說，真服了妳們那位阮老師（分發組阮夙姿老師），她果真是數學系的。之後，我們學校在辦國際生招生時，在學業成績查核也借用海聯收集制定的「成績等第換算參考表」來審理（逢甲大學郭組長主編）各生成績，確實幫助不少。對於海聯資訊化，也都是暨大資訊處負責規劃處理、設計自己寫，這點我也很佩服，不像一般大學都採用外包，其外包的問題很多，經費也很高，很不划算。

一路走來，我覺得這個海聯，表面上來看沒什麼。事實上，內部真的一直有很大的進步，在我看來，其試務處理比大學聯考還複雜且困難，全球那麼多學制、成績、時間，是真不簡單。坦白講，我真的覺得海聯從沒有到有，從不可能到化為可能且可行，一路看到成長與改變，真是不容易，絕對是圓滿完成上級單位所託付之責任。

# 第四章、呂家鑾顧問[4]

2009年香港教育展（左5）　　　2010香港教育展（中立）

圖表109　海外聯招會呂家鑾顧問剪影

98年有幸參加海外聯招會的香港教育展，當時由全國組成一個臺灣參展單位，各校參與人員輪流排班，第一次擔任解說員，覺得新鮮又有趣，當時看到絡繹不絕的人潮，心中只有一個想法，我要回去說服校長，我的學校應該也要參加教育展，尋求曝光的機會。

99年我們踏出了第一步，第一次參加馬來西亞教育展，當時由黃文樞校長率領楊維邦教務長親自出征，並由我和一位同仁陪同，我們陣容強大的出發了，因為是學校第一次參加海外教育展，格外慎重，當時已畢業的馬來西亞畢業僑生，不知從那兒得知校長親自前來，也都自主的來到現場，在教育展中有二個小插曲，讓我對校友的熱情，永遠忘不了。

在吉隆坡時，校友們熱情的買了各式各樣品種的榴槤請我們品

---

[4]　呂家鑾顧問自96學年度（2007年）起開始參與海外聯招會，時任國立東華大學教務處組長，現任專門委員、助理教務長兼招生專業辦公室執行祕書。

嚐，但是我們的黃校長，不敢吃榴槤，他的夫人每次買，都要等他不在家時，才可以大快朵頤，黃校長不好意思讓校友們失望，吃了他人生中第一次的榴槤，整個教育展為期有八天，到了檳城時，校長和我說，走走走，我們在去找看看那裡有不同的榴槤，真是太有趣了。

我們的文宣，在出發前整理過程中出了差錯，將吉隆坡和檳城的數量弄反了，二個區域的數量相差太多，手上的文宣只夠撐一天，也不敢讓校長和教務長知道。當時主辦單位協助我們從檳城調回文宣，但是我們必須自己去一個高速公路的交流道休息站等候，我們尚未入學的新生同學，自己自告奮勇坐公車前往，並先將文宣帶回家，第二天帶來現場，解決了我們所有的問題。

上述二個小故事，都發生在我第一次參加展覽的過程中，不管是畢業的校友熱情，還有尚未入學的準新生，都給了我們最大的支持與鼓勵。同時在這個教育展結束後，我們的校長和教務長看準了僑生與外國學生的市場，加緊腳步，場場都親自出征，一路從蒙古、泰國、印度、香港、澳門等地，也奠定了我們海外招生的根基，這一路走來，感謝海外聯招會給了我們起步的機會，也讓我們展翅高飛，再次說聲，謝謝。

## 第五章、易光輝顧問[5]

我在臺大念博士班的時候，修了蘇老師的一門分析化學課，當時老師是國大代表。老師教課很嚴謹，但老師也會分享一些關於政治的訊息，對學生而言，有很強的吸引力，因此讓我印象深刻。因為我不是很優秀的學生，老師可能也不記得我，但博班畢業時我有獲得顏氏論文獎。後來我到弘光任教，接了教務長工作，教育部技

---

[5] 易光輝顧問自94學年度（2005年）起開始參與海外聯招會。時任弘光科技大學教務長，現任該校第一副校長。

圖表110　海外聯招會易光輝顧問剪影

職司開放了技專院校可以加入海外聯招會的那一年，我們弘光就加入了。海聯在北部、中部、南部各選一所科大擔任常務委員學校，中部就由弘光擔任。從那時候開始，弘光就一直是常委學校。

第一年我就跟著老師到緬甸招生宣導，當時還有中興大學鄭政峰教務長，珍妤是隨團祕書。當時宣導的組成是國立大學、私立大學及一般大學、技職大學各找一位，我就跟著去緬甸學習。當時我甚麼也不懂，糊里糊塗就是跟老師出來。沒想到一到緬甸，一下機場，哇，這是什麼地方？才心想——完了，這次來可能會有回不去、有生命危險。一開始，老師說：年輕人，你以為這次來是好玩的嗎？我們還不知道回得去回不去呢。接著就看到一位將軍旁邊跟了兩位隨從，他們都配著槍，來接我們出機場。一出機場，一群人就包圍上來，我們不知道發生什麼事？只看到那位將軍手上拿一把一千元的鈔票，就一張一張一直發，拿到的人就一個個離開。後來問了才知道，這些人就是沒有工作，只要有人從機場出來，他就想幫你提行李、賺小費，但是有時候提了可能就被提走，要追也追不到，所以將軍是全程保護我們。

我們在仰光過了一晚，隔天一大早五點多，就去拜訪在仰光

的華校。那時候是在一個建築物裡面的一個樓層，當時天都還沒有亮，我們進去看到一個房間裡面，用木板當屏風隔出三、四個空間，一邊掛二年級、旁邊就掛三、四年級，小朋友就坐在那裡朗誦課文。我再一看，哇，他們唸的書是我小時候的課本啊。天沒亮人家就在念書，念到8點，然後還要再去唸緬甸的學校。在海外的華僑，為了傳承中華文化是這樣子在教育孩子，所以讓人非常非常的感動。

那次行程還飛到瓦城、密支那等地，密支那是我非常有印象的點。那邊有個很大的學校，一早，我們就到那所學校去，從升旗、整隊進操場，就聽到音樂：「青海的草原，一眼看不完……中華民國……」，又接著放「龍的傳人」，我當場好感動喔。學生是打著赤腳或是穿著拖鞋從教室外面排隊，一列一列的走到操場集合、升旗，當場看了好多同行的人都掉眼淚。那時候老師就說大家身上有沒有錢，就湊了10萬緬幣捐給他們。中午與華僑們一同用餐，第一盤菜上來，是烏漆嘛黑的東西，一隻手還要一直撥蒼蠅，要跟蒼蠅搶食，心裡還想：這東西到底能不能夾、可不可以吃？

還有印象深刻的是密支那的住宿，應該說是那地方最好的旅館，是獨棟的木造房型，一到晚上，只要一開燈，昆蟲飛得滿天、滿地、滿房間的。躺在床上，看到整個天花板全都是昆蟲，早上起床，還壓死了好多隻在床上。洗澡的衛浴設備很簡單，也是與昆蟲一同沐浴。清晨起床，走到馬路，看到絕大多數的泥土道路，耳邊傳來彈棉花的聲音、打鐵聲、修腳踏車的店面，眼見的情景，覺得像是我幼稚園那時候的臺灣（四十年前）。沿路還看到穿著深紅色袈裟、打著赤腳的和尚在托缽。旁邊的伊洛瓦底江邊，有幾位婦人在那裡搗衣，眼前的純樸環境，對應到緬甸華僑在此艱苦辦學，為的是孩子能夠傳承中華文化、學習華文，希望未來能夠有機會可以到臺灣來念書。這種事情令人印象深刻，感受到華人家庭傾全家之力，即使借錢，也要讓孩子到臺灣去唸書，也唯有唸書，才有辦法讓他的家庭能夠有翻轉的機會。這些狀況，我都拍照下來帶回臺

灣，在課堂中讓臺灣學生能有所比較與感受，要學生需惜福。

記得在瓦城時，我們要去拜訪一所華文學校，但卻進了一間廟宇，我嚇一跳，原來這些華校都需藉著廟宇在背後辦學。我還記得那次在瓦城，各地的老師都來了，在一個活動中心裡面席開了四、五桌，大家一起用午餐，總共花了20幾萬緬幣，我看到華僑他們在付錢的時候，鈔票是放車子的後行李箱，用透明塑膠袋裝著，一袋一袋一綑一綑的，好嚇人啊！還有，印象中，那時候的華文書籍要帶來緬甸還是非常的困難，在機場檢查就會被沒收，需透過一個管道（趙麗萍-緬甸歸僑協會），才可以帶去緬甸。

在緬甸行的學習過程，因為老師的豐厚社會歷練與酒量，很快速的都跟華僑們融合在一起，行程中也會聽到當地華僑說：中國大陸那邊有金錢的援助、圖書提供、派遣老師等等的協助。華僑們也希望老師能提供更多物資與員額。老師特別說：忠誠是最重要。在物資短缺與需求邊增的緬甸來說，認同中華民國、心向著中華民國，是非常重要的。

整個在緬甸招生宣導的路程，可說是千辛萬苦，發生很多很多有趣的事情。像車子爆胎、有人攔車要求留下買路財等等，這些都歷歷在目。當時同行那位將軍，是被列為全世界第幾號的毒品通緝犯羅先生派來保護我們的，天上的衛星一直在盯著他，他家的大院子門口就兩個人揹著槍站崗，他請我們去他家吃飯，這些情景與場面，是在香港毒梟電影才看得到，而我卻是身歷其境。一進去羅先生家，我也不敢講話，直到那位羅先生坐下來（隨身都有護衛，都帶著槍在旁邊），請我們吃東西，一邊聊，老師還提醒我說：「年輕人，你不要有什麼奇怪的動作，一不小心會被…」，真是讓我覺得隨時都有可能還回不了家的感覺。還好在談話中，發現那位羅先生非常注重華語教育及中華文化，也是挺中華民國的。

這些都是跟著老師到緬甸招生的點點滴滴，是在臺灣無法體驗與學習到的。

# 第六章、陳勝周顧問[6]

2006年香港招生宣導說明會（中立者）

2010年海聯招生檢討會（左2）

圖表111　海外聯招會陳勝周顧問剪影

　　我參加僑生招生分發工作，大約是民國79年左右，當初是臺大的張訓祕書找我參加的，那時海外聯招會還未成立，應該是由僑委會和教育部找幾所大學組成的「僑生分發小組」，一轉眼，就超過30年了。

　　如果我沒有記錯，蘇老大（蘇玉龍校長的暱稱）大概是1998年到暨南大學，從他2001年當教務長兼海聯總幹事，認識他已經快20年了，感覺蘇老大像是個「過動兒」般不停的工作，發現他體力超越常人，工作的敬業精神無人能比，一個校長，每天除了繁雜校務外，為了海外聯招冒著生命危險出入緬甸、還奔波於其他國家，對於海外聯招的業務可以瞭解的這麼透徹，主持會議時，甚至連一些微小細節，他都很清楚，瞭如指掌，對海外聯招盡心盡力，可謂

---

[6]　陳勝周顧問自85學年度（1996年）起開始參與海外聯招會。時任東海大學教務處註冊組主任，現已退休。

「功在僑教」。

關於蘇老大體力過人的事，我舉二件事情。我記得是2017年2月份，到緬甸辦理學科測驗考試，當天晚上在曼德勒用晚餐，晚餐時蘇老大還沒有到，第二天早上在早餐時，蘇老大出現了，他說前一天晚餐來不及參加，因為昨晚才由新加坡飛到仰光，再由仰光飛到曼德勒，已經很晚了，雖是一早在飯店早餐時相遇了，蘇老大說早餐後，處理些事情再飛仰光，和暨大姊妹校仰光大學談事情，然後再飛越南，短短幾天時間跑三個國家六個城市，我真是太佩服他的體力，簡直就是「一尾活龍」啊！另外一件事，是大概是民國98年，蘇老大腦部開刀，我到中國醫藥大學附設醫院看他，我心想這麼大的腦部手術，不知道要多久才能恢復，結果沒多久，有一天我在臺中全國大飯店邀請一些好朋友餐敘，我們這些老朋友聚餐，難免高粱、威士忌等烈酒，沒想到蘇老大的酒量不減，照樣乾杯，讓大家都嚇了一大跳，像他這樣的體力，精力旺盛，真是太厲害了。

回想我從2000年第一次到緬甸，一到仰光機場，機場是又小又老舊，下飛機去上個洗手間，出來就有人伸手要錢，當時身上沒有緬甸幣，只好給一塊錢美金，據說是當年他們一天的工資，令我印象深刻。現在桃園、仰光每天都有班機，以前每星期只有三班飛機，所以一趟緬甸考試就要8到9天，在仰光得先住1或2個晚上，然後再飛曼德勒，當年叫瓦城，後來改名曼德勒，我記得從仰光飛曼德勒的飛機老舊，還會從行李架滴水，一到曼德勒機場，除了機場跑道外，放眼到處都是田埂般的草地，機場沒有空橋，更沒有行李轉盤，當時行李是一件一件用人力搬出來，再由人力車來拖運，拖了一小段就拖不動，輪子就陷到沙土堆裡面動也不動，當地僑界人士就叫人過去搬。

當年緬甸考生將近1000人，曼德勒考生將近500人，佔了全緬甸考生將近一半，是人數最多最大的考區。

2001年起因政治因素，緬甸考區停辦了，經過了10多年（2013

年）再恢復緬甸考區，我自2015、2016、2017、2020年都有參加緬甸考試，發現緬甸這幾年進步發展起來，仰光有五星級飯店，曼德勒也進步了，真的改變很多，仰光、曼德勒都蓋了新的現代化機場。我記得2000年那一趟，我住在曼德勒火車站斜對面的太平洋大飯店，該飯店雖有電梯，但因怕停電不用，我從來不曾搭電梯，每天早、晚都要扛著幾箱試題、試卷上上下下，因為試題、試卷不能離身，務必隨身攜帶，前幾年經過曼德勒火車站，還看到那家飯店，感覺特別親切。

緬甸還有一件事情讓我印象深刻，記得是2015年到曼德勒考試時，當時是曼德勒孔教學校的尹正榮校長（時任校長兼財政）到機場接我，我將我的行李放到他的車後面行李箱，結果一打開，發現他車後行李箱裡有一個透明塑膠袋裝著一大袋東西，看起來是緬甸幣，然後就直接到曼德勒一家餐廳用餐，尹校長就將那一大袋塑膠袋拎下車，飯後就拿出大把現鈔付款，看起來緬甸似乎不用支票或刷卡，習慣用現金，這些經歷，都見證緬甸考試歷史及發展經過。

# 第七章、陳雅蓉顧問[7]

當李信副總幹事提到想請海聯顧問們寫一段小品文回憶錄，雖然自己目前已不是顧問身分，但一路看著海外聯招會的成長與茁壯，憶及過往的篳路藍縷，開疆闢土，隨著進入時光燧道，感慨不已，思緒久久難以平復。

民國74年，我從東吳中文系助教轉換跑道，投入教務處工作，開始接觸境外試務，面對龐雜繁複的海外招生行政，那份恐慌與徬徨自不待言；記得初次參加海外聯招會會議，看到暨南大學的一群娘子軍，年紀輕輕，卻是勤奮有為；或許對業務仍存在起始打拼的

---

[7] 陳雅蓉顧問自85學年度（1996年）起開始參與海外聯招會，時任東吳大學教務處招生組組長，中途轉任華語中心主任，後回任招生組迄今。

圖表112　海外聯招會陳雅蓉顧問剪影

生澀，但那種全心投入與盡職任事的氛圍，讓招生新手的我，感佩不已；而當時蘇玉龍總幹事劍及履及、思慮周全的領導風格與生動活潑、機敏反應的主持功力，更是讓人驚豔，迄今讚服。

猶記當初海外招生仍存在亟待開發的艱困，蘇校長毅然決然，召集各大學首次參加香港教育展，我有幸於民國99年11月13日至15日，隨團參與這創舉，在沒有過往經驗前提下，幾個大學的招生同業輪流排班擺臺，對臺灣的教育盡份心力，而因此凝聚的情感交融更是難能可貴。

自己從事招生工作數十載，參與過不少委員會、工作圈，而與海外聯招會的相遇相知，實是生涯中不可抹滅的深刻記憶。如今海外聯招會已成立25年，面對過風風雨雨，凝聚出同心共識，相信植基於這穩固的基礎，未來的海外聯招會將更茁壯地發光發熱。

# 第八章、黃信復顧問[8]

話說民國91年，剛接下註冊組組長一職，而海外僑生招生那時

---

[8]　黃信復顧問自91學年度（2002年）起開始參與海外聯招會，時任國立成功大學教務處

圖表113　海外聯招會黃信復顧問剪影

正屬註冊組業務，就此機緣，逐漸展開與海外聯招會將近20年之不解緣份。

上任不久就與同時上任暨大教務長蘇老大（目前暨大校長）及李信副總幹事一同到香港招生宣導，第1次因公務出國，萬事皆感陌生，幸好海聯團隊安排極為妥適，減緩少許不安。

當時海外宣導規模尚小，只有幾所公私立大學聯合招生，共同宣導臺灣各大學近況，而香港真是地窄人稠，宣導展覽會場人山人海，摩肩擦踵，參與的學校代表皆忙的人仰馬翻，不過心中還是感動蠻熱血沸騰，畢竟能在國外地區宣傳自己國家的大學或自家學校，辛苦還是值得的。海聯這團隊處事很細心，也很有創意，當時我們每個人都穿上具有臺灣原住民特色的背心，全體集團亮相，在會場中就很搶眼，也很有特色。聽說當初要訂作這套背心，還找了原住民耆老定製，之後我自己想找類似這款背心，還真的無從買起。

海外聯合招生委員會應該是全國各承辦招生試務工作最複雜的團隊了，光招生簡章就快20餘種，原先只有一般大學招生，後又增

註冊組組長，現任招生組組長。

加技職體系及研究所，可說是學制多元、入學管道多元、入學時間也多元，再加全球諸多地區皆有僑胞，各地學制、成績又各不同，一起彙集至這個委員會，可預見承辦同仁壓力之大了。不過這個委員會倒有個優點，就是開會時笑聲不斷，主席風趣幽默主持下，倒減少不少議案討論的壓力，尤其那句 "愛鄉愛土愛查某……" 布袋戲口白，真是對了我們這把年紀歐吉桑的味。

民國104年因業務調整，成大僑生招生業務移轉至國際處，眼見就無立場再參與海外聯招會，幸好主席覺得我們這些退休或離開職掌業務的老人，尚有少許資源回收可用性，再幫我們聘為顧問，除了可顧一下門口外，或許可再薄盡一些經驗。惟因不是本職，要出席會議還是得看一下長官允許否，不過偶而出來透透風，見見老友，聽聽主席娓娓道來一些不為人知的國家機密或一些海外招生精采片斷，也是一大樂事。

文末，衷心祝福這個敬業又可愛的團隊工作越來越順利，招生業績一飛沖天（同仁可就更累了）。

# 附錄
# 歷年海外招生參與人員

## 第一章、參與海外招生宣導人員[1]

圖表114　歷年參與海外招生宣導人員名單

| 年度 | 日期 | 國家 | 內容 | 城市 | 人員 | 服務單位 |
|---|---|---|---|---|---|---|
| 85 | 3/2-3/8 | 日本+韓國 | 宣導 | | 袁頌西 | 國立暨南國際大學校長／海外聯招會主任委員 |
| | | | | | 曾江源 | 教育部僑教會主委 |
| | | | | | 周燦德 | 教育部國教司副司長 |
| | | | | | 秦文力 | 國立臺灣大學僑輔室主任 |
| | | | | | 王良基 | 國立臺灣師範大學僑輔室主任 |
| | | | | | 陳文章 | 國立僑生先修班主任 |
| | | | | | 趙達瑜 | 國立暨南國際大學教務處祕書 |
| 85 | 3/15-3/19 | 香港+澳門 | 宣導 | | 袁頌西 | 國立暨南國際大學校長／海外聯招會主任委員 |
| | | | | | 李淑範 | 教育部僑教會主任 |
| | | | | | 蘇德祥 | 教育部中教司專員 |
| | | | | | 黃南暘 | 僑務委員會僑輔室科長 |
| | | | | | 張訓 | 國立臺灣大學教務處祕書 |
| | | | | | 曾振遠 | 淡江大學教務長 |
| | | | | | 古允文 | 國立暨南國際大學教務處組長 |

---

[1]　本資料由海外聯招會執行幹事劉凱婷整理。

| 年度 | 日期 | 國家 | 內容 | 城市 | 人員 | 服務單位 |
|---|---|---|---|---|---|---|
| 86 | 1/14 -1/18 | 香港 +澳門 | 宣導 | | 袁頌西 | 國立暨南國際大學校長／海外聯招會主任委員 |
| | | | | | 吳明珏 | 教育部僑教會專員 |
| | | | | | 黃靜華 | 教育部人事處專員 |
| | | | | | 彭盛龍 | 僑務委員會科長 |
| | | | | | 黃滬生 | 國立臺灣大學課務組主任 |
| | | | | | 曾坤地 | 教育部中教司副司長 |
| | | | | | 李素箱 | 國立僑生先修班訓導處主任 |
| | | | | | 趙達瑜 | 國立暨南國際大學教務處祕書 |
| 86 | 1/19 -1/25 | 馬來西亞 | 宣導 | 檳城 吉隆坡 馬六甲 | 袁頌西 | 國立暨南國際大學校長／海外聯招會主任委員 |
| | | | | | 吳清基 | 教育部技職司司長 |
| | | | | | 聶廣裕 | 教育部社教司司長 |
| | | | | | 劉瑞寶 | 教育部僑教會研究員 |
| | | | | | 彭盛龍 | 僑務委員會僑輔室科長 |
| | | | | | 徐錠基 | 淡江大學教務長 |
| | | | | | 王新華 | 國立僑生先修班主任 |
| | | | | | 古允文 | 國立暨南國際大學教務處組長 |
| 86 | 2月 下旬 | 韓國 +日本 | 宣導 | | 孔慶華 | 國立暨南國際大學教務長／海外聯招會總幹事 |
| | | | | | 李大偉 | 國立臺灣師範大學教務長 |
| | | | | | 洪泰雄 | 國立臺灣大學教務處註冊組主任 |
| | | | | | 陳昆仁 | 教育部國教司副司長 |
| | | | | | 李淑範 | 教育部僑教會主任 |
| | | | | | 徐朝堂 | 國立暨南國際大學教務處祕書 |
| 86 | 3/6 -3/16 | 中南美 | 宣導 | 阿根廷 巴拉圭 巴西 | 袁頌西 | 國立暨南國際大學校長／海外聯招會主任委員 |
| | | | | | 王俊權 | 教育部高教司科長 |
| | | | | | 曾江源 | 教育部僑教會主委 |
| | | | | | 楊德川 | 教育部會計處處長 |
| | | | | | 洪冬桂 | 僑務委員會副主委 |

| 年度 | 日期 | 國家 | 內容 | 城市 | 人員 | 服務單位 |
|---|---|---|---|---|---|---|
| | | | | | 陳維昭 | 國立臺灣大學校長 |
| | | | | | 李信 | 國立暨南國際大學教務處組長 |
| 87 | 1/18 -1/26 | 緬甸 | 宣導 | 仰光 臘戌 曼德勒 東枝 | 孔慶華 | 國立暨南國際大學教務長／海外聯招會總幹事 |
| | | | | | 陳金雄 | 教育部祕書室主祕 |
| | | | | | 高崇雲 | 教育部僑教會主委 |
| | | | | | 郭殿臣 | 僑務委員會科長 |
| | | | | | 陳文章 | 國立僑生先修班班主任 |
| | | | | | 許峰治 | 國立臺灣大學教務處祕書 |
| | | | | | 徐朝堂 | 國立暨南國際大學教務處祕書 |
| 87 | 2/8 -2/14 | 馬來西亞 （北馬） | 宣導 | 哥打峇魯 檳城 怡保 | 袁頌西 | 國立暨南國際大學校長／海外聯招會主任委員 |
| | | | | | 黃碧端 | 教育部高教司司長 |
| | | | | | 吳明珏 | 教育部僑教會專員 |
| | | | | | 李永誠 | 僑務委員會僑輔室科長 |
| | | | | | 李素箱 | 僑大先修班訓導主任 |
| | | | | | 林碧霞 | 教育部會計處科長 |
| | | | | | 許紫芬 | 國立暨南國際大學教務處組長 |
| 87 | 2/15 -2/21 | 馬來西亞 （南馬） | 宣導 | | 孔慶華 | 國立暨南國際大學教務長／海外聯招會總幹事 |
| | | | | | 高崇雲 | 教育部僑教會主委 |
| | | | | | 楊德川 | 教育部會計處會計長 |
| | | | | | 徐昌慧 | 教育部技職司專員 |
| | | | | | 彭盛龍 | 僑務委員會科長 |
| | | | | | 袁保新 | 南華管理學院教務長 |
| | | | | | 龔梓燦 | 成功大學教務處組長 |
| | | | | | 趙達瑜 | 國立暨南國際大學教務處組長 |
| 87 | 2/23 -2/25 | 香港 +澳門 | 宣導 | | 袁頌西 | 國立暨南國際大學校長／海外聯招會主任委員 |
| | | | | | 李大偉 | 國立臺灣師範大學教務長 |
| | | | | | 王新華 | 國立僑大先修班教務主任 |
| | | | | | 李正華 | 教育部大陸小組執行祕書 |
| | | | | | 洪清香 | 教育部社教司副司長 |

| 年度 | 日期 | 國家 | 內容 | 城市 | 人員 | 服務單位 |
|---|---|---|---|---|---|---|
| | | | | | 李淑範 | 教育部僑教會組主任 |
| | | | | | 開聲蘭 | 僑務委員會僑輔室科員 |
| | | | | | 李信 | 國立暨南國際大學教務處組長 |
| 87 | 6/22 -6/26 | 馬來西亞（東馬） | 宣導 | 古晉 詩巫 美里 亞庇 | 袁頌西 | 國立暨南國際大學校長／海外聯招會主任委員 |
| | | | | | 李淑範 | 教育部僑教會組主任 |
| | | | | | 陳昆仁 | 教育部國教司專門委員 |
| | | | | | 彭盛龍 | 僑務委員會科長 |
| | | | | | 黃滬生 | 國立臺灣大學教務處主任 |
| | | | | | 江皓華 | 國立僑大先修班總務主任 |
| | | | | | 趙達瑜 | 國立暨南國際大學教務處組長 |
| 87 | 3/15 -3/23 | 美國 +加拿大 | 宣導 | 洛杉磯 溫哥華 多倫多 | 袁頌西 | 國立暨南國際大學校長／海外聯招會主任委員 |
| | | | | | 呂溪木 | 國立臺灣師範大學校長 |
| | | | | | 李嗣涔 | 國立臺灣大學教務長 |
| | | | | | 李秀金 | 教育部會計處副會計長 |
| | | | | | 高崇雲 | 教育部僑教會主委 |
| | | | | | 陳良坤 | 僑務委員會僑輔室專門委員 |
| | | | | | 徐朝堂 | 國立暨南國際大學教務處祕書 |
| 87 | 3/28 -4/1 | 韓國 | 宣導 | 漢城 釜山 仁川 | 袁頌西 | 國立暨南國際大校長／海外聯招會主任委員 |
| | | | | | 李建二 | 國立成功大學教務長 |
| | | | | | 卓英豪 | 教育部中教司司長 |
| | | | | | 吳三靈 | 教育部人事處處長 |
| | | | | | 劉瑞寶 | 教育部僑教會研究員 |
| | | | | | 郭殿臣 | 僑務委員會僑輔室科長 |
| | | | | | 李信 | 國立暨南國際大學教務處組長 |
| 88 | 1/22 -1/30 | 南非 | 宣導 | 約堡 斐京 布魯方登 新堡 | 袁頌西 | 國立暨南國際大學校長／海外聯招會主任委員 |
| | | | | | 高崇雲 | 教育部僑教會主委 |
| | | | | | 陳金雄 | 國立僑大先修班主任 |
| | | | | | 李秀金 | 教育部副會計長 |
| | | | | | 李淑範 | 教育部僑教會組主任 |

| 年度 | 日期 | 國家 | 內容 | 城市 | 人員 | 服務單位 |
|---|---|---|---|---|---|---|
| | | | | 德班<br>開普敦 | 彭盛龍 | 僑務委員會僑輔室科長 |
| | | | | | 許紫芬 | 國立暨南國際大學教務處組長 |
| 88 | 2/4<br>-2/11 | 緬甸 | 宣導 | 密支那<br>瓦城<br>東枝 | 李建二 | 國立成功大學教務長 |
| | | | | | 陳昆仁 | 教育部國教司副司長 |
| | | | | | 黃雯玲 | 教育部祕書室科長 |
| | | | | | 林合懋 | 教育部僑教會專員 |
| | | | | | 馬台珠 | 僑務委員會僑輔室專員 |
| | | | | | 李信 | 國立暨南國際大學教務處組長 |
| 88 | 3/2<br>-3/7 | 韓國 | 宣導 | 漢城<br>釜山 | 徐泓 | 國立暨南國際大學教務長／海外聯招會總幹事 |
| | | | | | 袁保新 | 南華管理學院副校長 |
| | | | | | 曾坤地 | 教育部中教司副司長 |
| | | | | | 許志賢 | 教育部人事處副處長 |
| | | | | | 李永誠 | 僑務委員會科長 |
| | | | | | 陳金雄 | 國立僑大先修班主任 |
| | | | | | 趙達瑜 | 國立暨南國際大學教務處組長 |
| 88 | 3/22<br>-3/26 | 香港<br>+澳門 | 宣導 | | 袁頌西 | 國立暨南國際大學校長／海外聯招會主任委員 |
| | | | | | 陳正宏 | 國立臺灣大學副校長 |
| | | | | | 陳良坤 | 僑務委員會專門委員 |
| | | | | | 黃秀芳 | 教育部僑教會組主任 |
| | | | | | 周隆光 | 教育部法規會專員 |
| | | | | | 沈玲 | 教育部大陸工作小組約聘人員 |
| | | | | | 徐朝堂 | 國立暨南國際大學教務處祕書 |
| 89 | 1/18<br>-1/25 | 緬甸 | 宣導 | 臘戌<br>曼德勒<br>東枝 | 翁政義 | 國立成功大學校長 |
| | | | | | 郭堃煌 | 國立成功大學教務處主任 |
| | | | | | 李大偉 | 臺灣師範大學較獎 |
| | | | | | 洪泰雄 | 臺灣大學教務處組長 |
| | | | | | 李素箱 | 僑大先修班學務主任 |
| | | | | | 岳啓迪 | 僑務委員會僑輔室專員 |

| 年度 | 日期 | 國家 | 內容 | 城市 | 人員 | 服務單位 |
|---|---|---|---|---|---|---|
| 89 | 2/28 -3/4 | 馬來西亞（北馬） | 宣導 | 吉隆坡 吉蘭丹 怡保 檳城 | 李嗣涔 | 國立臺灣大學教務長 |
| | | | | | 許峰治 | 國立臺灣大學教務處祕書 |
| | | | | | 黃幸惠 | 僑務委員會視察 |
| | | 馬來西亞（南馬） | 宣導 | 吉隆坡 麻六甲 居鑾 新山 | 簡茂發 | 國立臺灣師範大學校長 |
| | | | | | 方鉅川 | 國立臺灣師範大學校長室祕書 |
| | | | | | 徐傳雄 | 輔仁大學研發室主任 |
| | | | | | 葉惠貞 | 僑務委員會科員 |
| 90 | 2/25 -3/4 | 馬來西亞 | 宣導 | 檳城 怡保 吉隆坡 馬六甲 居鑾 新山 | 徐泓 | 國立暨南國際大學教務長／海外聯招會總幹事 |
| | | | | | 郭堃煌 | 國立成功大學教務處主任 |
| | | | | | 黃滬生 | 國立臺灣大學教務處主任 |
| | | | | | 李信 | 國立暨南國際大學教務處組長 |
| | | | | | 岳啓迪 | 僑務委員會僑輔室專員 |
| 90 | 3/3 -3/10 | 緬甸 | 宣導 | 密支那 瓦城 臘戌 東枝 | 劉一中 | 國立暨南國際大學主任祕書 |
| | | | | | 游光昭 | 國立臺灣師範大學教務處組長 |
| | | | | | 林珍妤 | 國立暨南國際大學海外聯招專任助理 |
| | | | | | 劉俊琅 | 僑大先修班註冊組組長 |
| | | | | | 馬台珠 | 僑務委員會科長 |
| 90 | 3/9 -3/13 | 印尼 | 宣導 | 泗水 雅加達 棉蘭 | 李大偉 | 國立臺灣師範大學教務長 |
| | | | | | 周漢東 | 國立臺灣大學僑外生輔導室主任 |
| | | | | | 高大威 | 國立暨南國際大學中文系副教授 |
| | | | | | 莊惠金 | 國立臺灣師範大學教務處組員 |
| | | | | | 王新華 | 僑生大學先修班教務處主任 |
| 91 | 9/29 -10/5 | 馬來西亞 | 宣導 | 檳城 怡保 吉隆坡 | 張進福 | 國立暨南國際大學校長／海外聯招會主任委員 |
| | | | | | 鍾思嘉 | 國立政治大學教務長 |
| | | | | | 蘇炎坤 | 國立成功大學教務長 |

| 年度 | 日期 | 國家 | 內容 | 城市 | 人員 | 服務單位 |
|---|---|---|---|---|---|---|
| | | | | 馬六甲居鑾新山 | 李信 | 國立暨南國際大學組長／海外聯招會執行幹事 |
| | | | | | 鄧毅雄 | 僑務委員會僑輔室科長 |
| | | | | | 黃士玲 | 教育部僑教會組員 |
| 91 | 11/17-11/23 | 日本+韓國 | 宣導 | 東京大阪漢城釜山仁川 | 蘇玉龍 | 國立暨南國際大學教務長／海外聯招會總幹事 |
| | | | | | 李冠卿 | 國立中央大學教務長 |
| | | | | | 傅錫壬 | 淡江大學教務長 |
| | | | | | 田文翠 | 國立暨南國際大學組長／海外聯招會執行幹事 |
| | | | | | 呂木琳 | 教育部次長 |
| | | | | | 劉連華 | 僑務委員會僑輔室主任 |
| | | | | | 黃幸惠 | 僑務委員會僑輔室視察 |
| 92 | 8/29-9/3 | 泰國+印尼 | 宣導 | 曼谷雅加達棉蘭 | 張進福 | 國立暨南國際大學校長／海外聯招會主任委員 |
| | | | | | 陳泰然 | 國立臺灣大學教務長 |
| | | | | | 林秋裕 | 逢甲大學教務長 |
| | | | | | 曾敏 | 國立暨南國際大學組長／海外聯招會執行幹事 |
| | | | | | 李信 | 國立暨南國際大學組長／海外聯招會執行幹事 |
| | | | | | 鄧毅雄 | 僑務委員會僑輔室科長 |
| | | | | | 李淑範 | 教育部僑教會主任 |
| 92 | 9/22-9/28 | 馬來西亞 | 宣導 | 拿篤斗湖山打根亞庇納閩美里詩巫古晉 | 蘇玉龍 | 國立暨南國際大學教務長／海外聯招會總幹事 |
| | | | | | 陳恭 | 國立中正大學 |
| | | | | | 林振東 | 東海大學 |
| | | | | | 田文翠 | 國立暨南國際大學組長／海外聯招會執行幹事 |
| | | | | | 吳佩玲 | 海外聯招會祕書組專任助理 |
| | | | | | 黃幸惠 | 僑務委員會僑輔室視察 |

| 年度 | 日期 | 國家 | 內容 | 城市 | 人員 | 服務單位 |
|---|---|---|---|---|---|---|
| 92 | 12/9 -12/12 | 香港 +澳門 | 宣導 | | 蘇玉龍 | 國立暨南國際大學教務長／海外聯招會總幹事 |
| | | | | | 洪泰雄 | 國立臺灣大學教務處主任 |
| | | | | | 楊玉惠 | 教育部高教司專門委員 |
| | | | | | 曾敏 | 國立暨南國際大學組長／海外聯招會執行幹事 |
| | | | | | 李信 | 國立暨南國際大學組長／海外聯招會執行幹事 |
| | | | | | 林珍妤 | 海外聯招試務組專任助理 |
| 93 | 2/18 -2/21 | 香港 | 宣導 | | 蘇玉龍 | 國立暨南國際大學教務長／海外聯招會總幹事 |
| | | | | | 林振德 | 國立交通大學教務長 |
| | | | | | 曾敏 | 國立暨南國際大學組長／海外聯招會執行幹事 |
| | | | | | 許雅惠 | 國立暨南國際大學教務處組長 |
| 93 | 3/12 -3/14 | 澳門 | 宣導 | 澳門 | 張進福 | 國立暨南國際大學校長／海外聯招會主任委員 |
| | | | | | 陳泰然 | 國立臺灣大學教務長 |
| | | | | | 董金裕 | 國立政治大學教務長 |
| | | | | | 李健美 | 國立僑生大學先修班學務主任 |
| | | | | | 王翠賢 | 國立僑生大學先修班祕書 |
| | | | | | 柳帆志 | 行政院大陸委員會港澳處科長 |
| | | | | | 李信 | 國立暨南國際大學組長／海外聯招會執行幹事 |
| | | | | | 李貞慧 | 國立暨南國際大學教務處約聘人員 |
| 93 | 7/22 -7/28 | 馬來西亞 | 宣導 | 新山 峇株 森美蘭 吉隆坡 怡保 檳城 | 蘇玉龍 | 國立暨南國際大學教務長／海外聯招會總幹事 |
| | | | | | 鄭志富 | 國立臺灣師範大學教務長 |
| | | | | | 劉宏文 | 高雄醫學大學教務長 |
| | | | | | 田文翠 | 國立暨南國際大學組長／海外聯招會執行幹事 |
| | | | | | 董幼文 | 僑務委員會僑生輔導室科長 |
| | | | | | 高嘉偵 | 海外聯招會分發組專任助理 |

| 年度 | 日期 | 國家 | 內容 | 城市 | 人員 | 服務單位 |
|---|---|---|---|---|---|---|
| 93 | 9/24 -10/1 | 加拿大 | 宣導 | 溫哥華 蒙特羅 多倫多 | 張進福 | 國立暨南國際大學校長／海外聯招會主任委員 |
| | | | | | 陳泰然 | 國立臺灣大學教務長 |
| | | | | | 邱弘毅 | 臺北醫學大學教務長 |
| | | | | | 李信 | 國立暨南國際大學組長／海外聯招會執行幹事 |
| | | | | | 賴春蘭 | 逢甲大學教務處組員 |
| | | | | | 蔡宜均 | 僑務委員會僑生輔導室科長 |
| | | | | | 林珍妤 | 海外聯招會試務組專任助理 |
| 94 | 2/17 -2/23 | 香港 | 教育展 | 灣仔 會展中心 | 張進福 | 國立暨南國際大學校長／海外聯招會執行幹事 |
| | | | | | 黎建球 | 輔仁大學校長 |
| | | | | | 蘇玉龍 | 國立暨南國際大學教務長／海外聯招會總幹事 |
| | | | | | 陳泰然 | 國立臺灣大學教務長 |
| | | | | | 黃宏斌 | 國立臺灣大學學務長 |
| | | | | | 黃信復 | 國立成功大學教務處組長 |
| | | | | | 孔令泰 | 國立臺灣師範大學教務處祕書 |
| | | | | | 余芳英 | 國立中正大學教務處約聘人員 |
| | | | | | 陳雅蓉 | 東吳大學教務處組長 |
| | | | | | 林玲如 | 國立高雄大學教務處組長 |
| | | | | | 張漢卿 | 國立交通大學教務處組長 |
| | | | | | 羅安臺 | 國立臺北藝術大學教務處組長 |
| | | | | | 陳勝周 | 東海大學教務處組長 |
| | | | | | 郭添保 | 逢甲大學教務處組長 |
| | | | | | 歐慶亨 | 國立僑生大學先修班講師 |
| | | | | | 陳俊宏 | 行政院大陸委員會科長 |
| | | | | | 李毓娟 | 教育部高教司科長 |
| | | | | | 廖高賢 | 教育部僑教會主任 |
| | | | | | 林志忠 | 國立暨南國際大學副教授 |
| | | | | | 田文翠 | 國立暨南國際大學組長／海外聯招會執行幹事 |

| 年度 | 日期 | 國家 | 內容 | 城市 | 人員 | 服務單位 |
|---|---|---|---|---|---|---|
| | | | | | 李信 | 國立暨南國際大學組長／海外聯招會執行幹事 |
| | | | | | 徐玲玲 | 國立暨南國際大學教務處組原 |
| | | | | | 洪鎂雯 | 國立暨南國際大學教務處約聘人員 |
| | | | | | 吳佩玲 | 海外聯招會專任助理 |
| 94 | 3/5 -3/8 | 澳門 | 宣導 | 澳門 | 蘇玉龍 | 國立暨南國際大學教務長／海外聯招會總幹事 |
| | | | | | 黃生 | 國立臺灣師範大學教務長 |
| | | | | | 李秉乾 | 逢甲大學教務長 |
| | | | | | 陳俊生 | 國立僑生大學先修班組長 |
| | | | | | 李毓真 | 教育部僑民教育委員會組員 |
| | | | | | 藍珮瑜 | 教育部高教司研究助理 |
| | | | | | 楊洲松 | 國立暨南國際大學副教授 |
| | | | | | 高嘉偵 | 海外聯招會專任助理 |
| 94 | 6/13 -6/17 | 韓國 | 宣導 | 首爾 仁川 釜山 | 張進福 | 國立暨南國際大學校長／海外聯招會主任委員 |
| | | | | | 劉德勝 | 教育部僑民教育委員會主委 |
| | | | | | 陳泰然 | 國立臺灣大學教務長 |
| | | | | | 劉兆明 | 輔仁大學教務長 |
| | | | | | 王新華 | 國立僑生大學先修班代理班主任 |
| | | | | | 張素貞 | 實踐大學助理教授 |
| | | | | | 黃南陽 | 國立暨南國際大學專門委員 |
| | | | | | 賴麗瑩 | 僑務委員會僑生輔導室科長 |
| | | | | | 李信 | 國立暨南國際大學組長／海外聯招會執行幹事 |
| 94 | 6/19 -6/25 | 馬來西亞（西馬） | 宣導 | 新山 峇株 森美蘭 吉隆坡 | 孫臺平 | 國立暨南國際大學主任祕書 |
| | | | | | 陳恭 | 國立中正大學教務長 |
| | | | | | 王俊權 | 教育部僑民教育委員會專門委員 |
| | | | | | 林榮基 | 僑務委員會僑生輔導室科長 |
| | | | | | 王翠賢 | 國立僑生大學先修班祕書 |

| 年度 | 日期 | 國家 | 內容 | 城市 | 人員 | 服務單位 |
|---|---|---|---|---|---|---|
| 94 | 6/19<br>-6/25 | 馬來西亞<br>（東馬） | 宣導 | 亞庇<br>美里<br>民都魯<br>詩巫<br>古晉<br>汶萊 | 黃尚信 | 國立暨南國際大學學務長 |
| | | | | | 李健美 | 國立僑生大學先修班學務主任 |
| | | | | | 田文翠 | 國立暨南國際大學組長／海外聯招會執行幹事 |
| | | | | | 楊玉惠 | 教育部高教司專門委員 |
| | | | | | 李昆原 | 僑務委員會僑生輔導室科員 |
| | | | | | 鍾豔攸 | 國立僑生大學先修班組長 |
| 94 | 11/2<br>-11/9 | 緬甸 | 宣導 | 仰光<br>曼德勒<br>臘戌<br>密支那 | 蘇玉龍 | 國立暨南國際大學教務長／海外聯招會總幹事 |
| | | | | | 鄭政峰 | 國立中興大學教務長 |
| | | | | | 簡茂丁 | 東吳大學教務長 |
| | | | | | 易光輝 | 弘光科技大學教務長 |
| | | | | | 高麗珍 | 國立僑生大學先修班學務主任 |
| | | | | | 趙麗屏 | 緬甸在臺同學會會長 |
| | | | | | 林珍妤 | 海外聯招會專任助理 |
| 94 | 12/12<br>-12/17 | 印尼 | 宣導 | 雅加達<br>巨港<br>棉蘭 | 黃生 | 國立臺灣師範大學校長 |
| | | | | | 蘇玉龍 | 國立暨南國際大學教務長／海外聯招會總幹事 |
| | | | | | 王秋寅 | 僑光技術學院教務長 |
| | | | | | 陳清輝 | 國立僑生大學先修班總務主任 |
| | | | | | 莊坤良 | 國立臺灣師範大學英語系系主任 |
| | | | | | 廖培鈞 | 國立臺灣師範大學博士生 |
| | | | | | 王傳明 | 教育部僑民教育委員會主任 |
| | | | | | 陳奕芳 | 僑務委員會視察 |
| | | | | | 林玉溪 | 國立暨南國際大學學務處組長 |
| 95 | 2/21<br>-2/21 | 香港 | 教育展 | 灣仔<br>會展中心 | 張進福 | 國立暨南國際大學校長／海外聯招會主任委員 |
| | | | | | 陳泰然 | 國立臺灣大學副校長 |
| | | | | | 黎建球 | 輔仁大學校長 |
| | | | | | 孔令泰 | 臺灣師範大學祕書 |
| | | | | | 郭添保 | 逢甲大學教務處組長 |
| | | | | | 張漢卿 | 交通大學教務處組長 |

| 年度 | 日期 | 國家 | 內容 | 城市 | 人員 | 服務單位 |
|---|---|---|---|---|---|---|
| | | | | | 陳勝周 | 東海大學教務處組長 |
| | | | | | 盧天鴻 | 高雄醫學大學教務處組長 |
| | | | | | 李育姍 | 弘光科技大學教務處組長 |
| | | | | | 梁國常 | 僑生先修部教師 |
| | | | | | 蘇玉龍 | 國立暨南國際大學教務長／海外聯招會總幹事 |
| | | | | | 曾敏 | 國立暨南國際大學組長／海外聯招會執行幹事 |
| | | | | | 田文翠 | 國立暨南國際大學組長／海外聯招會執行幹事 |
| | | | | | 簡文章 | 國立暨南國際大學計網中心組長 |
| | | | | | 林雅芳 | 國立暨南國際大學教務組員 |
| | | | | | 吳佩玲 | 海外聯招會專任助理 |
| | | | | | 高嘉偵 | 海外聯招會專任助理 |
| 95 | 3/4 -3/7 | 澳門 | 宣導 | 澳門 | 蘇玉龍 | 國立暨南國際大學教務長／海外聯招會總幹事 |
| | | | | | 游守謙 | 國立暨南國際大學學務處僑外組組員 |
| | | | | | 高麗珍 | 僑生先修部教師 |
| | | | | | 蔣丙煌 | 國立臺灣大學教務長 |
| | | | | | 姚立德 | 臺北科技大學教務長 |
| 95 | 3/5 -3/9 | 香港 | 宣導 | | 蘇玉龍 | 國立暨南國際大學教務長／海外聯招會總幹事 |
| | | | | | 林珍妤 | 海外聯招會專任助理 |
| | | | | | 田文翠 | 國立暨南國際大學組長／海外聯招會執行幹事 |
| | | | | | 陳清輝 | 僑生先修部教師 |
| | | | | | 陳俊生 | 僑生先修部教師 |
| | | | | | 何榮桂 | 臺灣師範大學教授 |
| 95 | 6/22 -6/30 | 越南 +菲律賓 | 宣導 | 胡志明市 | 張進福 | 國立暨南國際大學校長／海外聯招會主任委員 |
| | | | | | 李信 | 國立暨南國際大學組長／海外聯招會執行幹事 |
| | | | | | 陳泰然 | 國立臺灣大學副校長 |

| 年度 | 日期 | 國家 | 內容 | 城市 | 人員 | 服務單位 |
|---|---|---|---|---|---|---|
| | | | | 馬尼拉<br>描戈律<br>宿霧 | 陳金蓮 | 國立臺灣科技大學副校長 |
| | | | | | 王新華 | 僑生先修部班主任 |
| | | | | | 王傳明 | 僑教會組主任 |
| | | | | | 鄭月桂 | 僑務委員會科長 |
| 95 | 7/16<br>-7/22 | 馬來西亞<br>（東馬） | 宣導 | 山打根<br>斗湖<br>拿篤<br>亞庇<br>美里<br>民都魯<br>詩巫<br>古晉 | 劉一中 | 國立暨南國際大學主任祕書 |
| | | | | | 高嘉偵 | 海外聯招會專任助理 |
| | | | | | 易光輝 | 弘光科技大學教務長 |
| | | | | | 劉兆明 | 輔仁大學教務長 |
| | | | | | 陳清輝 | 僑生先修部總務主任 |
| | | | | | 廖志明 | 僑務委員會專員 |
| | | | | | 薛臺君 | 駐馬代表處僑務祕書 |
| | | 馬來西亞<br>（西馬） | 宣導 | 新加坡<br>新山<br>麻坡<br>森美蘭<br>吉隆坡<br>怡保<br>檳城 | 何榮桂 | 國立臺灣師範大學教務長 |
| | | | | | 李宣佑 | 中山醫學大學教務長 |
| | | | | | 高麗珍 | 僑生先修部學務主任 |
| | | | | | 楊寵嬅 | 僑教會幹事 |
| | | | | | 李昆原 | 僑務委員會科員 |
| | | | | | 黃淑玲 | 國立暨南國際大學師資培育中心主任 |
| | | | | | 吳佩玲 | 海外聯招會專任助理 |
| 95 | 10/27<br>-11/1 | 泰國 | 宣導 | 清邁<br>清萊<br>曼谷 | 陳文雄 | 國立暨南國際大學學務長 |
| | | | | | 李通藝 | 國立臺灣師範大學教務長 |
| | | | | | 蔡連康 | 國立政治大學教務長 |
| | | | | | 林正敏 | 南開技術學院教務長 |
| | | | | | 呂素珍 | 駐泰國臺北經濟文化辦事處僑務祕書 |
| | | | | | 林玉溪 | 國立暨南國際大學學務處組長 |
| 96 | 1/15<br>-1/20 | 印尼 | 宣導 | 泗水<br>坤甸<br>雅加達 | 蘇玉龍 | 國立暨南國際大學教務長／海外聯招會總幹事 |
| | | | | | 陳建宏 | 國立暨南國際大學學務處組長 |
| | | | | | 田文翠 | 國立暨南國際大學組長／海外聯招會試務組長 |

| 年度 | 日期 | 國家 | 內容 | 城市 | 人員 | 服務單位 |
|---|---|---|---|---|---|---|
| 96 | 1/30 -2/5 | 香港 | 教育展 | 灣仔 會展中心 | 張進福 | 國立暨南國際大學校長／海外聯招會主任委員 |
| | | | | | 陳泰然 | 國立臺灣大學副校長 |
| | | | | | 蘇玉龍 | 國立暨南國際大學教務長／海外聯招會總幹事 |
| | | | | | 易光輝 | 弘光科技大學教務長 |
| | | | | | 盧天鴻 | 高雄醫學大學教務處組長 |
| | | | | | 吳鴻傑 | 國立政治大學教務處組長 |
| | | | | | 楊凱成 | 國立雲林科技大學教務處組長 |
| | | | | | 梁國常 | 國立臺灣師範大學僑先部副主任 |
| | | | | | 張吟宇 | 輔仁大學教務處組長 |
| | | | | | 李育姍 | 弘光科技大學教務處組長 |
| | | | | | 林志忠 | 國立暨南國際大學師資培育中心副教授 |
| | | | | | 楊貴棻 | 教育部高教司科員 |
| | | | | | 劉吉倉 | 國立暨南國際大學計中系統組技正 |
| | | | | | 雷意蘭 | 國立暨南國際大學教務組員 |
| | | | | | 楊岱育 | 國立暨南國際大學教務處組員 |
| | | | | | 田文翠 | 國立暨南國際大學組長／海外聯招會執行幹事 |
| | | | | | 李信 | 國立暨南國際大學組長／海外聯招會執行幹事 |
| | | | | | 林珍妤 | 海外聯招會專任助理 |
| | | | | | 吳佩玲 | 海外聯招會專任助理 |
| 96 | 2/23 -2/26 | 澳門 | 宣導 | 澳門 | 蘇玉龍 | 國立暨南國際大學教務長／海外聯招會總幹事 |
| | | | | | 湯銘哲 | 國立成功大學教務長 |
| | | | | | 劉常勇 | 實踐大學高雄校區副校長 |
| | | | | | 梁國常 | 國立臺灣師範大學僑先部副主任 |
| | | | | | 蔡雅薰 | 國立臺灣師範大學僑先部組長 |
| | | | | | 李雪嘉 | 海外聯招會專任助理 |

| 年度 | 日期 | 國家 | 內容 | 城市 | 人員 | 服務單位 |
|---|---|---|---|---|---|---|
| 96 | 3/5 -3/8 | 香港 | 宣導 | | 蘇玉龍 | 國立暨南國際大學教務長／海外聯招會總幹事 |
| | | | | | 馮燕 | 國立臺灣大學學務長 |
| | | | | | 姚立德 | 國立臺北科技大學教務長 |
| | | | | | 趙維良 | 東吳大學教務長 |
| | | | | | 沈宗憲 | 國立臺灣師範大學僑先部副主任 |
| | | | | | 程道和 | 國立臺灣師範大學僑先部副主任 |
| | | | | | 高嘉偵 | 海外聯招會專任助理 |
| 96 | 8/10 -8/13 | 香港 | 宣導 | | 蘇玉龍 | 國立暨南國際大學教務長／海外聯招會總幹事 |
| | | | | | 李通藝 | 國立臺灣師範大學教務長 |
| 96 | 8/10 -8/16 | 馬來西亞 | 教育展 | 吉隆坡 麻坡 | 張進福 | 國立暨南國際大學校長／海外聯招會主任委員 |
| | | | | | 陳泰然 | 國立臺灣大學副校長 |
| | | | | | 郭義雄 | 國立臺灣師範大學校長 |
| | | | | | 蘇玉龍 | 國立暨南國際大學教務長／海外聯招會總幹事 |
| | | | | | 李信 | 國立暨南國際大學組長／海外聯招會執行幹事 |
| | | | | | 洪聖豪 | 國立暨南國際大學遠距中心組長 |
| | | | | | 吳育珊 | 國立暨南國際大學專任助理 |
| | | | | | 林珍妤 | 海外聯招會專任助理 |
| | | | | | 吳佩玲 | 海外聯招會專任助理 |
| 96 | 9/20 -9/25 | 越南 | 宣導 | 胡志明 | 蘇玉龍 | 國立暨南國際大學教務長／海外聯招會總幹事 |
| | | | | | 林進燈 | 國立交通大學教務長 |
| | | | | | 蔡連康 | 國立政治大學教務長 |
| | | | | | 郭俊欽 | 東海大學教務長 |
| | | | | | 湯淨棋 | 海外聯招會專任助理 |
| 96 | 11/10 -11/16 | 馬來西亞 | 宣導 | | 陳文雄 | 國立暨南國際大學學務長 |
| | | | | | 李通藝 | 國立臺灣師範大學教務長 |

| 年度 | 日期 | 國家 | 內容 | 城市 | 人員 | 服務單位 |
|---|---|---|---|---|---|---|
| | | | | 沙巴<br>沙拉越 | 程奕嘉 | 中臺科技大學教務長 |
| | | | | | 薛臺君 | 僑務委員會駐馬來西亞代表處 |
| | | | | | 華淑美 | 僑務委員會僑生輔導室 |
| | | | | | 林珍妤 | 海外聯招會試務組專任助理 |
| 97 | 2/2<br>-2/3 | 澳門 | 宣導 | 澳門 | 蘇玉龍 | 國立暨南國際大學教務長／海外聯招會總幹事 |
| 97 | 2/19<br>-2/25 | 香港 | 教育展 | 灣仔<br>會展中心 | 陳泰然 | 國立臺灣大學副校長 |
| | | | | | 陳富都 | 中臺科技大學校長 |
| | | | | | 蘇玉龍 | 國立暨南國際大學教務長／海外聯招會總幹事 |
| | | | | | 洪泰雄 | 國立臺灣大學教務處組長 |
| | | | | | 盧天鴻 | 高雄醫學大學教務處組長 |
| | | | | | 胡裕民 | 國立高雄大學教務處組長 |
| | | | | | 郭添保 | 逢甲大學教務處組長 |
| | | | | | 陳勝周 | 東海大學教務處組長 |
| | | | | | 游素碧 | 國立中正大學教務處組長 |
| | | | | | 呂家鑾 | 國立東華大學教務處組長 |
| | | | | | 張漢卿 | 國立交通大學教務處組長 |
| | | | | | 吳鴻傑 | 國立政治大學教務處組長 |
| | | | | | 沈宗憲 | 國立臺灣師範大學僑先部教務副主任 |
| | | | | | 林坤明 | 中國文化大學教務處組長 |
| | | | | | 李育姍 | 弘光科技大學教務處組長 |
| | | | | | 黃純敏 | 國立臺灣師範大學教務處組長 |
| | | | | | 王嫡瑜 | 淡江大學教務處組長 |
| | | | | | 李佩紋 | 輔仁大學教務處組長 |
| | | | | | 徐錦文 | 國立暨南國際大學教務處祕書 |
| | | | | | 劉吉倉 | 國立暨南國際大學計中系統組技正 |
| | | | | | 李信 | 國立暨南國際大學組長／海外聯招會執行幹事 |
| | | | | | 李雪嘉 | 海外聯招會專任助理 |
| | | | | | 曾怡君 | 海外聯招會專任助理 |

| 年度 | 日期 | 國家 | 內容 | 城市 | 人員 | 服務單位 |
|---|---|---|---|---|---|---|
| 97 | 2/21 -2/22 | 澳門 | 宣導 | 澳門 | 陳富都 | 中臺科技大學校長 |
| | | | | | 陳泰然 | 國立臺灣大學副校長 |
| | | | | | 蘇玉龍 | 國立暨南國際大學教務長／海外聯招會總幹事 |
| | | | | | 沈宗憲 | 國立臺灣師範大學僑先部副主任 |
| | | | | | 黃純敏 | 國立臺灣師範大學教務處組長 |
| | | | | | 李雪嘉 | 海外聯招會專任助理 |
| 97 | 4/5 -4/8 | 香港 | 宣導 | | 蘇玉龍 | 國立暨南國際大學教務長／海外聯招會總幹事 |
| | | | | | 李信 | 國立暨南國際大學組長／海外聯招會執行幹事 |
| | | | | | 靳宗玫 | 中國文化大學教務長 |
| | | | | | 楊維邦 | 國立東華大學教務長 |
| 97 | 6/13 -6/18 | 泰國 | 宣導 | 曼谷 清邁 清萊 | 陳文雄 | 國立暨南國際大學學務長 |
| | | | | | 江丑峰 | 中國醫藥大學教務長 |
| | | | | | 易光輝 | 弘光科技大學學務長 |
| | | | | | 徐錦文 | 國立暨南國際大學祕書／海外聯招會執行幹事 |
| 97 | 6/28 -6/29 | 香港 | 宣導 | | 蘇玉龍 | 國立暨南國際大學代理校長／海外聯招會主任委員 |
| | | | | | 李通藝 | 國立臺灣師範大學教務長 |
| 97 | 7/24 -8/1 | 馬來西亞 | 教育展 | 吉隆坡 大山腳 檳城 | 陳泰然 | 國立臺灣大學副校長 |
| | | | | | 吳聰能 | 中國醫藥大學副校長 |
| | | | | | 李信 | 國立暨南國際大學組長／海外聯招會執行幹事 |
| | | | | | 簡文章 | 國立暨南國際大學計網中心技正 |
| | | | | | 蘇玉龍 | 暨南國際大學代理校長／海外聯招會主任委員 |
| | | | | | 高嘉偵 | 海外聯招會專任助理 |
| | | | | | 吳佩玲 | 海外聯招會專任助理 |
| 97 | 11/2 -11/8 | 馬來西亞 | 宣導 | 古晉 | 吳幼麟 | 國立暨南國際大學圖書館館長 |
| | | | | | 黃柏農 | 國立中正大學教務長 |

| 年度 | 日期 | 國家 | 內容 | 城市 | 人員 | 服務單位 |
|---|---|---|---|---|---|---|
| | | | | 詩巫<br>民督魯<br>美里 | 郭俊欽 | 東海大學教務長 |
| | | | | | 張瑞安 | 教育部僑教會專員 |
| | | | | | 鄒素珍 | 僑務委員會專員 |
| | | | | | 高嘉偵 | 海外聯招會專任助理 |
| 97 | 12/7<br>-12/14 | 印尼 | 宣導 | 雅加達<br>棉蘭<br>泗水 | 陳泰然 | 國立臺灣大學副校長 |
| | | | | | 蘇玉龍 | 國立暨南國際大學代理校長／<br>海外聯招會主任委員 |
| | | | | | 洪姮娥 | 國立臺灣師範大學教務長 |
| | | | | | 林志忠 | 國立暨南國際大學課科所所長 |
| | | | | | 李信 | 國立暨南國際大學組長／海外<br>聯招會執行幹事 |
| | | | | | 林珍妤 | 海外聯招會專任助理 |
| | | | | | 呂素珍 | 僑務委員會僑輔室科長 |
| 98 | 2/17<br>-2/22 | 香港 | 教育展 | 灣仔<br>會展中心 | 楊玉惠 | 教育部高教司副司長 |
| | | | | | 許和鈞 | 國立暨南國際大學校長／海外<br>聯招會主任委員 |
| | | | | | 蘇玉龍 | 國立中興大學副校長 |
| | | | | | 蕭文 | 國立暨南國際大學教務長／海<br>外聯招會總幹事 |
| | | | | | 洪姮娥 | 國立臺灣師範大學教務長 |
| | | | | | 劉兆明 | 輔仁大學教務長 |
| | | | | | 易光輝 | 弘光科技大學教務長 |
| | | | | | 謝佩芫 | 陸委會科員 |
| | | | | | 洪泰雄 | 國立臺灣大學教務處組軼 |
| | | | | | 陳勝周 | 東海大學組長 |
| | | | | | 呂家鑾 | 國立東華大學祕書 |
| | | | | | 張翠琳 | 國立臺北藝術大學組長 |
| | | | | | 孔令泰 | 國立臺灣師範大學祕書 |
| | | | | | 盧天鴻 | 高雄醫學大學組長 |
| | | | | | 李育珊 | 弘光科技大學組長 |
| | | | | | 李信 | 國立暨南國際大學組長／海外<br>聯招會執行幹事 |
| | | | | | 簡文章 | 國立暨南國際大學計中組長 |

| 年度 | 日期 | 國家 | 內容 | 城市 | 人員 | 服務單位 |
|---|---|---|---|---|---|---|
| | | | | | 林珍妤 | 海外聯招會專任助理 |
| | | | | | 曾怡君 | 海外聯招會專任助理 |
| | | | | | 張弼涵 | 海外聯招會專任助理 |
| 98 | 2/19 -2/20 | 澳門 | 招生 宣導 | 澳門 | 蘇玉龍 | 國立中興大學副校長 |
| | | | | | 蕭文 | 國立暨南國際大學教務長／海外聯招會總幹事 |
| | | | | | 洪姮娥 | 國立臺灣師範大學教務長 |
| | | | | | 劉兆明 | 輔仁大學教務長 |
| | | | | | 謝佩芫 | 陸委會科員 |
| | | | | | 簡文章 | 國立暨南國際大學計中組長 |
| | | | | | 林珍妤 | 海外聯招會專任助理 |
| 98 | 3/27 -3/28 | 香港 | 宣導I | | 許和鈞 | 國立暨南國際大學校長／海外聯招會主任委員 |
| | | | | | 陳泰然 | 國立臺灣大學副校長 |
| | | | | | 盧震緯 | 亞洲大學國際交流中心主任 |
| | | | | | 李信 | 國立暨南國際大學組長／海外聯招會執行幹事 |
| 98 | 7/18 -7/19 | 香港 | 宣導II | | 許和鈞 | 國立暨南國際大學校長／海外聯招會主任委員 |
| | | | | | 梁國常 | 國立臺灣師範大學僑生先修部副總務長 |
| | | | | | 李佩華 | 淡江大學國際中心主任 |
| | | | | | 李信 | 國立暨南國際大學組長／海外聯招會執行幹事 |
| 98 | 7/22 -7/29 | 馬來西亞 | 教育展 | 吉隆坡 居鑾 | 林聰明 | 教育部常務次長 |
| | | | | | 吳英毅 | 僑務委員會委員長 |
| | | | | | 許和鈞 | 國立暨南國際大學校長／海外聯招會主任委員 |
| | | | | | 程萬里 | 中原大學校長 |
| | | | | | 容繼業 | 國立高雄餐旅學院校長 |
| | | | | | 陳泰然 | 國立臺灣大學副校長 |
| | | | | | 蕭文 | 國立暨南國際大學教務長／海外聯招會總幹事 |
| | | | | | 李信 | 國立暨南國際大學組長／海外聯招會執行幹事 |

| 年度 | 日期 | 國家 | 內容 | 城市 | 人員 | 服務單位 |
|---|---|---|---|---|---|---|
| | | | | | 林珍妤 | 海外聯招會專任助理 |
| | | | | | 陳寬妃 | 海外聯招會專任助理 |
| 98 | 9/1 -9/6 | 馬來西亞 | 招生宣導 | 斗湖 拿篤 山打根 亞庇 | 許和鈞 | 國立暨南國際大學校長／海外聯招會主任委員 |
| | | | | | 張紘炬 | 亞洲大學校長 |
| | | | | | 張中煖 | 國立臺北藝術大學副校長 |
| | | | | | 夏郭賢 | 遠東科技大學教務長 |
| | | | | | 鄭元龍 | 國立臺灣師範大學僑生先修部副主任 |
| | | | | | 李信 | 國立暨南國際大學組長／海外聯招會執行幹事 |
| | | | | | 張瑞安 | 教育部僑教會專員 |
| 98 | 10/20 -10/25 | 越南 | 招生宣導 | 胡志明市 平陽 蜆港 惠安 順化 | 許和鈞 | 國立暨南國際大學校長／海外聯招會主任委員 |
| | | | | | 李祖添 | 國立臺北科技大學校長 |
| | | | | | 卓俊辰 | 國立臺灣師範大學僑生先修部部主任 |
| | | | | | 林柏杉 | 中國文化大學學務長 |
| | | | | | 林連忠 | 僑務委員會僑生輔導室科長 |
| | | | | | 江奇晉 | 教育部僑教會商借人員 |
| | | | | | 李信 | 國立暨南國際大學組長／海外聯招會執行幹事 |
| | | | | | 陳佩修 | 國立暨南國際大學東南亞研究所教授 |
| | | | | | 陳仲才 | 國立暨南國際大學東南亞研究所研究生 |
| 98 | 12/3 -12/9 | 印尼 | 宣導 | 棉蘭 三寶壟 巨港 泗水 雅加達 | 許和鈞 | 國立暨南國際大學校長／海外聯招會主任委員 |
| | | | | | 張國恩 | 國立臺灣師範大學副校長 |
| | | | | | 吳新興 | 南臺科技大學副校長 |
| | | | | | 葉立仁 | 實踐大學主任祕書 |
| | | | | | 梁柏堅 | 僑務委員會祕書 |
| | | | | | 張瑞安 | 教育部僑民教育委員會專員 |
| | | | | | 林珍妤 | 海外聯招會專任助理 |

| 年度 | 日期 | 國家 | 內容 | 城市 | 人員 | 服務單位 |
|------|------|------|------|------|------|----------|
| 99 | 1/22 -1/25 | 澳門 | 教育展+升學輔導講座 | 聖羅撒女子中學／公教大會堂 | 許和鈞 | 國立暨南國際大學校長／海外聯招會主任委員 |
| | | | | | 蕭文 | 國立暨南國際大學教務長／海外聯招會總幹事 |
| | | | | | 王金龍 | 銘傳大學教務長 |
| | | | | | 蘇弘毅 | 弘光科技大學教務長 |
| | | | | | 洪政欣 | 暨南國際大學計網中心主任 |
| | | | | | 左維萱 | 國立暨南國際大學組長／海外聯招會分發組組長 |
| | | | | | 洪鎂雯 | 國立暨南國際大學教務處組員 |
| | | | | | 顏加偉 | 海外聯招會專任助理 |
| | | | | | 施映帆 | 海外聯招會專任助理 |
| 99 | 3/12 -3/14 | 香港 | 宣導I | | 蕭文 | 國立暨南國際大學教務長／海外聯招會總幹事 |
| | | | | | 陳瑞洒 | 明道大學校務發展處處長 |
| | | | | | 蘇弘毅 | 弘光科技大學教務長 |
| | | | | | 歐慶亨 | 臺灣師範大學僑生先修部副主任 |
| | | | | | 高景彬 | 內政部入出國及移民署科長 |
| | | | | | 李信 | 國立暨南國際大學組長／海外聯招會副總幹事 |
| | | | | | 左維萱 | 國立暨南國際大學組長／海外聯招會祕書組長 |
| 99 | 3/25 -3/27 | 香港 | 宣導II | | 許和鈞 | 國立暨南國際大學校長／海外聯招會主任委員 |
| | | | | | 朱元祥 | 樹德科技大學校長 |
| | | | | | 程毓明 | 樹德科技大學教務長 |
| | | | | | 劉正傳 | 國立臺灣師範大學僑生先修部主任 |
| | | | | | 歐慶亨 | 國立臺灣師範大學僑生先修部副主任 |
| | | | | | 張漢卿 | 國立交通大學教務處組長 |
| | | | | | 張琬宜 | 內政部移民署國際事務組副組長 |
| | | | | | 賴明詩 | 海外聯招會專任助理 |

| 年度 | 日期 | 國家 | 內容 | 城市 | 人員 | 服務單位 |
|---|---|---|---|---|---|---|
| 99 | 5/23 -5/27 | 韓國 | 宣導 | 首爾 釜山 仁川 | 許和鈞 | 國立暨南國際大學校長／海外聯招會主任委員 |
| | | | | | 洪政豪 | 國立虎尾科技大學副校長 |
| | | | | | 張廷政 | 嶺東科技大學教務長 |
| | | | | | 歐慶亨 | 國立臺灣師範大學僑生先修部副主任 |
| | | | | | 左維萱 | 國立暨南國際大學組長／海外聯招會祕書組長 |
| | | | | | 呂素珍 | 僑務委員會僑生輔導室就學輔導科科長 |
| | | | | | 江奇晉 | 教育部僑民教育委員會商借人員 |
| 99 | 7/3 -7/10 | 加拿大 | 宣導 | 多倫多 溫哥華 | 許和鈞 | 國立暨南國際大學校長／海外聯招會主任委員 |
| | | | | | 吳正己 | 國立臺灣師範大學教務長 |
| | | | | | 劉見成 | 崑山科技大學教務長 |
| | | | | | 湯銘哲 | 國立成功大學教務長 |
| | | | | | 張瑞安 | 僑民教育委員會專員 |
| | | | | | 林珍妤 | 海外聯招會試務組組長 |
| 99 | 7/9 -7/11 | 香港 | 宣導III | | 蘇玉龍 | 國立中興大學副校長 |
| | | | | | 劉祥麟 | 國立臺灣師範大學教務處組長 |
| | | | | | 洪泰雄 | 臺灣大學簡任祕書兼教務處組長 |
| | | | | | 張翠琳 | 國立臺北藝術大學教務處組長 |
| | | | | | 呂家鑾 | 國立東華大學教務處祕書 |
| | | | | | 歐陽彥恆 | 教育部大陸工作小組專員 |
| | | | | | 李信 | 國立暨南國際大學組長／海外聯招會副總幹事 |
| | | | | | 施靜慈 | 海外聯招會試務組幹事 |
| 99 | 7/15 -7/22 | 馬來西亞 | 教育展 | 吉隆坡 檳城 | 陳泰然 | 國立臺灣大學副校長 |
| | | | | | 蘇玉龍 | 國立中興大學副校長 |
| | | | | | 林振德 | 國立虎尾科技大學校長 |
| | | | | | 吳聰能 | 中國醫藥大學副校長 |

| 年度 | 日期 | 國家 | 內容 | 城市 | 人員 | 服務單位 |
|---|---|---|---|---|---|---|
| | | | | | 李信 | 國立暨南國際大學組長／海外聯招會副總幹事 |
| | | | | | 余金玲 | 海外聯招會祕書組幹事 |
| 99 | 7/18 -7/23 | 馬來西亞（東馬） | 宣導 | 古晉詩巫民都魯美里 | 俞明德 | 靜宜大學校長 |
| | | | | | 蕭文 | 國立暨南國際大學教務長／海外聯招會總幹事 |
| | | | | | 李三良 | 國立臺灣科技大學教務長 |
| | | | | | 劉祥麟 | 國立臺灣師範大學僑生先修部教授 |
| | | | | | 楊佳欣 | 僑務委員會專員 |
| | | | | | 左維萱 | 國立暨南國際大學組長／海外聯招會祕書組 |
| 99 | 10/7 -10/14 | 印尼 | 宣導+教育展 | 雅加達亞齊日惹 | 許和鈞 | 國立暨南國際大學校長／海外聯招會主任委員 |
| | | | | | 黃文樞 | 國立東華大學校長 |
| | | | | | 林爵士 | 大仁科技大學教務長 |
| | | | | | 謝中平 | 國立臺灣師範大學僑生先修部講師 |
| | | | | | 馬志敏 | 僑務委員會僑生輔導室科員 |
| | | | | | 阮夙姿 | 國立暨南國際大學教授／海外聯招會分發組長 |
| | | | | | 薛佩佳 | 海外聯招會試務組幹事 |
| 99 | 11/12 -11/17 | 香港 | 教育展 | 仁濟醫院羅陳楚思中學 | 許和鈞 | 國立暨南國際大學校長／海外聯招會主任委員 |
| | | | | | 李信 | 國立暨南國際大學組長／海外聯招會副總幹事 |
| | | | | | 林珍妤 | 海外聯招會試務組組長 |
| | | | | | 賴明詩 | 海外聯招會試務組幹事 |
| | | | | | 余金玲 | 海外聯招會祕書組幹事 |
| 99 | 12/13 -12/15 | 澳門 | 宣導 | 澳門 | 許和鈞 | 國立暨南國際大學校長／海外聯招會主任委員 |
| | | | | | 俞旭昇 | 國立暨南國際大學教授 |
| | | | | | 林珍妤 | 海外聯招會試務組組長 |

| 年度 | 日期 | 國家 | 內容 | 城市 | 人員 | 服務單位 |
|---|---|---|---|---|---|---|
| 100 | 1/15 -1/18 | 澳門 | 報名系統說明會 | 澳門 | 許和鈞 | 國立暨南國際大學校長／海外聯招會主任委員 |
| | | | | | 李信 | 國立暨南國際大學組長／海外聯招會副總幹事 |
| | | | | | 林珍妤 | 海外聯招會試務組組長 |
| | | | | | 曾馨儀 | 海外聯招會分發組幹事 |
| | | | | | 賴明詩 | 海外聯招會試務組幹事 |
| 100 | 1/29 -1/30 | 澳門 | 升學輔導會 | 澳門 | 李信 | 國立暨南國際大學組長／海外聯招會副總幹事 |
| 100 | 2/10 -2/16 | 泰國 | 宣導 | 曼谷 清邁 清萊 | 許和鈞 | 國立暨南國際大學校長／海外聯招會主任委員 |
| | | | | | 林磐聳 | 國立臺灣師範大學副校長 |
| | | | | | 林淑貞 | 教育部僑教會主委 |
| | | | | | 呂素珍 | 僑務委員會科長 |
| | | | | | 李有豐 | 國立臺北科技大學國際長 |
| | | | | | 廖經芳 | 朝陽科技大學研發長 |
| | | | | | 左維萱 | 國立暨南國際大學組長／海外聯招會祕書組長 |
| | | | | | 吳佩玲 | 海外聯招會試務組幹事 |
| 100 | 2/24 -2/28 | 澳門 | 澳門教育展 | 新威尼斯人酒店 | 許和鈞 | 國立暨南國際大學組長／海外聯招會主任委員 |
| | | | | | 尹邦嚴 | 暨南國際大學研發長 |
| | | | | | 李信 | 國立暨南國際大學組長／海外聯招會副總幹事 |
| | | | | | 林珍妤 | 海外聯招會試務組組長 |
| | | | | | 阮夙姿 | 國立暨南國際大學教授／海外聯招會分發組長 |
| | | | | | 賴明詩 | 海外聯招會試務組幹事 |
| | | | | | 余金玲 | 海外聯招會祕書組幹事 |
| 100 | 2/28 -3/1 | 香港 | 宣導 | | 許和鈞 | 國立暨南國際大學校長／海外聯招會主任委員 |
| | | | | | 尹邦嚴 | 暨南國際大學研發長 |
| | | | | | 李信 | 國立暨南國際大學組長／海外聯招會副總幹事 |
| | | | | | 林珍妤 | 海外聯招會試務組組長 |

| 年度 | 日期 | 國家 | 內容 | 城市 | 人員 | 服務單位 |
|---|---|---|---|---|---|---|
| | | | | | 阮夙姿 | 國立暨南國際大學教授／海外聯招會分發組長 |
| | | | | | 賴明詩 | 海外聯招會試務組幹事 |
| | | | | | 余金玲 | 海外聯招會祕書組幹事 |
| 100 | 6/22 -6/26 | 加拿大 | 北美洲臺灣商會展覽 | 蒙特婁 | 洪政欣 | 國立暨南國際大學計網中心主任 |
| | | | | | 左維萱 | 國立暨南國際大學組長／海外聯招會祕書組長 |
| 100 | 7/13 -7/24 | 馬來西亞 | 教育展 | 吉隆坡 新山 沙巴 | 許和鈞 | 國立暨南國際大學校長／海外聯招會主任委員 |
| | | | | | 李信 | 國立暨南國際大學組長／海外聯招會副總幹事 |
| | | | | | 薛佩佳 | 海外聯招會試務組幹事 |
| | | | | | 楊婷湞 | 海外聯招會祕書組幹事 |
| 100 | 8/5 -8/7 | 香港 | 暑期輔導會 | | 許和鈞 | 國立暨南國際大學校長／海外聯招會主任委員 |
| | | | | | 邱創乾 | 逢甲大學教務長 |
| | | | | | 劉祥麟 | 國立臺灣師範大學副教務長 |
| | | | | | 左維萱 | 國立暨南國際大學組長／海外聯招會祕書組 |
| | | | | | 林珍妤 | 海外聯招會試務組組長 |
| | | | | | 賴明詩 | 海外聯招會試務組幹事 |
| 100 | 10/27 -10/31 | 香港 | 香港教育展及巡迴講座 | 培正中學 | 許和鈞 | 國立暨南國際大學校長／海外聯招會主任委員 |
| | | | | | 李信 | 國立暨南國際大學組長／海外聯招會副總幹事 |
| | | | | | 左維萱 | 國立暨南國際大學組長／海外聯招會祕書組 |
| | | | | | 林珍妤 | 海外聯招會試務組組長 |
| | | | | | 賴明詩 | 海外聯招會試務組幹事 |
| | | | | | 曾馨儀 | 海外聯招會分發組幹事 |
| | | | | | 施靜慈 | 海外聯招會祕書組幹事 |
| 100 | 11/11 -11/16 | 印尼 | 宣導 | 泗水 | 許和鈞 | 國立暨南國際大學校長／海外聯招會主任委員 |
| | | | | | 邱創乾 | 逢甲大學教務長 |

| 年度 | 日期 | 國家 | 內容 | 城市 | 人員 | 服務單位 |
|------|------|------|------|------|------|---------|
| | | | | 萬隆<br>雅加達<br>棉蘭 | 鄭道明 | 朝陽科技大學教務長 |
| | | | | | 涂進萬 | 國立暨南國際大學附中主任 |
| | | | | | 李信 | 國立暨南國際大學組長／海外聯招會副總幹事 |
| | | | | | 呂素珍 | 僑務委員會科長 |
| | | | | | 劉素妙 | 教育部僑教會組主任 |
| | | | | | 楊婷湞 | 海外聯招會祕書組幹事 |
| 101 | 1/20<br>-1/21 | 澳門 | 寒期輔導說明會 | 澳門 | 許和鈞 | 國立暨南國際大學校長／海外聯招會主任委員 |
| | | | | | 賴明詩 | 海外聯招會試務組幹事 |
| 101 | 7/20<br>-7/23 | 澳門 | 教育展 | 澳門 | 許和鈞 | 國立暨南國際大學校長／海外聯招會主任委員 |
| | | | | | 李信 | 國立暨南國際大學組長／海外聯招會副總幹事 |
| | | | | | 阮夙姿 | 海外聯招會分發組組長 |
| | | | | | 賴明詩 | 海外聯招會試務組幹事 |
| 101 | 7/25<br>-8/4 | 馬來西亞 | 教育展 | 吉隆坡<br>怡保<br>詩巫 | 許和鈞 | 國立暨南國際大學校長／海外聯招會主任委員 |
| | | | | | 左維萱 | 國立暨南國際大學組長／海外聯招會祕書組 |
| | | | | | 曾稟澄 | 海外聯招會分發組幹事 |
| | | | | | 楊婷湞 | 海外聯招會祕書組幹事 |
| 101 | 9/3<br>-9/7 | 日本 | 宣導 | 東京<br>橫濱<br>大阪 | 許和鈞 | 國立暨南國際大學校長／海外聯招會主任委員 |
| | | | | | 莊榮輝 | 國立臺灣大學教務長 |
| | | | | | 張鴻德 | 南臺技大學教務長 |
| | | | | | 龔尚智 | 輔仁大學教務長 |
| | | | | | 羅珊 | 僑務委員會科員 |
| | | | | | 薛佩佳 | 海外聯招會試務組幹事 |
| 101 | 10/17<br>-10/21 | 香港 | 教育展 | 培正中學 | 許和鈞 | 國立暨南國際大學校長／海外聯招會主任委員 |
| | | | | | 蕭文 | 國立暨南國際大學副校長 |
| | | | | | 吳幼麟 | 國立暨南國際大學教務長／海外聯招會總幹事 |
| | | | | | 程德勝 | 國立暨南國際大學教授／組長 |

| 年度 | 日期 | 國家 | 內容 | 城市 | 人員 | 服務單位 |
|---|---|---|---|---|---|---|
| | | | | | 李信 | 國立暨南國際大學組長／海外聯招會副總幹事 |
| | | | | | 吳佩玲 | 海外聯招會試務組幹事 |
| | | | | | 施苡萱 | 海外聯招會分發組幹事 |
| | | | | | 施靜慈 | 海外聯招會祕書組幹事 |
| 101 | 10/20 -10/27 | 印尼 | 宣導 | 泗水 雅加達 巨港 棉蘭 | 許和鈞 | 國立暨南國際大學校長／海外聯招會主任委員 |
| | | | | | 李佩華 | 淡江大學國際長 |
| | | | | | 蔡武德 | 樹德科技大學教務長 |
| | | | | | 張瑞安 | 教育部僑教會專員 |
| | | | | | 洪雯柔 | 海外聯招會宣導組組長 |
| | | | | | 薛佩佳 | 海外聯招會試務組幹事 |
| 102 | 1/26 -1/27 | 澳門 | 寒期輔導會 | 澳門 | 蘇玉龍 | 國立暨南國際大學校長／海外聯招會主任委員 |
| | | | | | 李信 | 國立暨南國際大學組長／海外聯招會副總幹事 |
| | | | | | 程德勝 | 國立暨南國際大學教授／海外聯招會宣導組長 |
| | | | | | 賴明詩 | 海外聯招會試務組幹事 |
| 102 | 1/24 | 香港 | 官立中學臺灣校園體驗分享會 | | 蘇玉龍 | 國立暨南國際大學校長／海外聯招會主任委員 |
| | | | | | 李信 | 國立暨南國際大學組長／海外聯招會副總幹事 |
| 102 | 2/20 -2/23 | 香港 | 赴頂尖高中宣導 | | 黃聲東 | 國立臺北科技大學國際處處長 |
| | | | | | 莊淑芬 | 國立臺灣科技大學國際處組長 |
| | | | | | 左維萱 | 國立暨南國際大學組長／海外聯招會祕書組 |
| | | | | | 吳佩玲 | 海外聯招會幹事 |
| 102 | 4/18 -4/20 | 香港 | 港二技宣導 | | 李信 | 國立暨南國際大學組長／海外聯招會副總幹事 |
| | | | | | 吳佩玲 | 海外聯招會試務組幹事 |
| 102 | 5/24 -5/25 | 香港 | 國際遊學展 | | 鄭健雄 | 國立暨南國際大學助理教授 |
| | | | | | 李芬霞 | 暨南國際大學國際處專任助理 |
| | | | | | 劉凱婷 | 海外聯招會宣導組幹事 |

| 年度 | 日期 | 國家 | 內容 | 城市 | 人員 | 服務單位 |
|---|---|---|---|---|---|---|
| 102 | 7/12 -7/15 | 澳門 | 新生入學輔導會 | 澳門 | 蘇玉龍 | 國立暨南國際大學校長／海外聯招會主任委員 |
| | | | | | 林珍妤 | 海外聯招會試務組組長 |
| | | | | | 劉凱婷 | 海外聯招會宣導組幹事 |
| 102 | 7/17 -7/28 | 馬來西亞 | 教育展 | 吉隆坡亞庇峇株巴轄 | 蘇玉龍 | 國立暨南國際大學校長／海外聯招會主任委員 |
| | | | | | 陳泰然 | 國立臺灣大學前副校長 |
| | | | | | 楊朝祥 | 佛光大學校長 |
| | | | | | 姚立德 | 臺北科技大學校長 |
| | | | | | 江大樹 | 國立暨南國際大學教務長／海外聯招會總幹事 |
| | | | | | 李信 | 國立暨南國際大學組長／海外聯招會副總幹事 |
| | | | | | 高嘉偵 | 海外聯招會分發組幹事 |
| | | | | | 楊婷湞 | 海外聯招會祕書組幹事 |
| | | | | | 黃佳慧 | 海外聯招會試務組幹事 |
| 102 | 8/9 -8/12 | 香港 | 新生入學輔導會 | | 蘇玉龍 | 國立暨南國際大學校長／海外聯招會主任委員 |
| | | | | | 林昱成 | 暨南國際大學餐旅系助理教授／教務處組長 |
| | | | | | 游守謙 | 國立暨南國際大學國際處組員 |
| 102 | 9/20 -9/24 | 香港 | 教育展 | 培正中學 | 蘇玉龍 | 國立暨南國際大學校長／海外聯招會主任委員 |
| | | | | | 江大樹 | 國立暨南國際大學教務長／海外聯招會總幹事 |
| | | | | | 李信 | 國立暨南國際大學組長／海外聯招會副總幹事 |
| | | | | | 程德勝 | 國立暨南國際大學教授／海外聯招會宣導組長 |
| | | | | | 吳佩玲 | 海外聯招會試務組幹事 |
| | | | | | 蘇姿榕 | 海外聯招會祕書組幹事 |
| | | | | | 劉凱婷 | 海外聯招會宣導組幹事 |
| | | | | | 施苡萱 | 海外聯招會幹事 |

| 年度 | 日期 | 國家 | 內容 | 城市 | 人員 | 服務單位 |
|---|---|---|---|---|---|---|
| 102 | 9/24<br>-9/25 | 澳門 | 中學<br>巡迴<br>講座 | 澳門 | 李信 | 國立暨南國際大學組長／海外<br>聯招會副總幹事 |
| | | | | | 程德勝 | 國立暨南國際大學教授／海外<br>聯招會宣導組長 |
| | | | | | 吳佩玲 | 海外聯招會試務組幹事 |
| | | | | | 蘇姿榕 | 海外聯招會祕書組幹事 |
| | | | | | 劉凱婷 | 海外聯招會宣導組幹事 |
| | | | | | 施苡萱 | 海外聯招會資訊技師 |
| 102 | 9/25<br>-10/2 | 印尼 | 臺教<br>中心<br>教育展<br>+宣導 | 雅加達<br>萬隆<br>泗水<br>棉蘭 | 蘇玉龍 | 國立暨南國際大學校長／海外<br>聯招會主任委員 |
| | | | | | 易光輝 | 弘光科技大學副校長 |
| | | | | | 羅珊 | 僑務委員會僑生處就學輔導科<br>科長 |
| | | | | | 陳昭珍 | 國立臺灣師範大學教務長 |
| | | | | | 林珍妤 | 海外聯招會試務組幹事 |
| | | | | | 黃佳慧 | 海外聯招會試務組幹事 |
| 102 | 10/25<br>-10/26 | 澳門 | 教育展 | 澳門 | 蘇玉龍 | 國立暨南國際大學校長／海外<br>聯招會主任委員 |
| | | | | | 李信 | 國立暨南國際大學組長／海外<br>聯招會副總幹事 |
| | | | | | 程德勝 | 國立暨南國際大學教授／海外<br>聯招會宣導組長 |
| | | | | | 蘇姿榕 | 海外聯招會祕書組幹事 |
| | | | | | 劉凱婷 | 海外聯招會宣導組幹事 |
| | | | | | 施苡萱 | 海外聯招會資訊技師 |
| 102 | 11/8<br>-11/9 | 澳門 | 試務<br>說明會 | 澳門 | 李信 | 國立暨南國際大學組長／海外<br>聯招會副總幹事 |
| | | | | | 劉凱婷 | 海外聯招會宣導組幹事 |
| 102 | 11/30<br>-12/7 | 緬甸 | 宣導 | 東枝<br>密支那<br>曼德勒<br>臘戌 | 蘇玉龍 | 國立暨南國際大學校長／海外<br>聯招會主任委員 |
| | | | | | 陳世池 | 僑務委員會僑生輔導處處長 |
| | | | | | 張慶瑞 | 國立臺灣大學副校長 |
| | | | | | 林辰璋 | 南華大學副校長 |
| | | | | | 程奕嘉 | 中臺科技大學副校長 |

| 年度 | 日期 | 國家 | 內容 | 城市 | 人員 | 服務單位 |
|---|---|---|---|---|---|---|
| | | | | 眉苗 | 李信 | 國立暨南國際大學組長／海外聯招會副總幹事 |
| | | | | | 施苡萱 | 海外聯招會資訊技師 |
| 102 | 12/10 | 香港 | 臺灣升學輔導分享會 | | 李廣健 | 國立暨南國際大學歷史系副教授 |
| | | | | | 吳佩玲 | 海外聯招會試務組幹事 |
| 103 | 1/24 -1/25 | 香港 | 試務座談 | | 蘇玉龍 | 國立暨南國際大學校長／海外聯招會主任委員 |
| | | | | | 李信 | 國立暨南國際大學組長／海外聯招會副總幹事 |
| | | | | | 劉凱婷 | 海外聯招會宣導組幹事 |
| 103 | 1/25 -1/26 | 澳門 | 寒期輔導 | 澳門 | 蘇玉龍 | 國立暨南國際大學校長／海外聯招會主任委員 |
| | | | | | 李信 | 國立暨南國際大學組長／海外聯招會副總幹事 |
| 103 | 3/3 -3/5 | 香港 | 港二技宣導 | | 蘇玉龍 | 國立暨南國際大學校長／海外聯招會主任委員 |
| | | | | | 程德勝 | 海外聯招會宣導組組長 |
| | | | | | 林志忠 | 暨南國際大學課科所教授 |
| | | | | | 吳佩玲 | 海外聯招會試務組幹事 |
| 103 | 7/5 -7/15 | 馬來西亞 | 教育展 | 吉隆坡 檳城 古晉 | 蘇玉龍 | 國立暨南國際大學校長／海外聯招會主任委員 |
| | | | | | 李信 | 國立暨南國際大學組長／海外聯招會副總幹事 |
| | | | | | 陳泰然 | 國立臺灣大學前副校長 |
| | | | | | 林聰明 | 南華大學校長 |
| | | | | | 吳聰能 | 中國醫學大學副校長 |
| | | | | | 左維萱 | 海外聯招會祕書組組長 |
| | | | | | 周楷榕 | 海外聯招會祕書組幹事 |
| | | | | | 黃佳慧 | 海外聯招會試務組幹事 |
| 103 | 7/19 -7/20 | 澳門 | 新生入學輔導會 | 澳門 | 劉凱婷 | 海外聯招會宣導組幹事 |
| | | | | | 蘇玉龍 | 國立暨南國際大學校長／海外聯招會主任委員 |
| | | | | | 李信 | 國立暨南國際大學組長／海外聯招會副總幹事 |

| 年度 | 日期 | 國家 | 內容 | 城市 | 人員 | 服務單位 |
|---|---|---|---|---|---|---|
| | | | | | 劉凱婷 | 海外聯招會宣導組幹事 |
| | | | | | 周楷嘉 | 海外聯招會幹事 |
| 103 | 8/9<br>-8/10 | 香港 | 新生<br>入學<br>輔導會 | | 蘇玉龍 | 國立暨南國際大學校長／海外<br>聯招會主任委員 |
| | | | | | 吳明烈 | 暨南國際大學學務長 |
| | | | | | 程德勝 | 海外聯招會宣導組組長 |
| | | | | | 林群翔 | 海外聯招會祕書組幹事 |
| 103 | 9/23<br>-10/1 | 印尼 | 宣導 | 峇里島<br>泗水<br>萬隆<br>雅加達<br>棉蘭 | 鍾任琴 | 朝陽科技大學校長 |
| | | | | | 江大樹 | 暨南國際大學教務長 |
| | | | | | 吳正己 | 國立臺灣師範大學副校長 |
| | | | | | 蔡雅薰 | 國立臺灣師範大學僑生先修部<br>主任 |
| | | | | | 蘇意晴 | 朝陽科技大學國際處組員 |
| | | | | | 林珍妤 | 海外聯招會試務組組長 |
| | | | | | 周楷榕 | 海外聯招會祕書組幹事 |
| 103 | 9/26<br>-10/1 | 印尼 | 臺教<br>中心<br>教育展 | 雅加達<br>棉蘭 | 高嘉偵 | 海外聯招會分發組幹事 |
| | | | | | 李芬霞 | 國立暨南國際大學國際處專任<br>助理 |
| 103 | 10/17<br>-10/19 | 香港 | 教育展 | 培正中學 | 蘇玉龍 | 國立暨南國際大學校長／海外<br>聯招會主任委員 |
| | | | | | 李信 | 國立暨南國際大學組長／海外<br>聯招會副總幹事 |
| | | | | | 江大樹 | 國立暨南國際大學教務長／海<br>外聯招會總幹事 |
| | | | | | 程德勝 | 海外聯招會宣導組組長 |
| | | | | | 吳佩玲 | 海外聯招會試務組幹事 |
| | | | | | 林群翔 | 海外聯招會試務組幹事 |
| | | | | | 馮浩峻 | 海外聯招會試務組幹事 |
| | | | | | 童袖瑜 | 海外聯招會祕書組幹事 |
| | | | | | 施苡萱 | 海外聯招會分發組資訊技師 |
| | | | | | 劉凱婷 | 海外聯招會宣導組幹事 |

| 年度 | 日期 | 國家 | 內容 | 城市 | 人員 | 服務單位 |
|---|---|---|---|---|---|---|
| 103 | 10/21-10/25 | 澳門 | 中學巡迴+教育展 | | 蘇玉龍 | 國立暨南國際大學校長／海外聯招會主任委員 |
| | | | | | 李信 | 國立暨南國際大學組長／海外聯招會副總幹事 |
| | | | | | 程德勝 | 海外聯招會宣導組長 |
| | | | | | 劉凱婷 | 海外聯招會宣導組幹事 |
| | | | | | 吳佩玲 | 海外聯招會試務組幹事 |
| | | | | | 周楷嘉 | 海外聯招會試務組幹事 |
| | | | | | 許正怡 | 海外聯招會分發組資訊技師 |
| 103 | 11/20-11/27 | 緬甸 | 宣導 | 仰光密支那曼德勒眉苗臘戌東枝 | 蘇玉龍 | 國立暨南國際大學校長／海外聯招會主任委員 |
| | | | | | 劉素妙 | 育部國際及兩岸教育司僑外科科長 |
| | | | | | 呂素珍 | 僑務委員會僑生處副處長 |
| | | | | | 武東星 | 大葉大學校長 |
| | | | | | 李新林 | 國立中正大學副校長 |
| | | | | | 謝文雄 | 樹德科技大學副校長 |
| | | | | | 王俊斌 | 國立臺北教育大學師資中心主任 |
| | | | | | 施苡萱 | 海外聯招會資訊服務組資訊技師 |
| 104 | 1/29-1/31 | 香港 | 港二技宣導+拜會港局 | | 蘇玉龍 | 國立暨南國際大學校長／海外聯招會主任委員 |
| | | | | | 李信 | 國立暨南國際大學組長／海外聯招會副總幹事 |
| | | | | | 林群翔 | 海外聯招會祕書組幹事 |
| | | | | | 周楷榕 | 海外聯招會祕書組幹事 |
| 104 | 2/7-2/8 | 澳門 | 寒期輔導會 | 澳門 | 江大樹 | 國立暨南國際大學教務長／海外聯招會總幹事 |
| | | | | | 劉凱婷 | 海外聯招會宣導組幹事 |
| | | | | | 施苡萱 | 海外聯招會分發組資訊技師 |
| 104 | 3/6-3/14 | 馬來西亞 | 升學輔導教師工作坊 | 吉隆坡亞羅士打檳城古來 | 蘇玉龍 | 國立暨南國際大學校長／海外聯招會主任委員 |

| 年度 | 日期 | 國家 | 內容 | 城市 | 人員 | 服務單位 |
|---|---|---|---|---|---|---|
| | | | | 居鑾 笨珍 柔佛巴魯 | 李信 | 國立暨南國際大學組長／海外聯招會副總幹事 |
| | | | | | 馮浩峻 | 海外聯招會試務組幹事 |
| 104 | 3/13 -3/16 | 澳門 | 高教辦一國際教育博覽會 | 澳門 | 劉凱婷 | 海外聯招會宣導組幹事 |
| | | | | | 石宇廷 | 國立暨南國際大學國際處約用組員 |
| 104 | 5/4 -5/10 | 香港 | 香港青年協會升學教育展 | | 周楷榕 | 海外聯招會祕書組幹事 |
| | | | | | 鄧佩君 | 海外聯招會兼任助理 |
| 104 | 7/24 -7/25 | 澳門 | 新生入學輔導會 | 澳門 | 江大樹 | 國立暨南國際大學副校長／海外聯招會總幹事 |
| | | | | | 周楷嘉 | 海外聯招會試務組幹事 |
| | | | | | 劉凱婷 | 海外聯招會宣導組幹事 |
| 104 | 8/12 -8/23 | 馬來西亞 | 教育展 | 吉隆坡 麻坡 美里 | 蘇玉龍 | 國立暨南國際大學校長／海外聯招會主任委員 |
| | | | | | 蘇慧貞 | 國立成功大學校長 |
| | | | | | 吳聰能 | 弘光科技大學校長 |
| | | | | | 鄭經偉 | 國立臺中技術學院副校長 |
| | | | | | 李信 | 國立暨南國際大學組長／海外聯招會副總幹事 |
| | | | | | 劉凱婷 | 海外聯招會宣導組幹事 |
| | | | | | 許正怡 | 海外聯招會資訊服務組資訊技師 |
| | | | | | 馮浩峻 | 海外聯招會試務組幹事 |
| | | | | | 鄧珮君 | 海外聯招會兼任助理 |
| 104 | 8/26 -9/1 | 印尼 | 臺教中心教育展 | 泗水 雅加達 棉蘭 | 左維萱 | 海外聯招會祕書組組長 |
| | | | | | 唐圓媛 | 國立暨南國際大學國際處專任助理 |
| 104 | 9/14 -9/19 | 菲律賓 | 宣導 | 那牙 納卯 | 孫台平 | 南開科技大學校長 |
| | | | | | 陳泰然 | 國立臺灣大學前副校長 |
| | | | | | 張怡薰 | 僑務委員會僑生處科長 |

| 年度 | 日期 | 國家 | 內容 | 城市 | 人員 | 服務單位 |
|---|---|---|---|---|---|---|
| | | | | 馬尼拉 | 林珍妤 | 海外聯招會試務組組長 |
| | | | | | 周楷嘉 | 海外聯招會試務組幹事 |
| 104 | 9/25 -10/3 | 印尼 | 宣導 | 峇里島 泗水 萬隆 雅加達 三寶瓏 棉蘭 | 蘇玉龍 | 國立暨南國際大學校長／海外聯招會主任委員 |
| | | | | | 張清風 | 國立臺灣海洋大學校長 |
| | | | | | 武東星 | 大葉大學校長 |
| | | | | | 楊能舒 | 國立雲林科技大學副校長 |
| | | | | | 楊慧萍 | 僑務委員會僑生處專員 |
| | | | | | 李信 | 國立暨南國際大學組長／海外聯招會副總幹事 |
| | | | | | 吳珊如 | 海外聯招會宣導組幹事 |
| 104 | 10/15 -10/18 | 澳門 | 教育展 | | 蘇玉龍 | 國立暨南國際大學校長／海外聯招會主任委員 |
| | | | | | 魏耀揮 | 馬偕醫學大學校長 |
| | | | | | 李信 | 國立暨南國際大學組長／海外聯招會副總幹事 |
| | | | | | 高嘉偵 | 海外聯招會分發組幹事 |
| | | | | | 許正怡 | 海外聯招會資服組組長 |
| | | | | | 周楷榕 | 海外聯招會祕書組幹事 |
| | | | | | 劉凱婷 | 海外聯招會宣導組幹事 |
| 104 | 10/23 -10/25 | 香港 | 中學老師升學說明會 | | 李信 | 國立暨南國際大學組長／海外聯招會副總幹事 |
| | | | | | 許正怡 | 海外聯招會資服組組長 |
| | | | | | 周楷榕 | 海外聯招會祕書組幹事 |
| 104 | 10/29 -11/1 | 香港 | 教育展 | 如心海景酒店 | 蘇玉龍 | 國立暨南國際大學校長／海外聯招會主任委員 |
| | | | | | 姚立德 | 國立臺北科技大學校長 |
| | | | | | 李秉乾 | 逢甲大學校長 |
| | | | | | 張慶瑞 | 國立臺灣大學副校長 |
| | | | | | 江大樹 | 國立暨南國際大學副校長／海外聯招會總幹事 |
| | | | | | 李信 | 國立暨南國際大學組長／海外聯招會副總幹事 |
| | | | | | 林珍妤 | 海外聯招會試務組組長 |

| 年度 | 日期 | 國家 | 內容 | 城市 | 人員 | 服務單位 |
|---|---|---|---|---|---|---|
| | | | | | 吳佩玲 | 海外聯招會試務組執行幹事 |
| | | | | | 馮浩峻 | 海外聯招會試務組幹事 |
| | | | | | 許正怡 | 海外聯招會資服組組長 |
| | | | | | 劉凱婷 | 海外聯招會宣導組幹事 |
| | | | | | 吳珊如 | 海外聯招會宣導組幹事 |
| | | | | | 林群翔 | 海外聯招會祕書組幹事 |
| | | | | | 周楷榕 | 海外聯招會祕書組兼任助理 |
| | | | | | 鄧珮君 | 海外聯招會 |
| 104 | 11/18 -11/25 | 緬甸 | 宣導 | 仰光 密支那 曼德勒 眉苗 臘戌 東枝 | 江大樹 | 國立暨南國際大學教務長／海外聯招會總幹事 |
| | | | | | 陳世池 | 僑務委員會僑生輔導處處長 |
| | | | | | 邱繼智 | 國立臺北商業大學教務長 |
| | | | | | 李佩華 | 淡江大學國際長 |
| | | | | | 林樹全 | 朝陽科技大學國際長 |
| | | | | | 蔡雅薰 | 國立臺灣師範大學僑生先修部主任 |
| | | | | | 施苡萱 | 海外聯招會資訊服務組資訊技師 |
| 104 | 11/25 -11/26 | 香港 | 香港輔導教師協會 | | 李廣健 | 暨南國際大學歷史系教授 |
| | | | | | 程德勝 | 海外聯招會宣導組組長 |
| | | | | | 周楷榕 | 海外聯招會祕書組幹事 |
| 105 | 4/25 -4/26 | 澳門 | 考試委員會議 | | 蘇玉龍 | 國立暨南國際大學校長／海外聯招會主任委員 |
| | | | | | 劉凱婷 | 海外聯招會宣導組幹事 |
| 105 | 5/5 -5/7 | 香港 | 港二技宣導 | | 李廣健 | 國立暨南國際大學人文學院院長 |
| | | | | | 程德勝 | 國立暨南國際大學教授／海外聯招會宣導組長 |
| | | | | | 林群翔 | 海外聯招會祕書組幹事 |
| | | | | | 蔡斯妍 | 文藻大學翻譯系學生 |
| 105 | 5/16 -5/20 | 泰國 | 臺教中心教育展 | 清邁 | 左維萱 | 海外聯招會祕書組組長 |
| | | | | | 黃茵茵 | 國立暨南國際大學國際處約用組員 |

| 年度 | 日期 | 國家 | 內容 | 城市 | 人員 | 服務單位 |
|---|---|---|---|---|---|---|
| 105 | 7/3 -7/5 | 緬甸 | 教育展 | 仰光 曼德勒 | 蘇玉龍 | 國立暨南國際大學校長／海外聯招會主任委員 |
| | | | | | 李信 | 國立暨南國際大學組長／海外聯招會副總幹事 |
| | | | | | 李芬霞 | 國立暨南國際大學國際處約用組員 |
| | | | | | 周楷嘉 | 海外聯招會試務組幹事 |
| 105 | 7/11 -7/13 | 香港 | 選填志願說明會 | | 程德勝 | 國立暨南國際大學教授／海外聯招會宣導組組長 |
| | | | | | 周楷榕 | 海外聯招會祕書組幹事 |
| | | | | | 陸艷雯 | 大葉大學歐洲語文學系學生 |
| | | | | | 楊綺平 | 輔仁大學織品服裝學系學生 |
| | | | | | 黃上軍 | 國立暨南國際大學東南亞學系學生 |
| 105 | 7/16 -7/17 | 澳門 | 新生入學輔導會 | | 蘇玉龍 | 國立暨南國際大學校長／海外聯招會主任委員 |
| | | | | | 張振豪 | 國立暨南國際大學科技學院院長 |
| | | | | | 黃志忠 | 國立暨南國際大學社工系主任 |
| | | | | | 俞旭昇 | 國立暨南國際大學資管系副教授 |
| | | | | | 林珍妤 | 海外聯招會試務組組長 |
| | | | | | 劉凱婷 | 海外聯招會宣導組幹事 |
| 105 | 8/4 -8/6 | 香港 | 新生入學輔導會 | | 程德勝 | 國立中興大學教授／海外聯招會顧問 |
| | | | | | 李廣健 | 國立暨南國際大學人文學院院長 |
| | | | | | 林群翔 | 海外聯招會試務組幹事 |
| 105 | 8/5 -8/12 | 馬來西亞 | 教育展 | 吉隆坡 檳城 沙巴亞比 | 蘇玉龍 | 國立暨南國際大學校長／海外聯招會主任委員 |
| | | | | | 陳泰然 | 國立臺灣大學前副校長 |
| | | | | | 黎文龍 | 國立臺灣科技大學副校長 |
| | | | | | 李信 | 國立暨南國際大學組長／海外聯招會副總幹事 |
| | | | | | 馮浩峻 | 海外聯招會試務組幹事 |

| 年度 | 日期 | 國家 | 內容 | 城市 | 人員 | 服務單位 |
|---|---|---|---|---|---|---|
|  |  |  |  |  | 劉凱婷 | 海外聯招會試務組幹事 |
|  |  |  |  |  | 吳旻樺 | 海外聯招會試務組幹事 |
|  |  |  |  |  | 鄧佩君 | 海外聯招會專任助理 |
| 105 | 8/27 -8/29 | 緬甸 | 孔教學校校慶+宣導 | 仰光 | 蘇玉龍 | 國立暨南國際大學校長／海外聯招會主任委員 |
|  |  |  |  |  | 李信 | 國立暨南國際大學組長／海外聯招會副總幹事 |
| 105 | 9/5 -9/9 | 菲律賓 | 宣導 | 那牙 宿霧 馬尼拉 | 易光輝 | 弘光科技大學副校長 |
|  |  |  |  |  | 吳忠信 | 國立臺灣師範大學僑生先修部主任 |
|  |  |  |  |  | 洪聖豪 | 國立暨南國際大學組長 |
|  |  |  |  |  | 梁國常 | 臺師大僑先部副教授 |
|  |  |  |  |  | 劉素妙 | 教育部國兩司科長 |
|  |  |  |  |  | 周楷嘉 | 海外聯招會試務組幹事 |
| 105 | 9/7 -9/11 | 泰國 | 宣導 | 清萊 清邁 曼谷 | 江大樹 | 國立暨南國際大學教務長／海外聯招會總幹事 |
|  |  |  |  |  | 邱繼智 | 國立臺北商業大學教務長 |
|  |  |  |  |  | 林柏杉 | 中國文化大學國際長 |
|  |  |  |  |  | 莊瓊枝 | 僑務委員會處長 |
|  |  |  |  |  | 高嘉偵 | 海外聯招會分發組幹事 |
| 105 | 9/25 -10/2 | 印尼 | 宣導 | 棉蘭 巨港 雅加達 三寶瓏 泗水. 萬隆 | 蘇玉龍 | 國立暨南國際大學校長／海外聯招會主任委員 |
|  |  |  |  |  | 張慶瑞 | 國立臺灣大學副校長 |
|  |  |  |  |  | 楊聲勇 | 靜宜大學國際長 |
|  |  |  |  |  | 蔡秀敏 | 長庚科技大學教務長 |
|  |  |  |  |  | 呂素珍 | 僑務委員會副處長 |
|  |  |  |  |  | 吳旻樺 | 海外聯招會宣導組幹事 |
| 105 | 10/20 -10/23 | 香港 | 教育展 | 啓德 郵輪碼頭 | 蘇玉龍 | 國立暨南國際大學校長／海外聯招會主任委員 |
|  |  |  |  |  | 李信 | 國立暨南國際大學組長／海外聯招會副總幹事 |
|  |  |  |  |  | 程德勝 | 國立中興大學教授／海外聯招會顧問 |
|  |  |  |  |  | 林珍妤 | 海外聯招會試務組組長 |

| 年度 | 日期 | 國家 | 內容 | 城市 | 人員 | 服務單位 |
|---|---|---|---|---|---|---|
| | | | | | 許正怡 | 海外聯招會資訊服務組組長 |
| | | | | | 陳乃嘉 | 海外聯招會資訊服務組資訊技師 |
| | | | | | 劉凱婷 | 海外聯招會宣導組幹事 |
| | | | | | 周楷榕 | 海外聯招會祕書組幹事 |
| 105 | 10/23 -10/25 | 澳門 | 中學說明會及師長座談會 | | 李信 | 國立暨南國際大學組長／海外聯招會副總幹事 |
| | | | | | 劉凱婷 | 海外聯招會宣導組幹事 |
| 105 | 11/11 -11/12 | 澳門 | 教育展 | | 蘇玉龍 | 國立暨南國際大學校長／海外聯招會主任委員 |
| | | | | | 李信 | 國立暨南國際大學組長／海外聯招會副總幹事 |
| | | | | | 阮夙姿 | 國立暨南國際大學教授／海外聯招會分發組長 |
| | | | | | 馮浩峻 | 海外聯招會試務組幹事 |
| | | | | | 周楷榕 | 海外聯招會祕書組幹事 |
| | | | | | 古孟蓁 | 海外聯招會分發組幹事 |
| | | | | | 劉凱婷 | 海外聯招會宣導組幹事 |
| 105 | 11/24 -11/26 | 香港 | 升學講座 | | 程德勝 | 國立中興大學教授／海外聯招會顧問 |
| | | | | | 周楷榕 | 海外聯招會祕書組幹事 |
| 106 | 5/12 -5/14 | 香港 | 新生入學輔導會 | | 李信 | 國立暨南國際大學組長／海外聯招會副總幹事 |
| | | | | | 盧倩樺 | 國立暨南國際大學港澳同學會副會長 |
| | | | | | 周楷榕 | 海外聯合招生委員會祕書組幹事 |
| 106 | 6/27 -7/3 | 緬甸 | 教育展+宣導 | 曼德勒仰光臘戍 | 蘇玉龍 | 國立暨南國際大學校長／海外聯招會主任委員 |
| | | | | | 陳建良 | 國立暨南國際大學經濟系教授 |
| | | | | | 陳佩修 | 國立暨南國際大學東南亞系教授 |
| | | | | | 李信 | 國立暨南國際大學組長／海外聯招會副總幹事 |

| 年度 | 日期 | 國家 | 內容 | 城市 | 人員 | 服務單位 |
|---|---|---|---|---|---|---|
| | | | | | 古孟蓁 | 海外聯招會分發組幹事 |
| | | | | | 李芬霞 | 國立暨南國際大學國際事務處約用組員 |
| | | | | | 周楷嘉 | 海外聯招會試務組幹事 |
| | | | | | 歐陽蓉荷 | 國立暨南國際大學圖書館約用組員 |
| 106 | 7/5 -7/15 | 馬來西亞 | 教育展 | 吉隆坡 永平 詩巫 | 蘇玉龍 | 國立暨南國際大學校長／海外聯招會主任委員 |
| | | | | | 陳泰然 | 國立臺灣大學前副校長 |
| | | | | | 李信 | 國立暨南國際大學組長／海外聯招會副總幹事 |
| | | | | | 趙祥和 | 國立暨南國際大學教授／海外聯招會宣導組長 |
| | | | | | 劉凱婷 | 海外聯招會宣導組執行幹事 |
| | | | | | 馮浩峻 | 海外聯招會試務組幹事 |
| | | | | | 鄧佩君 | 海外聯招會兼任助理 |
| 106 | 7/8 -7/10 | 香港 | 選填志願說明會 | | 程德勝 | 國立中興大學教授／海外聯招會顧問 |
| | | | | | 周楷榕 | 海外聯合招生委員會祕書組幹事 |
| 106 | 7/15 -7/17 | 澳門 | 新生入學輔導會 | | 蘇玉龍 | 國立暨南國際大學校長／海外聯招會主任委員 |
| | | | | | 李信 | 國立暨南國際大學組長／海外聯招會副總幹事 |
| | | | | | 張英陣 | 國立暨南國際大學學務長 |
| | | | | | 陳彥錚 | 國立暨南國際大學通識教育中心主任 |
| | | | | | 陳仁海 | 國立暨南國際大學公行系助理教授 |
| | | | | | 劉凱婷 | 海外聯招會宣導組執行幹事 |
| 106 | 7/31 -8/5 | 香港 | 新生入學輔導會 | | 蘇玉龍 | 國立暨南國際大學校長／海外聯招會主任委員 |
| | | | | | 李廣健 | 國立暨南國際大學人文學院院長 |
| | | | | | 周楷榕 | 海外聯招會祕書組幹事 |

| 年度 | 日期 | 國家 | 內容 | 城市 | 人員 | 服務單位 |
|---|---|---|---|---|---|---|
| 106 | 9/22 -9/25 | 澳門 | 教育展 | | 蘇玉龍 | 國立暨南國際大學校長／海外聯招會主任委員 |
| | | | | | 江大樹 | 國立暨南國際大學總幹事／海外聯招會總幹事 |
| | | | | | 李信 | 國立暨南國際大學組長／海外聯招會副總幹事 |
| | | | | | 馮浩峻 | 海外聯招會試務組幹事 |
| | | | | | 周楷榕 | 海外聯招會祕書組幹事 |
| | | | | | 徐瑋勵 | 海外聯招會試務組幹事 |
| | | | | | 劉凱婷 | 海外聯招會宣導組執行幹事 |
| 106 | 9/23 -9/24 | 香港 | 校友會總會教育說明會 | | 石宇廷 | 國立暨南國際大學國際事務處約用助理員 |
| 106 | 10/26 -10/29 | 香港 | 教育展 | 亞洲博覽館 | 蘇玉龍 | 國立暨南國際大學校長／海外聯招會主任委員 |
| | | | | | 吳聰能 | 亞洲大學副校長 |
| | | | | | 李信 | 國立暨南國際大學組長／海外聯招會副總幹事 |
| | | | | | 程德勝 | 國立中興大學教授／海外聯招會顧問 |
| | | | | | 阮夙姿 | 國立暨南國際大學教授／海外聯招會分發組長 |
| | | | | | 劉凱婷 | 宣導組海外聯招會執行幹事 |
| | | | | | 吳旻燁 | 海外聯招會宣導組幹事 |
| | | | | | 古孟蓁 | 海外聯招會分發組幹事 |
| | | | | | 周楷榕 | 海外聯招會祕書組幹事 |
| 106 | 11/13 -11/17 | 緬甸 | 師培專案宣導 | 曼德勒臘戌密支那仰光東枝 | 洪聖豪 | 國立暨南國際大學助理研究員 |
| | | | | | 蔡依婷 | 國立暨南國際大學國際駐約僱人員 |
| | | | | | 李信 | 國立暨南國際大學組長／海外聯招會副總幹事 |
| | | | | | 黃淑滿 | 臺灣首府大學主任 |
| | | | | | 周楷嘉 | 海外聯招會試務組幹事 |

| 年度 | 日期 | 國家 | 內容 | 城市 | 人員 | 服務單位 |
|---|---|---|---|---|---|---|
| 106 | 7/25 -7/29 | 越南 | 宣導說明會+臺灣形象展 | 胡志明市 | 吳聰能 | 亞洲大學副校長 |
| | | | | | 林志忠 | 國立暨南國際大學校務研究中心主任 |
| | | | | | 李信 | 國立暨南國際大學組長／海外聯招會副總幹事 |
| | | | | | 徐瑋勵 | 海外聯招會試務組幹事 |
| | | | | | 李芬霞 | 國立暨南國際大學國際事務處約用組員／胡志明市臺灣教育中心經理 |
| 106 | 9/28 -10/5 | 菲律賓 | 宣導說明會+臺灣形象展 | 馬尼拉都馬庫特三寶顏 | 洪雯柔 | 國立暨南國際大學國際長 |
| | | | | | 吳宗明 | 國立中興大學教務長 |
| | | | | | 鄭經偉 | 國立臺中科技大學副校長 |
| | | | | | 阮夙姿 | 國立暨南國際大學教授／海外聯招會分發組長 |
| | | | | | 李芬霞 | 國立暨南國際大學國際處約用組員 |
| | | | | | 古孟蓁 | 海外聯招會分發組幹事 |
| 106 | 10/1 -10/5 | 泰國 | 教育展 | 曼谷 | 林蓉脩 | 國立暨南國際大學國際處約用組員 |
| 106 | 8/23 -8/31 | 印尼 | 宣導說明會+教育展 | 三寶瓏雅加達棉蘭亞齊 | 蘇玉龍 | 國立暨南國際大學校長／海外聯招會主任委員 |
| | | | | | 梁玆程 | 國立屏東科技大學國際學院院長 |
| | | | | | 丁志明 | 國立成功大學工學院副長 |
| | | | | | 張怡蕙 | 僑務委員會僑生處就學科科長 |
| | | | | | 吳旻燁 | 海外聯招會宣導組幹事 |
| 106 | 11/6 -11/11 | 泰國 | 宣導 | 曼谷清邁清萊 | 蘇玉龍 | 國立暨南國際大學校長／海外聯招會主任委員 |
| | | | | | 易光輝 | 弘光科技大學副校長 |
| | | | | | 楊聲勇 | 靜宜大學國際長 |
| | | | | | 蔣翼鵬 | 僑務委員會祕書室科長 |
| | | | | | 吳佩玲 | 海外聯招會祕書組組長 |
| | | | | | 蔡宗宏 | 慈濟科技大學（自費） |
| | | | | | 牛河山 | 慈濟科技大學護理系教師（自費） |

| 年度 | 日期 | 國家 | 內容 | 城市 | 人員 | 服務單位 |
|---|---|---|---|---|---|---|
| | | | | | 王承斌 | 慈濟科技大學招生組組長（自費） |
| | | | | | 鄭婕妤 | 臺北科技大學泰國辦公室主任（自費） |
| 106 | 12/13 -12/18 | 印尼 | 教育展 | 日惹 | 吳旻燁 | 海外聯招會宣導組幹事 |
| | | | | 泗水 | 楊婷婷 | 國立暨南國際大學經濟系僑生 |
| 107 | 1/28 -1/29 | 澳門 | 寒期輔導會 | | 江大樹 | 國立暨南國際大學副校長／海外聯招會總幹事 |
| | | | | | 劉凱婷 | 海外聯招會宣導組執行幹事 |
| 107 | 4/8 -4/14 | 馬來西亞（東馬） | 教育展 | 亞庇詩巫 | 蘇玉龍 | 國立暨南國際大學校長／海外聯招會主任委員 |
| | | | | | 李信 | 國立暨南國際大學組長／海外聯招會副總幹事 |
| | | | | | 陳泰然 | 國立臺灣大學前副校長 |
| | | | | | 劉凱婷 | 海外聯招會宣導組執行幹事 |
| | | | | | 許向榮 | 海外聯招會試務組幹事 |
| 107 | 7/18 -8/1 | 澳門 | 新生入學輔導會 | | 蘇玉龍 | 國立暨南國際大學校長／海外聯招會主任委員 |
| | | | | | 李信 | 國立暨南國際大學組長／海外聯招會副總幹事 |
| | | | | | 劉凱婷 | 海外聯招會宣導組執行幹事 |
| 107 | 7/22 -8/1 | 馬來西亞（西馬） | 教育展 | 檳城吉隆坡巴株巴轄 | 蘇玉龍 | 國立暨南國際大學校長／海外聯招會主任委員 |
| | | | | | 李信 | 國立暨南國際大學組長／海外聯招會副總幹事 |
| | | | | | 吳聰能 | 亞洲大學副校長 |
| | | | | | 劉凱婷 | 海外聯招會宣導組執行幹事 |
| | | | | | 吳旻燁 | 海外聯招會宣導組幹事 |
| | | | | | 許向榮 | 海外聯招會試務組幹事 |
| 107 | 8/2 -8/4 | 香港 | 新生入學輔導會 | | 蘇玉龍 | 國立暨南國際大學校長／海外聯招會主任委員 |
| | | | | | 李信 | 國立暨南國際大學組長／海外聯招會副總幹事 |
| | | | | | 李廣健 | 國立暨南國際大學人文學院院長 |
| | | | | | 周楷榕 | 海外聯招會祕書組幹事 |

| 年度 | 日期 | 國家 | 內容 | 城市 | 人員 | 服務單位 |
|---|---|---|---|---|---|---|
| 107 | 9/10 -9/15 | 菲律賓 | 宣導 | 馬尼拉 | 孫同文 | 國立暨南國際大學副校長 |
| | | | | | 許聰鑫 | 南開科技大學副校長 |
| | | | | | 劉以德 | 國立臺灣師範大學國際事務處副處長 |
| | | | | | 古孟蓁 | 海外聯招會分發組幹事 |
| 107 | 10/13 -10/14 | 澳門 | 教育展 | 漁人碼頭會展中心 | 蘇玉龍 | 國立暨南國際大學校長／海外聯招會主任委員 |
| | | | | | 李信 | 國立暨南國際大學組長／海外聯招會副總幹事 |
| | | | | | 周楷榕 | 海外聯招會祕書組幹事 |
| | | | | | 古孟蓁 | 海外聯招會分發組幹事 |
| | | | | | 陳荷文 | 海外聯招會資服組資訊技師 |
| | | | | | 劉凱婷 | 海外聯招會宣導組執行幹事 |
| 107 | 10/31 -11/3 | 香港 | 教育展 | 九龍會展中心 | 蘇玉龍 | 國立暨南國際大學校長／海外聯招會主任委員 |
| | | | | | 李信 | 國立暨南國際大學組長／海外聯招會副總幹事 |
| | | | | | 蔡富亘 | 海外聯招會資服組資訊技師 |
| | | | | | 劉凱婷 | 海外聯招會宣導組執行幹事 |
| | | | | | 吳旻燁 | 海外聯招會宣導組幹事 |
| | | | | | 許向榮 | 海外聯招會試務組幹事 |
| | | | | | 周楷榕 | 海外聯招會祕書組幹事 |
| 107 | 10/21 -10/26 | 印尼 | 教育展 | 泗水 瑪浪 峇厘島 | 陳文彥 | 國立暨南國際大學教授／海外聯招會宣導組長 |
| | | | | | 吳旻燁 | 海外聯招會宣導組幹事 |
| 107 | 11/26 -12/1 | 泰國 | 宣導 | 清邁 清萊 曼谷 | 蘇玉龍 | 國立暨南國際大學校長／海外聯招會主任委員 |
| | | | | | 古源光 | 國立屏東大學校長 |
| | | | | | 張慶瑞 | 國立臺灣大學副校長 |
| | | | | | 孫同文 | 國立暨南國際大學副校長 |
| | | | | | 鄭舜仁 | 正修科技大學副校長 |
| | | | | | 徐廣梅 | 僑務委員會科長 |
| | | | | | 高嘉偵 | 海外聯招會祕書組幹事 |

| 年度 | 日期 | 國家 | 內容 | 城市 | 人員 | 服務單位 |
|---|---|---|---|---|---|---|
| 107 | 11/29<br>-12/6 | 印尼 | 宣導 | 雅加達<br>泗水<br>三寶瓏<br>棉蘭 | 楊振昇 | 國立暨南國際大學國際長 |
| | | | | | 馬遠榮 | 國立東華大學國際長 |
| | | | | | 曾世昌 | 國立雲林科技大學國際長 |
| | | | | | 蔡秀敏 | 長庚科技大學教務長 |
| | | | | | 吳郁華 | 僑務委員會處長 |
| | | | | | 吳旻燁 | 海外聯招會宣導組幹事 |
| 108 | 1/25<br>-1/26 | 澳門 | 寒期<br>輔導會 | | 江大樹 | 國立暨南國際大學組長／海外聯招會總幹事 |
| | | | | | 林珍妤 | 海外聯招會試務組幹事 |
| | | | | | 劉凱婷 | 海外聯招會宣導組執行幹事 |
| 108 | 4/7<br>-4/13 | 馬來西亞<br>（東馬） | 教育展 | 亞庇<br>古晉 | 蘇玉龍 | 國立暨南國際大學校長／海外聯招會主任委員 |
| | | | | | 李信 | 國立暨南國際大學組長／海外聯招會副總幹事 |
| | | | | | 陳泰然 | 國立臺灣大學前副校長 |
| | | | | | 劉凱婷 | 海外聯招宣導組執行幹事 |
| | | | | | 徐瑋勵 | 海外聯招試務組幹事 |
| | | | | | 吳旻燁 | 海外聯招宣導組幹事 |
| | | | | | 許向榮 | 海外聯招試務組幹事 |
| 108 | 4/23<br>-5/4 | 馬來西亞<br>（西馬） | 教育展 | 居鑾<br>吉隆坡<br>巴生<br>怡保 | 蘇玉龍 | 國立暨南國際大學校長／海外聯招會主任委員 |
| | | | | | 李信 | 國立暨南國際大學組長／海外聯招會副總幹事 |
| | | | | | 陳泰然 | 國立臺灣大學前副校長 |
| | | | | | 劉凱婷 | 海外聯招宣導組執行幹事 |
| | | | | | 徐瑋勵 | 海外聯招試務組幹事 |
| | | | | | 吳旻燁 | 海外聯招宣導組幹事 |
| | | | | | 許向榮 | 海外聯招試務組幹事 |
| 108 | 7/8<br>-7/9 | 澳門 | 新生<br>入學<br>輔導會 | | 江大樹 | 國立暨南國際大學副校長／海外聯招會總幹事 |
| | | | | | 李信 | 國立暨南國際大學組長／海外聯招會副總幹事 |
| | | | | | 劉凱婷 | 海外聯招會宣導組執行幹事 |

| 年度 | 日期 | 國家 | 內容 | 城市 | 人員 | 服務單位 |
|------|------|------|------|------|------|----------|
| 108 | 8/1 -8/3 | 香港 | 新生入學輔導會 | | 李廣健 | 國立暨南國際大學人文學院院長 |
| | | | | | 周楷榕 | 海外聯招會祕書組幹事 |
| 108 | 9/14 -9/15 | 澳門 | 教育展 | 漁人碼頭會展中心 | 蘇玉龍 | 國立暨南國際大學校長／海外聯招會主任委員 |
| | | | | | 李信 | 國立暨南國際大學組長／海外聯招會副總幹事 |
| | | | | | 陳文彥 | 國立暨南國際大學教授／海外聯招會宣導組長 |
| | | | | | 劉凱婷 | 海外聯招會宣導組執行幹事 |
| | | | | | 周楷榕 | 海外聯招會祕書組幹事 |
| | | | | | 周楷嘉 | 海外聯招會試務組幹事 |
| | | | | | 洪煥銘 | 海外聯招會資訊服務組資訊技師 |
| 108 | 10/20 -10/22 | 澳門 | 聯合分發管道變革說明會 | | 李信 | 國立暨南國際大學組長／海外聯招會副總幹事 |
| | | | | | 劉凱婷 | 海外聯招會宣導組執行幹事 |
| 108 | 10/15 -10/22 | 印尼 | 宣導 | 雅加達巨港棉蘭峇厘島泗水 | 孫同文 | 國立暨南國際大學副校長 |
| | | | | | 鄭舜仁 | 正修科技大學副校長 |
| | | | | | 吳旻燁 | 海外聯招會宣導組幹事 |
| 108 | 10/16 -10/20 | 香港 | 教育展 | 九龍會展中心 | 蘇玉龍 | 國立暨南國際大學校長／海外聯招會主任委員 |
| | | | | | 江大樹 | 國立暨南國際大學副校長／海外聯招會總幹事 |
| | | | | | 李信 | 國立暨南國際大學組長／海外聯招會副總幹事 |
| | | | | | 李廣健 | 國立暨南國際大學人文學院院長 |
| | | | | | 程德勝 | 國立中興大學教授／海外聯招會顧問 |
| | | | | | 陳文彥 | 國立暨南國際大學教授／海外聯招會宣導組長 |

| 年度 | 日期 | 國家 | 內容 | 城市 | 人員 | 服務單位 |
|---|---|---|---|---|---|---|
| | | | | | 劉凱婷 | 海外聯招會宣導組執行幹事 |
| | | | | | 徐瑋勵 | 海外聯招會試務組幹事 |
| | | | | | 許向榮 | 海外聯招會試務組幹事 |
| | | | | | 陳荷文 | 海外聯招會資訊服務組 |
| | | | | | 古孟蓁 | 海外聯招會分發組幹事 |
| | | | | | 周楷榕 | 海外聯招會祕書組幹事 |
| 108 | 11-12 -11/16 | 緬甸 | 緬甸 | 曼德勒 臘戍 密支那 眉苗 東枝 仰光 | 江大樹 | 國立暨南國際大學副校長／海外聯招會總幹事 |
| | | | | | 古源光 | 國立屏東大學校長 |
| | | | | | 劉一中 | 國立暨南國際大學主任祕書 |
| | | | | | 李信 | 國立暨南國際大學組長／海外聯招會副總幹事 |
| 109 | 3/1 -3/7 | 馬來西亞 （東馬） | 教育展 | 亞庇 美里 | 陳泰然 | 國立臺灣大學前副校長 |
| | | | | | 李信 | 國立暨南國際大學組長／海外聯招會副總幹事 |
| | | | | | 劉凱婷 | 海外聯招會宣導組執行幹事 |
| | | | | | 許向榮 | 海外聯招會試務組幹事 |
| | 4/5 -4/10 | 馬來西亞 （西馬） | 教育展 | | 因covid-19而停辦 | |
| | 9月 | 印尼 | 宣導 | | | |
| | 9/18 -9/21 | 澳門 | 教育展 | 預定 漁人碼頭 會展中心 | | |
| | 10/22 -10/25 | 香港 | 教育展 | 預定九龍 會展中心 | | |
| | 10月 | 緬甸 | 宣導 | | | |

# 第二章、參與海外試務工作人員[2]

圖表115　歷年參與海外試務工作人員名單（泰北、菲律賓及四所臺校）

| 學年度 | 泰北 | 菲律賓 | 吉隆坡臺校 | 越南臺校 | 雅加達臺校 | 泗水臺校 |
|---|---|---|---|---|---|---|
| 89 | — | 暨大譚醒朝 | 暨大官世芳 | — | 暨大李盈慧 | |
| 90 | 暨大葉明德 | 暨大郭昌宏 | 暨大周家豪 | — | 暨大韓永祥 | — |
| 91 | 暨大徐朝堂 | 逢甲蔡翠屏 | 師大林金朝 | — | — | — |
| 92 | — | 師大梁健強 | 暨大蔡鳳寶 | | | |
| 93 | 師大莊惠金 | 逢甲劉芳蓮 | 師大梁健強 | 暨大李　信 | 臺大黃滬生 | — |
| 94 | 逢甲蔣秀玉 | 暨大王俊斌 | 逢甲賴春蘭 | — | 暨大雷意蘭 | |
| 95 | | 臺大吳義華 | 暨大楊武勳 | 暨大林志忠 | 師大溫淑華 | |
| 96 | 師大莊惠金 | 暨大黃淑玲 | 臺大張良鵬 | 逢甲陳慶雄 | 暨大楊洲松 | |
| 97 | 暨大謝淑敏 | 逢甲陳美惠 | 暨大吳幼麟 | 暨大張英陣 | 暨大蘇玉龍 | — |
| 98 | 臺大紀賢秦 | 師大鄭鈺瑩 | 暨大劉吉倉 | 暨大洪政欣 | 暨大吳幼麟 | |
| 99 | 暨大阮夙姿 | 臺大洪泰雄 | 暨大洪政欣 | 暨大陳佩修 | 師大楊菊枝<br>師大莊淑晴 | — |
| 100 | 暨大薛佩佳 | 師大游志宏 | 暨大楊振昇 | 師大楊菊枝 | 臺大張良鵬 | |
| 101 | 暨大徐朝堂 | 臺大吳義華 | 暨大尹邦嚴 | 暨大劉家男 | 暨大洪雯柔 | — |
| 102 | 師大張淑珍 | 暨大黃淑玲 | 逢甲陳慶雄 | 臺大吳義華 | 暨大洪雯柔 | 暨大洪政欣 |
| 103 | | 師大林弘昌 | 暨大蔡勇斌 | 暨大洪政欣 | 暨大楊洲松 | 臺大張良鵬 |
| 104 | — | — | 臺大洪泰雄 | 暨大李芬霞 | 暨大蘇玉龍<br>暨大楊洲松 | 暨大俞旭昇 |
| 105 | | 暨大黃淑玲 | 師大周麗端 | 暨大趙祥和 | 暨大洪雯柔 | — |
| 106 | 臺大胡淑君 | 暨大李芬霞 | 暨大孫同文 | 暨大許文忠 | 暨大俞旭昇 | 暨大李廣健 |
| 107 | | | 暨大李廣健 | 暨大陳建良 | 暨大楊洲松 | 暨大俞旭昇 |
| 108 | | | 暨大陳佩修 | 暨大陳建良 | 暨大蔡勇斌 | — |
| 109 | — | — | — | — | — | — |

[2]　本資料由海外聯招會試務組周楷嘉幹事彙整。

圖表116　歷年參與海外試務工作人員名單
（澳門、韓國、緬甸、日本及新加坡）

| 學年度 | 澳門 | 韓國 | 緬甸 | 日本 | 新加坡 |
|---|---|---|---|---|---|
| 89 | － | 暨大陳冠群<br>師大林金朝<br>暨大高大威 | 暨大周家豪<br>臺大黃瀘生<br>輔大章祖吾<br>東海陳勝周<br>東海劉詠華 | 暨大洪敏秀 | 暨大俞旭昇 |
| 90 | － | 臺大戴娟姿<br>暨大李士修<br>暨大徐朝堂 | 臺大竇松林<br>師大蕭嘉靖<br>成大雪小姐<br>僑先陳錦麗<br>僑先陳俊生 | 暨大田文翠 | 成大彭女玲 |
| 91 | － | 臺大周李義<br>暨大田文翠<br>逢甲賴春蘭 | － | 暨大李士修 | 臺大洪泰雄 |
| 92 | － | 逢甲洪翠娥<br>臺大黃瀘生<br>臺大戴娟姿 | － | 逢甲陳慶雄 | 師大上官百祥 |
| 93 | － | 暨大許雅惠<br>臺大周李義<br>暨大蘇玉龍 | － | 臺大張小珍 | 暨大李健菁 |
| 94 | － | 臺大戴娟姿<br>師大莊惠金<br>暨大周家豪 | － | 暨大徐朝堂 | 臺大洪泰雄 |
| 95 | － | 暨大李月霞<br>逢甲陳慶雄<br>師大張化瑾 | － | 臺大戴娟姿 | 暨大王俊斌 |
| 96 | － | 逢甲蔣秀玉<br>臺大張小珍<br>暨大詹智慧 | － | 暨大俞旭昇 | 臺大洪泰雄 |
| 97 | － | 暨大盧嘉梧<br>臺大陳建吉<br>臺大許文瑾 | － | 臺大戴娟姿 | 逢甲陳慶雄 |
| 98 | 暨大蕭文 | 臺大戴娟姿<br>逢甲蔣秀玉<br>臺大王雪玲 | 暨大徐錦文<br>暨大徐朝堂<br>暨大鄭培滄 | 逢甲賴春蘭 | 暨大俞旭昇 |

| 學年度 | 澳門 | 韓國 | 緬甸 | 日本 | 新加坡 |
|---|---|---|---|---|---|
| 99 | 暨大許和鈞 | 暨大陳建良<br>臺大戴娟姿<br>師大鄭鈺瑩 | 暨大徐錦文<br>暨大徐朝堂<br>暨大鄭培滄<br>暨大顏加偉 | 暨大尹邦嚴 | 暨大蕭　文 |
| 100 | 臺大李宏森<br>師大孔令泰<br>暨大陳建良<br>暨大蕭　文<br>海聯李　信<br>海聯林珍妤<br>海聯施靜慈<br>海聯賴明詩 | 臺大戴娟姿<br>師大劉美慧<br>暨大阮夙姿 | 暨大黃南陽<br>暨大洪政欣<br>海聯薛佩佳 | — | 暨大蕭　文 |
| 101 | 暨大許和鈞<br>師大孔令泰<br>逢甲郭添保<br>暨大孫台平<br>海聯李　信<br>暨大曾　敏<br>暨大雷意蘭<br>海聯賴明詩 | 暨大吳幼麟<br>暨大阮夙姿<br>逢甲施惠元 | 臺大洪泰雄<br>海聯曾稟澄<br>海聯薛佩佳 | 臺大戴娟姿 | 暨大許和鈞 |
| 102 | 海聯蘇玉龍<br>海聯江大樹<br>暨大宋育姍<br>暨大雷意蘭<br>海聯李信<br>海聯林珍妤<br>海聯賴明詩<br>海聯施苂萱 | 暨大阮夙姿<br>逢甲施惠元<br>臺大洪泰雄 | 臺大李宏森<br>師大劉祥麟<br>海聯薛佩佳<br>海聯施靜慈<br>暨大康永興<br>暨大游守謙<br>暨大鄭以萱 | 師大鄭鈺瑩 | 暨大陳文彥 |
| 103 | 海聯蘇玉龍<br>海聯李　信<br>臺大吳義華<br>師大林敬倫<br>暨大雷意蘭<br>海聯林珍妤<br>海聯劉凱婷<br>海聯周楷嘉 | 師大陳登武<br>暨大阮夙姿<br>暨大黃淑玲 | 中興王俊斌<br>臺大胡淑君<br>師大呂啓民<br>暨大江大樹<br>暨大李芬霞<br>海聯廖怡欣<br>海聯施苂萱 | 臺大林紅汝 | 暨大吳淑玲 |

| 學年度 | 澳門 | 韓國 | 緬甸 | 日本 | 新加坡 |
|---|---|---|---|---|---|
| 104 | 海聯蘇玉龍<br>暨大李今芸<br>海聯李　信<br>臺大吳義華<br>師大錢尚璞<br>逢甲陳慶雄<br>暨大雷意蘭<br>海聯林珍妤 | 臺大林紅汝<br>暨大洪聖豪<br>師大劉傳璽 | 弘光易光輝<br>東華呂家巒<br>顧問陳勝周<br>臺大張良鵬<br>師大陳尚群<br>逢甲施惠元<br>暨大孫同文<br>海聯許正怡<br>海聯高嘉偵 | 師大鄭鈺瑩 | 暨大江大樹 |
| 105 | 海聯蘇玉龍<br>顧問楊玉惠<br>師大孔令泰<br>師大吳姿瑩<br>東華呂家巒<br>逢甲賴春蘭<br>海聯李　信<br>海聯林珍妤 | 暨大楊洲松<br>師大劉宇挺<br>臺大李宏森 | 顧問陳勝周<br>海聯高嘉偵<br>師大周明諺<br>弘光易光輝<br>暨大吳明烈<br>臺大吳義華<br>暨大歐陽蓉荷<br>海聯周楷嘉 | — | 暨大江大樹 |
| 106 | 海聯蘇玉龍<br>顧問吳紀興<br>顧問孔令泰<br>顧問李佩紋<br>臺大林紅汝<br>師大林立芯<br>海聯李　信<br>海聯劉凱婷 | 暨大江大樹<br>臺大吳義華<br>師大張淑珍 | 暨大楊洲松<br>暨大陳建良<br>臺大謝佩紋<br>師大陳昱勳<br>逢甲陳慶雄<br>暨大歐陽蓉荷<br>顧問陳勝周<br>海聯周楷嘉 | 師大陳奎如 | 暨大蔡勇斌 |
| 107 | 海聯蘇玉龍<br>海聯李　信<br>海聯劉凱婷<br>海聯徐瑋勵<br>師大莊淑晴<br>臺大林晏伊<br>逢甲施惠元 | 暨大江大樹<br>師大劉純妤<br>臺大魏文進 | 海聯蘇玉龍<br>暨大陳建良<br>海聯李　信<br>暨大歐陽蓉荷<br>暨大蔡依婷<br>屏東古源光<br>屏東劉育忠<br>臺大張良鵬<br>師大錢尚璞<br>海聯周楷嘉 | 臺大林紅汝 | 暨大張玉茹 |
| 108 | 海聯蘇玉龍<br>海聯李　信<br>海聯劉凱婷<br>海聯林珍妤<br>臺大吳義華<br>師大鄭怡婷 | 暨大楊洲松<br>師大陳鈺婷 | 海聯蘇玉龍<br>暨大陳建良<br>海聯李　信<br>臺大林紅汝<br>師大蔡珮嘉<br>海聯周楷嘉 | 臺大謝佩紋 | 暨大江大樹 |

| 學年度 | 澳門 | 韓國 | 緬甸 | 日本 | 新加坡 |
|---|---|---|---|---|---|
| 109 | 因covid-19 而停辦 | — | 海聯蘇玉龍<br>暨大陳建良<br>顧問陳勝周<br>顧問吳紀興<br>顧問呂家鑾<br>臺大謝佳璇<br>師大錢尚璞<br>海聯李　信<br>海聯周楷嘉 | — | — |

# 第三章、海外聯招會主任委員學校參與人員[3]

圖表117　歷來海外聯招會主任委員學校之參與人員名單

| 學年度 | 主任委員 | 總幹事 | 副總幹事 | 組長 | 系統開發／資訊技師 | 助理／幹事 |
|---|---|---|---|---|---|---|
| 85 | 袁頌西 | 孔慶華 | — | — | — | — |
| 86 | 袁頌西 | 孔慶華 | — | — | — | — |
| 87 | 袁頌西 | 孔慶華 | — | — | — | — |
| 88 | 袁頌西 | 孔慶華 | — | — | — | 李貞慧* |
| 89 | 李家同<br>徐　泓 | 徐　泓 | — | — | — | 李貞慧*<br>林珍妤*<br>蔡鳳寶* |
| 90 | 徐　泓<br>張進福 | 徐　泓 | — | 李　信（祕書）<br>田文翠（試務）<br>劉吉倉（分發） | — | 林珍妤*<br>蔡鳳寶*<br>吳佩玲* |
| 91 | 張進福 | 蘇玉龍 | — | 李　信（祕書）<br>田文翠（試務）<br>劉吉倉（分發） | 俞旭昇<br>簡文章 | 林珍妤*<br>蔡鳳寶*<br>吳佩玲* |
| 92 | 張進福 | 蘇玉龍 | — | 李　信（祕書）<br>田文翠（試務）<br>曾　敏（分發） | 俞旭昇<br>簡文章 | 林珍妤*<br>蔡鳳寶*<br>吳佩玲* |
| 93 | 張進福 | 蘇玉龍 | — | 李　信（祕書）<br>田文翠（試務）<br>曾　敏（分發） | 俞旭昇<br>簡文章 | 林珍妤*<br>吳佩玲*<br>高嘉偵* |

---

[3]　本資料由海外聯招會執行幹事兼祕書組組長吳佩玲彙整。

| 學年度 | 主任委員 | 總幹事 | 副總幹事 | 組長 | 系統開發／資訊技師 | 助理／幹事 |
|---|---|---|---|---|---|---|
| 94 | 張進福 | 蘇玉龍 | — | 李　信（祕書）<br>田文翠（試務）<br>曾　敏（分發） | 俞旭昇<br>簡文章 | 林珍妤*<br>吳佩玲*<br>高嘉偵* |
| 95 | 張進福 | 蘇玉龍 | — | 李　信（祕書）<br>田文翠（試務）<br>劉吉倉（分發） | 俞旭昇<br>簡文章 | 林珍妤*<br>吳佩玲*<br>高嘉偵*<br>鄭凱中* |
| 96 | 張進福 | 蘇玉龍 | — | 李　信（祕書）<br>田文翠（試務）<br>劉吉倉（分發） | 俞旭昇<br>簡文章 | 林珍妤*<br>吳佩玲*<br>高嘉偵*<br>湯淨棋*<br>劉佳蕙*<br>曾怡君*<br>余素滋*<br>李雪嘉* |
| 97 | 張進福 | 蘇玉龍 | — | 李　信（祕書）<br>徐錦文（試務）<br>劉吉倉（分發） | 俞旭昇<br>簡文章 | 林珍妤*<br>吳佩玲*<br>高嘉偵*<br>曾怡君*<br>余素滋*<br>李雪嘉*<br>陳俐蓉*<br>洪上茗*<br>張弸涵* |
| 98 | 許和鈞 | 蕭文 | — | 李　信（祕書）<br>徐錦文（試務）<br>劉吉倉／洪政欣（分發） | 俞旭昇<br>簡文章<br>顏加偉* | 林珍妤*<br>吳佩玲*<br>高嘉偵*<br>曾怡君*<br>張弸涵*<br>施映帆*<br>賴明詩*<br>陳寬妃* |
| 99 | 許和鈞 | 蕭文 | 李信 | 左維萱（祕書）<br>林珍妤*（試務）<br>阮夙姿（分發） | 俞旭昇<br>顏加偉*<br>曾馨儀* | 吳佩玲*<br>高嘉偵*<br>施映帆*<br>賴明詩*<br>張婕航*<br>余金玲*<br>施靜慈*<br>薛佩佳* |

| 學年度 | 主任委員 | 總幹事 | 副總幹事 | 組長 | 系統開發／資訊技師 | 助理／幹事 |
|---|---|---|---|---|---|---|
| 100 | 許和鈞 | 蕭文／吳幼麟 | 李信 | 左維萱（祕書）<br>林珍妤*（試務）<br>阮夙姿（分發） | 俞旭昇<br>曾馨儀* | 吳佩玲*<br>高嘉偵*<br>賴明詩*<br>張婕航*<br>施靜慈*<br>余金玲*<br>薛佩佳*<br>楊婷湞 |
| 101 | 許和鈞 | 吳幼麟 | 李信 | 左維萱（祕書）<br>林珍妤*（試務）<br>阮夙姿（分發）<br>洪雯柔（宣導） | 俞旭昇<br>曾馨儀<br>（稟澄）　* | 吳佩玲*<br>高嘉偵*<br>賴明詩*<br>施靜慈*<br>薛佩佳*<br>楊婷湞*<br>施苡萱* |
| 102 | 蘇玉龍 | 江大樹 | 李信 | 左維萱（祕書）<br>林珍妤*（試務）<br>阮夙姿（分發）<br>程德勝（宣導） | 俞旭昇<br>施苡萱*<br>羅婉慈* | 吳佩玲*<br>高嘉偵*<br>賴明詩*<br>施靜慈*<br>楊婷湞*<br>蘇姿榕*<br>廖怡欣*<br>徐昱*<br>黃佳慧*<br>周楷嘉*<br>劉凱婷* |
| 103 | 蘇玉龍 | 江大樹 | 李信 | 左維萱（祕書）<br>林珍妤*（試務）<br>阮夙姿（分發）<br>程德勝（宣導） | 俞旭昇<br>施苡萱*<br>許正怡* | 吳佩玲*<br>高嘉偵*<br>蘇姿榕*<br>廖怡欣*<br>黃佳慧*<br>周楷嘉*<br>林群翔*<br>周楷榕*<br>劉凱婷*<br>馮浩峻*<br>童袖瑜* |

| 學年度 | 主任委員 | 總幹事 | 副總幹事 | 組長 | 系統開發／資訊技師 | 助理／幹事 |
|---|---|---|---|---|---|---|
| 104 | 蘇玉龍 | 江大樹 | 李信 | 左維萱（祕書）<br>林珍妤*（試務）<br>阮夙姿（分發）<br>程德勝（宣導）<br>黃育銘（資服） | 俞旭昇<br>施苙萱*<br>許正怡* | 吳佩玲*<br>高嘉偵*<br>周楷嘉*<br>林群翔*<br>周楷榕*<br>劉凱婷*<br>馮浩峻*<br>吳珊如* |
| 105 | 蘇玉龍 | 江大樹 | 李信 | 林珍妤*（試務）<br>左維萱／吳佩玲*（祕書）<br>阮夙姿（分發）<br>程德勝／趙祥和（宣導）<br>許正怡*（資服） | 俞旭昇<br>施苙萱*<br>吳和融*<br>陳乃嘉* | 高嘉偵*<br>周楷嘉*<br>林群翔*<br>周楷榕*<br>劉凱婷*<br>馮浩峻*<br>吳珊如（旻燁）*<br>古孟蓁* |
| 106 | 蘇玉龍 | 江大樹 | 李信 | 林珍妤*（試務）<br>吳佩玲*（祕書）<br>阮夙姿（分發）<br>趙祥和（宣導）<br>許正怡*（資服） | 俞旭昇<br>吳和融*<br>陳荷文* | 劉凱婷*<br>高嘉偵*<br>周楷嘉*<br>周楷榕*<br>馮浩峻*<br>吳旻燁*<br>古孟蓁*<br>許向榮*<br>徐瑋勵* |
| 107 | 蘇玉龍 | 江大樹 | 李信 | 林珍妤*（試務）<br>吳佩玲*（祕書）<br>阮夙姿（分發）<br>趙祥和／陳文彥（宣導） | 俞旭昇<br>陳荷文*<br>蔡富亘*<br>洪煥銘 | 劉凱婷*<br>高嘉偵*<br>周楷嘉*<br>周楷榕*<br>吳旻燁*<br>古孟蓁*<br>許向榮*<br>徐瑋勵* |
| 108 | 蘇玉龍 | 江大樹 | 李信 | 林珍妤*（試務）<br>吳佩玲*（祕書）<br>阮夙姿（分發）<br>陳文彥（宣導）<br>陳荷文*（資服） | 俞旭昇<br>古孟蓁*<br>洪煥銘*<br>賴王斌* | 劉凱婷*<br>高嘉偵*<br>周楷嘉*<br>周楷榕*<br>吳旻燁*<br>許向榮*<br>徐瑋勵* |

| 學年度 | 主任委員 | 總幹事 | 副總幹事 | 組長 | 系統開發／資訊技師 | 助理／幹事 |
|---|---|---|---|---|---|---|
| 109 | 蘇玉龍 | 江大樹 | 李信 | 林珍妤＊（試務）<br>吳佩玲＊（祕書）<br>黃育銘／阮夙姿（分發）<br>陳文彥（宣導）<br>陳荷文（資服） | 俞旭昇<br>古孟蓁＊<br>洪煥銘＊<br>賴玉斌＊ | 劉凱婷＊<br>高嘉偵＊<br>周楷嘉<br>周楷榕＊<br>吳旻燁＊<br>許向榮＊<br>徐瑋勵＊ |
| 110 | 蘇玉龍 | 楊洲松 | 李信 | 林珍妤＊（試務）<br>吳佩玲＊（祕書）<br>阮夙姿（分發）<br>陳文彥（宣導）<br>陳荷文（資服） | 俞旭昇<br>古孟蓁＊<br>洪煥銘＊<br>賴玉斌＊ | 劉凱婷<br>高嘉偵<br>周楷嘉<br>周楷榕＊<br>吳旻燁＊<br>許向榮＊<br>徐瑋勵＊ |

註：＊為海外聯招會專任人員

# 第四章、85學年度海外聯招會<br>第一次會議紀錄簽到單

圖表118　海外聯招會85學年度第一次委員會議簽到單

八十五學年度大學（僑大先修班）海外僑生（港澳生）聯合招生委員會第一次會議紀錄

壹、時間：中華民國84年11月18日（星期六）上午10時

貳、地點：國立臺灣大學校總區第三會議室

參、主持人：袁校長頌西

肆、出席人員：

| | | |
|---|---|---|
| 國立臺灣大學 | 郭德勝 | 張訓 |
| 國立臺灣師範大學 | 呂溪木 | 陳美燕 |
| 國立政治大學 | 鄭丁旺 | |
| 國立成功大學 | 龔梓燦 | |
| 國立中興大學 | 林珠 | |
| 國立淡江大學 | 曾振遠 | 李琳 |
| 私立東吳大學 | 陳雅蓉 | |
| 私立東海大學 | 陳勝周 | |
| 私立逢甲大學 | 蔣國棟 | |
| 國立僑大先修班 | 陳文章 | |
| 外交部 | 鄭富美 | |
| 內政部入出境管理局 | 壽惠芬 | |
| 僑務委員會 | 蘇成福 | 黃南暘 |
| 教育部（高教司） | 潘金定 | 吳錦漳 |
| 教育部（中教司） | 劉炎芳 | |
| 教育部（僑教會） | 曾江源 | 李淑範 |

伍、列席人員

| | | | |
|---|---|---|---|
| 國立暨南國際大學 | 孔慶華 | 趙達瑜 | 李信 |

Do觀點70　PF0311

# 跨世紀的海外聯合招生

編　　著／蘇玉龍、李信
策劃主編／財團法人興華文化交流發展基金會、世界華語文教育學會
責任編輯／石書豪
圖文排版／蔡忠翰
封面設計／蔡瑋筠

出版策劃／獨立作家
發 行 人／宋政坤
法律顧問／毛國樑　律師
製作發行／秀威資訊科技股份有限公司
　　　　　地址：114 台北市內湖區瑞光路76巷65號1樓
　　　　　電話：+886-2-2796-3638　傳真：+886-2-2796-1377
　　　　　服務信箱：service@showwe.com.tw
展售門市／國家書店【松江門市】
　　　　　地址：104 台北市中山區松江路209號1樓
　　　　　電話：+886-2-2518-0207　傳真：+886-2-2518-0778
網路訂購／秀威網路書店：https://store.showwe.tw
　　　　　國家網路書店：https://www.govbooks.com.tw

出版日期／2022年7月　BOD一版　定價／490元

|獨立|作家|
Independent Author

寫自己的故事，唱自己的歌

讀者回函卡

跨世紀的海外聯合招生 / 蘇玉龍, 李信作. -- 一版.
-- 臺北市：獨立作家, 2022.07
面；　公分. -- (Do觀點；70)
BOD版
ISBN 978-986-06839-9-8(平裝)

1.CST: 僑民教育

529.3                                    111000701

國家圖書館出版品預行編目